华东师范大学精品教材建设专项基金资助项目
上海市教委重点建设课程
上海市教委精品课程配套教材

锻炼心理学

主编 杨 剑

华东师范大学出版社
上海

图书在版编目(CIP)数据

锻炼心理学/杨剑主编. —上海:华东师范大学出版社,
2016.5
ISBN 978 - 7 - 5675 - 5320 - 0

Ⅰ.①锻… Ⅱ.①杨… Ⅲ.①体育锻炼-体育心理
学-高等学校-教材 Ⅳ.①G806②G804.8

中国版本图书馆 CIP 数据核字(2016)第 128852 号

锻炼心理学

主　　编　杨　剑
项目编辑　邓华琼
特约审读　顾国军
责任校对　冯朝霞
装帧设计　卢晓红　俞　越

出版发行　华东师范大学出版社
社　　址　上海市中山北路 3663 号　邮编 200062
网　　址　www.ecnupress.com.cn
电　　话　021 - 60821666　行政传真 021 - 62572105
客服电话　021 - 62865537　门市(邮购)电话 021 - 62869887
地　　址　上海市中山北路 3663 号华东师范大学校内先锋路口
网　　店　http://hdsdcbs.tmall.com

印 刷 者　常熟市文化印刷有限公司
开　　本　787毫米×1092毫米　1/16
印　　张　14.75
字　　数　311 千字
版　　次　2016 年 8 月第 1 版
印　　次　2024 年 2 月第 4 次
书　　号　ISBN 978 - 7 - 5675 - 5320 - 0/G·9558
定　　价　32.00 元

出 版 人　王　焰

(如发现本版图书有印订质量问题,请寄回本社客服中心调换或电话 021 - 62865537 联系)

前　　言

随着我国经济的飞速发展，人们生活水平不断提高，社会竞争日益激烈，生活压力与日剧增，人们越来越关注心理健康。目前我国的全民健身已成为热门研究领域，体育锻炼与心理健康的关系也受到越来越多的关注。体育锻炼不仅能增强抵抗力，减少疾病，还能增加愉快体验，保持良好心境，减轻焦虑抑郁，对人的心理健康有重要意义。锻炼心理学是运用心理学理论和方法来描述、解释、预测，乃至干预锻炼行为，促进个体参与并坚持体育锻炼，探究锻炼心理前因、锻炼过程中心理体验以及锻炼心理效益的一门学科。目前全国很少有适用社会体育与管理专业的锻炼心理学本科教材，急需编写出一本量身定制的本科专业教材，满足全国体育专业学生在专业课学习中的需要，同时促进高等学校学科建设的发展。

本教材以党的二十大精神和习近平新时代中国特色社会主义思想为指导，全面贯彻党的教育方针，遵循教育教学规律，落实立德树人根本任务，发展素质教育，全面落实有理想、有本领、有担当的时代新人培养要求。发挥教材培根铸魂、启智增慧的作用。本教材依据教育部即将颁布的《高等学校体育学类本科专业教学质量国家标准》的总体要求编写，作为普通高等学校社会体育与管理专业主干必修课程教材，也适用于体育教育及其他本科专业锻炼心理学的教学，同时还可作为体育教师及其他体育工作者的参考教材。《锻炼心理学》依据社会体育与管理专业学生的实际需要，教材学习目标明确，在内容上把锻炼心理学的理论和方法介绍给学生，坚持以知识在体育活动中的应用为导向，突出心理学知识与体育锻炼科学知识的紧密关系。有针对性地设计课程教学内容，拓宽学生视野，把握研究新成果，语言通俗易懂。同时结合案例分析、知识窗等，贴近学生实际，增强实用性、可读性，有助于对理论知识的理解。本教材主要内容包括锻炼心理学概述、锻炼行为理论模型、锻炼与认知功能、锻炼动机、锻炼与积极体验、锻炼与应激、锻炼与焦虑、抑郁、锻炼与自尊、锻炼与身体意象、锻炼与人格、锻炼与主观幸福感，以及促进心理健康的锻炼处方。

本教材被列入华东师范大学精品教材建设专项基金资助项目、上海市教委重点课程建设项目、上海市教委精品课程配套教材,并得到华东师范大学青少年健康评价与运动干预教育部重点实验室的资助与支持,也是教育部高等学校体育教育专业综合改革选用教材。本教材由杨剑总体设计和规划,陈福亮、季泰、戴圣婷任副主编并完成书稿的统校工作。每章的编写人员分别是:第一章陈福亮、杨剑,第二章杨剑、邱茜,第三章陈爱国,第四章郭正茂、杨剑,第五章杨树红,第六章肖聪,第七章侯树军、杨剑,第八章戴圣婷,第九章姬凯、季泰,第十章周敏、祝大鹏,第十一章季泰、耿兴敏,第十二章王宝明、田石榴。

由于时间仓促和编者的水平有限,书中不足之处敬请专家和读者批评指正。本书中直接或间接引用了许多国内外专家和学者的成果和资料,在此表示诚挚的敬意和衷心的感谢。最后,衷心感谢华东师范大学出版社的大力支持。

编者

2024 年 1 月

锻炼心理学

目录

目

录

第一章　锻炼心理学概述

本章学习要点

◎ 掌握锻炼心理学的概念和研究内容

◎ 了解国内外锻炼心理学的产生与未来发展

◎ 了解锻炼心理学的学科背景

◎ 学习锻炼心理学的意义

关键概念

锻炼心理学　心理健康　学科背景

随着人们生活水平的提高和生活方式的转变,尤其是全民健身活动的广泛开展,健康行为和身体锻炼等科学研究不断深化,体育学科出现了分支细化的现象,锻炼心理学在此背景下应运而生。锻炼心理学主要关注体育锻炼与心理健康之间的关系,其研究目的是通过体育锻炼来促进人们身心的健康发展,使人们形成良好的身心状态。锻炼心理学已成为人们日常生活必不可少的生存"秘籍"。那么究竟什么是锻炼心理学,锻炼心理学的研究内容有哪些,其研究的现状和未来的发展趋势又是怎样的,这些将成为本章重点介绍内容。

第一节　锻炼心理学的研究内容

一、锻炼心理学

锻炼心理学既是一门理论学科,又是一门具有很强应用性的学科。对锻炼心理学进行定义时,界定的侧重点不同,致使最终的定义表述也不一致。雷杰斯基和布劳利(Rejeski & Brawley,1988)将锻炼心理学定义为应用心理学的教育、科学和专业功能去促进、解释、保持和提高与身体机能有关的行为的一门学科。雷杰斯基和艾米汤普森(Rejeski & Amy Thompson,1993)认为锻炼心理学是研究与肌肉力量和耐力、运动幅度、心肺耐力、身体结构的客观变化和主观感知有关的认知、情绪及行为。

杨丽华等(2000)指出锻炼心理学是心理学与健身运动相结合的产物,是运用心理学的知识和方法,探讨和解决有关保持或促进人类身体发展、健康、强壮的各种心理学问题;

研究不同身体状况人群的心理特征,尤其是对运动健康效果的影响;探究不同的健身项目对心理的影响以及身体统一关系等。杨丽华等还指出该学科是提高运动健身效果,促进身心健康发展的理论基础,而不是健身的直接手段和方法,更不是挖掘人体的运动潜能、掌握动作技能的工具。李薇(2005)认为锻炼心理学是对个体或群体锻炼行为心理影响的研究,具体体现为锻炼的心理前因、锻炼中的心理感受以及锻炼后的心理效益。李京诚(2009)认为,锻炼心理学是一门心理学和体育学理论与方法在身体锻炼领域中的应用学科,是与自然学科、社会学科交叉融合的综合学科。

综上所述,锻炼心理学是运用心理学理论和方法来描述、解释、预测乃至干预锻炼行为,促进个体参与并坚持体育锻炼,探究锻炼心理前因、锻炼过程中心理体验以及锻炼心理效益的一门学科。

二、锻炼心理学的研究内容

锻炼心理学的研究内容既反映了该学科的演变,也凸显了学者们的关注焦点。对于锻炼心理学的研究内容,国内外学者根据各自的研究总结了许多观点。雷杰斯基和艾米汤普森(1993)指出锻炼心理学的研究内容可分为 10 个方面:(1)身体健康和心理健康;(2)身体意象和自尊;(3)应激反应;(4)疲劳和努力程度;(5)动机;(6)锻炼表现和新陈代谢反应;(7)睡眠;(8)认知;(9)组织或团队环境;(10)锻炼上瘾。

季浏等学者(1997)指出锻炼心理学的研究内容主要包括三个方面:(1)影响身体锻炼行为的心理因素,包括人口统计学因素、个性、参与动机、自我效能、信念—态度和锻炼障碍;(2)身体锻炼期间的心理体验,包括努力、认知定向、过度训练/锻炼疲劳、锻炼坚持性、锻炼团队领导力、团体动力学和社会性比较;(3)身体锻炼的心理效应,包括情绪状态、睡眠模式、身体意象、认知、锻炼依赖性、归因过程和应激反应等。殷刚彦(2000)指出,一方面,锻炼心理学研究的重点内容是如何通过各种体育锻炼来保持与改善身心健康及形成良好的身心状态,或预防人们生病及非良性身心状态;另一方面,锻炼心理学的研究内容涉及参加与健康有关的体育活动的心理前因,包括锻炼的最初加入、选择及坚持。在这种研究基础上,就能理解人们的锻炼行为,并为那些忽视通过锻炼来改善生活方式与生活质量的人们制定出锻炼策略与心理干预手段,帮助他们开始建立和强化合适的锻炼行为。李薇(2005)将国内外运动心理学中关于锻炼心理学的研究内容归纳为三个方面:(1)锻炼的动力调节系统,包括锻炼动机、态度、体育习惯、体育价值观、体育锻炼兴趣以及锻炼的个性、性别差异研究等,其中动机是最主要的研究内容;(2)锻炼过程中的心理影响,如短期的情绪效应、锻炼的努力程度、锻炼坚持性、锻炼的项目因素等;(3)锻炼的心理效应,包括锻炼的长期情绪影响、睡眠模式、身体意象与自尊、锻炼依赖与锻炼成瘾、锻炼与生活质量及幸福感关系等。

纵观学者们的观点,我们可以将锻炼心理学的研究内容大致分为锻炼心理前因、锻炼时心理体验以及锻炼后心理效应研究。锻炼心理前因,重点探究激发个体参与体育锻炼的影响因素,主要包括锻炼动机、动机氛围、锻炼态度、锻炼意向、锻炼兴趣、人格等对锻炼参与的影响研究;锻炼时心理体验,重点探究个体在锻炼过程中的心理感受,主要包括锻炼坚持性、不同锻炼形式的心理刺激、锻炼努力程度、积极情绪体验等研究;锻炼后心理效应,主要包括锻炼对各种心理变量的短时和长期影响,短期心理效益是指单次锻炼活动在较短时间内对个体的心理状态的不稳定的影响,身体锻炼的长期心理效益是指长期系统参加体育活动对个体的一些稳定心理特质的影响。因此,锻炼心理学主要通过情绪、认知功能、整体自尊和身体自尊、人格、身体意象、社会性体格焦虑、主观幸福感以及生活质量等研究来探讨伴随锻炼所产生的各种心理效应。

第二节 锻炼心理学的研究意义

众所周知,合理的体育锻炼有助于增进身体健康,但其对心理健康的积极作用并不为大家所知。造成这一现象的主要原因是人们将身体和心理分裂开来,只重视锻炼增进身体健康的作用,而忽略其健身之外的健心功能,这也从另一方面说明了大众对锻炼心理学还较为陌生。由此可见,学习并掌握锻炼心理学的相关知识尤为重要。

一、锻炼参与者行动的需要

锻炼心理学的研究意义首先体现在对锻炼参与者个体方面,锻炼心理学的相关知识可以帮助我们理解锻炼对我们生理、心理及社会适应健康方面是有益的。参与锻炼和坚持锻炼的人仍不多,这或许是体育锻炼领域中的"番茄效应"。通常人们不锻炼或者放弃锻炼的原因主要有缺乏时间、枯燥、精力不足,以及锻炼过程中物理环境、社会环境等因素的限制。Sallis(2000)指出目前人们不积极锻炼的一个主要影响因素是现代化的建筑环境。许多小区的建设并没有考虑到居民锻炼身体和娱乐的需要,锻炼器械的数量、活动场所的可使用性、便利性等物理环境因素都会影响人们开展锻炼的可能性。张文桥(2008)指出,良好的人际关系对体育锻炼坚持性具有一定的促进作用,家庭支持率与体育锻炼次数呈正相关。

锻炼心理学可以帮助我们了解锻炼与心理健康促进的相关知识,使人们明白通过锻炼干预手段,能达到减少短期或长期的消极心理状态、增加短期或长期的积极心理状态的目的。例如当个体通过学习锻炼心理学之后,知道锻炼能适当降低焦虑与抑郁,锻炼还可以降低各种不同的压力指标、改善各年龄阶段人群的情绪状态,同时通过锻炼还可能提高自己的幸福感等。这些因素都会促使着个体积极地参与体育锻炼。

番 茄 效 应

番茄原来生长在秘鲁的森林里，叫做"狼桃"。由于它艳丽诱人，人们都怕它有毒，只欣赏其美而不敢吃它。16世纪时，英国公爵俄罗达格里从南美洲带回一株番茄苗，献给他的情人英国女皇伊丽莎白。从此，番茄便落土欧洲，但仍然没有人敢吃它。当时，英国医生警告人们说，食用番茄会带来生命危险。若不是美国人罗伯特上校采取了一次破天荒的行动，恐怕人们至今仍不知道番茄是什么滋味。1830年，罗伯特从欧洲带回几棵番茄苗，栽种在他的家乡新泽西州萨伦镇的土地上。但是，番茄成熟之后，却一个也卖不出去，因为人们把它看作有毒果实。罗伯特不得不大胆向全镇人宣布：他将当众吃下10个番茄，看看它究竟是不是有毒。镇上的居民都被罗伯特的"狂言"吓坏了。一个医生预言：这个古怪的上校一定活得不耐烦了，肯定会因为自己的愚蠢而命丧黄泉。

罗伯特吃番茄的日子到了，全镇几千居民都涌到法院门口，看他如何用番茄"自杀"。正午12点，罗伯特上校出现在众人面前，他身穿黑色礼服，面带微笑，缓缓走上台阶，接着他从小筐里拿出一只红透了的番茄，高高举起，向众人展示。待几千双眼睛验证没有假后，他便在众目睽睽之下咬了那只番茄一口，一边嚼一边大声称赞番茄的味道。当罗伯特咬下第二口时，有几位妇女当场晕过去了。不一会儿，10个番茄全部被罗伯特吃完，他仍安然无恙地站在台阶上，并向大家招手致意。人们报以热烈的掌声，乐队为他奏起了凯旋曲。

罗伯特的行动证明了番茄没有毒。于是，番茄名声大振，在世界各地广为传播。这个例子告诉我们，实践出真知。人的认识来源于实践，离不开实践，有时甚至要经历反复的实践论证，才能最终获得科学、正确的认识。正如很多人理解锻炼对我们生理心理及社会适应健康方面是有益的，但是参与并坚持锻炼的人却很少。只有真正参与到体育锻炼中去的人，才能获得锻炼的益处。

二、社会体育指导员工作的需要

社会体育指导员是指在大众性体育活动中从事技能传授、锻炼指导和组织体育锻炼管理工作的人员。随着国内大众体育事业的蓬勃发展，加之体育锻炼人口的增多，我国对社会体育指导员的需求量日益增加，目前我国社会指导员总数达到了182万。丁春琴（2012）指出由于我国对社会体育指导员技术的要求越来越高，各级政府应加强管理，充分发挥这支队伍的作用，发挥他们的积极性和创新能力，大力推动我国全民健身运动持续健康地发展。《社会体育指导员发展规划（2011—2015年）》中，同样提出了扩大社会体育指导员队伍、健全社会体育指导员管理制度、完善社会体育指导员组织体系等目标。社会体育指导员已经成为推动全民健身事业发展的重要力量和宝贵的人才资源。

社会体育指导员面对的是大众群体,而锻炼心理学的研究对象则是大众体育锻炼过程中的各种心理现象和锻炼心理效益。锻炼指导是一个极其复杂的过程,社会体育指导员必须了解大众的心理活动规律,才能有效地完成锻炼指导的任务,也才会使锻炼者获得健身健心的锻炼效益。在锻炼技能传授和指导的过程中,社会体育指导员除了要掌握锻炼人群一般的心理活动规律之外,还要遵循动作技能发展过程中的心理规律。

从锻炼心理前因的角度来看,社会体育指导员有必要学习锻炼心理学的知识。锻炼心理学的前因分析是锻炼心理学研究的重要组成部分,其主要探究锻炼动机和锻炼坚持性。如果社会体育指导员能在指导过程中恰当地激发锻炼者参与锻炼的动机和调节其情绪的兴奋水平,较好地掌握和调整锻炼人群的心理负荷,将有利于提高锻炼者锻炼坚持性,更好地收获各种锻炼效益。因此,社会体育指导员的工作特点决定了其学习锻炼心理学的必要性,社会体育指导员学习一定的锻炼心理学的知识可以帮助其更好地指导大众进行体育锻炼。除此之外,还可为大众认可和接纳锻炼心理学这一学科做出贡献。

三、体育人才培养的需要

随着体育事业的不断发展,体育人才培养在我国乃至世界各国都是国家大政方针下的重要项目。从社会发展来看,近几十年来国内经济得到了较好的发展,手工劳作的需求明显减少,工作效率也有了很大的提高。现代国民经济条件得到提高的同时,也带了一些负面影响,例如,久坐的生活方式可能会导致慢性疾病的发生。随着人们思想观念的转变,越来越多的人意识到参与锻炼的重要性,不仅个人层面的观念发生了变化,世界各国也均制定了相关政策鼓励国民参加体育锻炼。例如,我国相继出台了全民健身计划、阳光体育活动等政策。在此背景下,大众锻炼人群呈逐年增多的趋势,这对我们体育专业人才的培养提出了更高的要求。

《全国体育人才发展规划(2010—2020年)》中指出要进一步深化改革,不断强化人才强国、人才强体观念;培养和造就一支数量充足、结构合理、门类齐全、素质优良的体育人才队伍;完善体育人才工作协调机制和实施体育人才培养专项计划。薛同照等(2011)指出:当今社会需要高质量的人才,普通高等院校是我国体育人才培养的基地,是体育事业发展的重要力量,因此高校要做好人才培养的工作,建立长期有效的教学和管理机制,使之与社会发展的需求相适应。

过去我们的体育专业人才培养大多局限于培养体育教育专业的教师、运动员或教练员,即为学校体育师资、竞技体育行业输送人才。近年来,体育管理、社会体育、体育新闻等许多专业随着社会发展应运而生,成为体育人才的新生力量。这些专业的人才走上工作岗位后的服务对象主要是大众人群。因此仅仅学习运动心理学和体育心理学知识已不能满足高校体育专业大学生未来工作的需求,学习并掌握锻炼心理学的相关知识已成为体育人才培养的一个重要方面。

四、体育科学研究的需要

自 20 世纪 70 年代作为一门学科出现之后,锻炼心理学在世界范围内受到各国学者的关注,学科内涌现了一系列的研究成果。从锻炼心理学的两大核心研究内容来看,锻炼心理前因和锻炼心理效益是体育科学研究不断发展的基础条件之一。为何有些人热爱锻炼,而有些人明知锻炼有益处却止步于实际行动,以及怎样才能够让绝大多数人坚持锻炼,这些都是非常有研究价值的课题,也是锻炼心理前因的主要研究内容。体育锻炼作为增强体质、增进健康的一种有效手段,其预防和调节心理问题的效益又如何呢?情绪、身体自尊、身体意象、主观幸福感等与人类生活质量密切相关的变量是否可以通过体育锻炼得到提高呢?这些都是锻炼心理效益研究的主要内容。

从当前国内外锻炼心理学的发展现状来看,与竞技运动员心理问题的研究相比,对大众人群锻炼心理学的研究相对较少。相反,从另一个方面来看,该领域蕴含着巨大的潜能和广阔的进步空间。近些年来,国际锻炼心理学研究方法的科学性和规范性明显增强,锻炼心理学研究的期刊显著增多,追踪研究、准实验研究、元分析等各类以往少见的研究现已常见于各学术期刊之中。这些研究成果均具有实际应用性价值,可应用于日常的体育锻炼之中。由此可见,加强锻炼心理学的研究对体育学科的建设显得尤为重要。

第三节　锻炼心理学的诞生与发展

锻炼心理学相关的文献记载可追溯到公元前 4 世纪,然而锻炼心理学作为一门学科出现则要从 20 世纪 70 年代算起,距今已有四十多年的发展历程。进入 21 世纪以来,国外锻炼心理学取得了长足的发展,这一发展不仅体现在研究数量的急剧增加上,而且从研究方向上看,研究者已经开始注意通过大样本的流行病学研究以及元分析的方法,将不同的研究结果联系起来考虑,以期在众说纷纭的结论中寻找共同的答案。与此同时,我国锻炼心理学领域的研究也有了快速的发展,无论是在数量、内容、方法,还是在质量和研究对象方面都有了很大的进步。

一、国外锻炼心理学发展简史

(一) 19 世纪 80 年代—20 世纪 60 年代

这一时期,锻炼心理学处于萌芽状态,还未以一门学科的形式出现。当时学界出现了一些针对运动员的运动心理学研究,最早公开发表的运动心理学研究是莱格(Rieger,1884)对一名女性所做的个案研究,研究认为催眠引起的肌肉僵硬能够增强肌肉耐力。Norman Triplett 在 1897 年完成了世界上第一个运动心理学实验研究,并于当年在《美国心理学杂志》上发表了该研究论文。Griffith 于 1925 年建立了第一个运动心理学实验室,并对运动员的心理现象进行了系统研究。这是运动心理学发展史上的一个里程碑事件，因此，Griffith 被美国体育学界誉为"美国运动心理学之父"。

20 世纪 40 年代，第二次世界大战爆发，运动心理学研究几乎处于停滞状态。二战结束后，运动心理学研究开始逐渐增多。由于战争给人们造成了巨大的创伤，使得人们越来越注重心理健康和生活质量。欧美学者研究的对象开始从竞技运动员转向普通人群，锻炼心理学的研究成果开始呈现。然而，当时的体育运动心理研究仍然以运动心理学为主。

20 世纪 60 年代，运动心理学界成立了两个具有里程碑意义的学会：国际运动心理学学会（International Society of Sports Psychology，ISSP）、北美运动和身体活动心理学会（North America Society for Psychology of Sport and Physical Activity，NASPSPA）。1968 年召开的国际运动心理学会会议上，出现了一些锻炼心理学研究报告，例如，Layman 报告了《游戏和运动在健康情绪发展中的作用》，Harris 报告了《中年男性身体锻炼的态度研究》，Brown 报告了《小学生运动表现与人格发展之间的关系研究》等。1967 年，北美运动和身体活动心理学会成立，该学会将其研究领域界定为三个方面：锻炼和运动心理学、动作技能学习与控制、运动表现。自成立以来，该学会对锻炼心理学进行了深入的探究，十分强调锻炼心理学的理论构建和实践应用，该学会主办的会议中都有锻炼心理学相关的研究报告。此外，其他国家的运动心理学会或具有典型意义的实验室也在这段时期内得以创建。例如，1960 年，日本体育学会成立了运动心理学分会；1961 年，德国组建了运动心理学研究所；1963 年，苏联体育科学研究所组建了运动心理学实验室；1967 年，美国健康、教育、娱乐和舞蹈联合成立；1969 年，欧洲运动和身体活动心理学会成立。

这一时期，国外锻炼心理学学科思想处于萌芽阶段，锻炼心理学的研究进展较为缓慢，并没有成为研究的主流。究其原因主要有以下两个方面：一方面是由于 20 世纪早期，西方社会文明步入飞速发展的轨道，电子计算机技术改变了人类的生活方式和价值观。当时的社会普遍注重智力活动而轻视体力活动，体育锻炼所具有的促进心理健康的功能便被人们所忽视，探究锻炼心理学的学者较少，学科发展也受到阻滞；另一方面，生物医学模式在一定程度上也阻碍了当时锻炼心理学的研究发展。该模式将身体和心理分裂开来，认为身体不适都与生理过程有关，相关研究仅限于解剖学和生理学中，与大脑研究没有关联。这种排他性的生理学研究思想普遍存在于当时的研究中，不少研究者都期望能够为他们所观察到的结果找到生物学依据。

（二）20 世纪 70 年代—90 年代

直到 20 世纪 70 年代，锻炼心理学才逐渐从运动心理学中分离出来，作为一门分支学科出现。早期美国锻炼心理学的发展历程一定程度上代表着国际锻炼心理学发展，几位研究者的学术成果成为 70 年代锻炼心理学诞生和发展的划时代标志。例如，1971 年，Scott 的专著《锻炼变革》；1973 年，Harris 编写的《体育概论：体力活动促进身心健康的基本原理》，此专著成为当时锻炼心理学的专业教材，其中锻炼行为理论与模型、锻炼心理前因中的动机研究、特殊人群锻炼行为、体育锻炼与身体意象、体育锻炼与主观幸福感、体育锻炼与人格等内容沿用至今。一些运动心理学会议也设置了锻炼心理学专场报告,一些高校举行了锻炼心理学会议。与此同时,当时的西方社会已逐渐开始注重疾病的预防和健康生活方式的形成。人的健康观念发生了变化,人们在追求身体健康的同时,也十分关注自身的心理健康。学界的生物—心理—社会研究模式也逐步取代了以前的单纯性生物医学模式,极大地推动了锻炼心理学的发展。

20 世纪 80 年代,美国应用运动心理学会(the American Applied Sport Psychology, AASP)和美国心理学会第 47 分会(the 47th American Psychological Association,APA 47)成立。1985 年,John Silva 组织成立了美国应用运动心理学会,其学术期刊中刊登了较多锻炼心理学的应用性研究报告。1987 年成立的美国心理学会第 47 分会是目前美国"最年轻"的锻炼和运动心理学专业学会。这两个学会的成立对于锻炼心理学的发展起到了十分重要的作用。1988 年,北美运动和身体活动心理学会主办的学术期刊《运动和锻炼心理学杂志》,刊登了大量的锻炼心理学研究成果。此外,如《锻炼坚持性对健康的作用》《身体活动心理学》《锻炼心理学:体育锻炼对心理过程的影响》等多部锻炼心理学专著相继问世。这些变化表明了锻炼心理学越来越受到学界的重视。

20 世纪 90 年代,锻炼心理学的发展出现新的变化,主要表现为:(1)注重锻炼心理效益的研究。许多学者探究了科学的体育锻炼对情绪状态、自我概念、整体自尊、身体自尊、应激反应、认知、身体意象、主观幸福感及生活质量等的影响。例如,1993 年国际运动心理学会以"运动与心理幸福"为专题出版一期专辑,发表的文章集中表现了西方在运动与心理健康研究领域的成果,着重表现为运动对精神病人的治疗效果,不同类型运动项目对精神病症状的治疗作用和运动中的"流畅感觉"的体验。这说明国际上一直将身体锻炼活动的心理影响、心理效应作为研究的中心。(2)学界开始关注锻炼心理学的人才培养、任职标准和行业资格认证。例如,美国应用运动心理学会在 1991 年颁布了会员职业培训要求、锻炼和运动心理学家的资格标准。1995 年,美国应用运动心理学会和美国奥林匹克国家委员会合作共同承担有资质的锻炼和运动心理学家颁发资格证的工作。国际上一些锻炼心理学会对锻炼心理学人才的培养设置了明确的课程、实习要求,对任职标准、职业培训及资格认证等也提出了明确要求。

(三) 21 世纪初至今

进入 21 世纪,锻炼心理学在世界范围内取得了长足的发展。这一发展不仅体现在研究数量和学术期刊数量的增加,而且体现在研究方法的多样化,例如综述性研究、元分析、调查研究、准实验研究及实验研究等,对实验研究中的各种变量控制得更为严格,研究数据的统计分析方法或软件更加高端。目前,国际上专业性运动和锻炼心理学术期刊的数量明显增多,研究质量明显增强,例如《国际运动与锻炼心理学杂志》《运动和锻炼心理学》《应用运动心理学杂志》《运动和锻炼心理学杂志》中均刊登了最新的锻炼心理学研究成果。国际锻炼心理学会举办的学术会议为各国锻炼心理学研究者的交流、探讨及合作创设了较好的平台。一系列的变化都极大地推进了 21 世纪以来锻炼心理学研究的发展。

21世纪以来,美国应用运动心理学会注重心理学理论知识在竞技运动和大众锻炼中的应用。2010年,AASP创办了《运动心理学行为研究杂志》;2013年,AASP会议主题是"终身体育和锻炼促进心理健康"。同时,AASP还编撰了《应用运动心理学研究生课程导论》,以帮助需要攻读运动和锻炼心理学专业的研究生更好地了解课程设置。2011年,美国心理学第47分会创办了Sport,Exercise,and Performance Psychology(SEPP)期刊,随后,发表了大量的锻炼心理学方面的研究成果。

近十几年来,欧洲锻炼心理学研究取得了非常大的突破,2000年,欧洲运动心理学会(European Federation of Sport Psychology,FEPSAC)推出了《运动和锻炼心理学》,为欧洲学者们的研究成果公开展示提供了一个较好的平台。加拿大成立了心理技能学习和运动心理学会(The Canadian Society for Psychomotor Learning and Sport Psychology,SCAPPS),采取了各种措施来促进锻炼心理学发展。例如,每年定期举办学术会议,建立会员交流平台,颁发Franklin Henry年轻科学奖。澳大利亚是一个十分注重生活质量的国家,锻炼心理学研究一直处于良性发展的状态。总部设在澳大利亚墨尔本的亚洲—南太平洋地区运动心理学会(Asian-South Pacific Association of Sport Psychology,ASPASP)的成立也极大地促进了该国锻炼心理学的发展。ASPASP定期举办ASPASP国际学术会议,旨在促进亚太地区运动和锻炼心理学科学研究的发展,以及运动和锻炼心理学知识的应用与传播。同时,澳大利亚规范了锻炼心理学专业课程的设置,锻炼心理学专业硕士生和博士生的培养人数快速增加。

二、中国锻炼心理学发展简史

(一)萌芽时期(1950—1990)

相比于国外锻炼心理学的产生和发展而言,我国的锻炼心理学发展显得有所滞后。在20世纪50年代发展初期,受到国际竞技运动发展趋势和国家体育发展战略的影响,国内出现了一些有关锻炼心理学的研究。当时绝大多数学者的研究侧重点都聚焦在竞技运动员和教练员身上,很少关注大众健身锻炼心理的研究内容。在早期的许多事件中都可以体现这一现象。例如,1979年成立的中国心理学会体育运动心理学专业委员会,1980年成立的中国体育科学学会运动心理学专业委员会都主要致力于运动选材、体育竞技比赛成绩提高、运动员训练效果、损伤后的心理康复等内容的研究。这为我国竞技运动成绩的提高起到了极大的推动作用,并产生了明显的社会效益。总体而言,国际运动心理学发展的趋势、国内竞技体育发展的"举国体制"、国内经济和人们生活水平及国民身体锻炼低需求等因素是形成此种局面的主要原因。

(二)缓慢发展时期(1991—1999)

如祝蓓里(1986)所言,我国的"举国体制"繁荣了运动心理学,"全民健身计划"则昌盛了锻炼心理学。20世纪90年代,我国锻炼心理学的研究进入缓慢发展阶段。1995年,

《全民健身计划纲要》在全国范围内的推广，显著推进了全民健身事业的发展。季浏教授和姒刚彦教授将国外锻炼心理学的研究引入中国，开启我国锻炼心理学研究的新纪元。1996年，中国体育科学学会运动心理学专业委员会在北京体育师范学院召开的"全民健身的心理学意义和心理学指导研讨会"，极大地推动了锻炼心理学研究的发展。90年代锻炼心理学研究呈增长趋势，其中1996年、1999年增长速度最快（见表1-1）。此外，20世纪80年代中后期，锻炼心理学的大多数研究是介绍锻炼心理学相关原理、功能等，但是到90年代，有关心理健康方面的成果逐渐增多。但需要指出的是，当时的锻炼心理学研究多为描述性研究、少量的准实验研究，对各种变量的控制并不严格，因此当时的研究成果只能在一定程度上揭示锻炼中的各种心理现象。

表1-1　1991—1999锻炼心理学文献量统计表

年份	1991	1992	1993	1994	1995	1996	1997	1998	1999
文献量	1	1	0	3	3	12	10	9	22
比例（%）	1.64	1.64	0	4.92	4.92	19.67	16.39	14.75	36.07

资料来源：李慧娟.近十五年来我国锻炼心理学研究现状文献计量学分析[J].湖北体育科技，2008，27(5)：604-606.

（三）快速发展时期（2000年至今）

进入21世纪之后，我国锻炼心理学研究进入快速发展时期。虽然我国锻炼心理学研究发展稍晚于国外，但随着近年来经济水平的提高，全民健身活动的广泛推广，大众体育事业发展良好，国内体育锻炼人口明显增多，这一切有利的条件都较好地推动了锻炼心理学的蓬勃发展。锻炼心理学研究范围呈现扩大化，涌现了一大批高水平的研究成果，不仅体现在锻炼心理学研究数量的激增，而且研究的学术会议、研究方法、实验控制、教材书籍编写、统计分析软件应用等都取得了明显的进步。正如毛志雄、郭璐（2013）所言，"我国学者的研究水平基本与国际先进水平相当"。

在学科建设上，锻炼心理学也开始有了"一席之地"，国内锻炼心理学在教材著作编写方面取得了明显进步。季浏教授率先关注到体育锻炼与心理健康的重要性，于2005年组织学者编写了《体育锻炼与心理健康》。2008年，司琦博士编写《锻炼心理学》教材，并开设了锻炼心理学本科课程。2009年，李京诚教授等编写《锻炼心理学》教材。2014年，杨剑教授、季浏教授编著《身体锻炼与心理健康》，该著作将锻炼心理学理论与青少年心理健康的锻炼干预进行有机融合，从基础研究层面揭示了运动干预的身心交互效应对青少年心理发展的积极作用，并从应用层面研究运动干预青少年心理健康、心理发展的评价技术。2015年，陈作松教授等编写了《锻炼心理学》。2016年，杨剑教授编著的《锻炼心理学》，进一步说明了锻炼心理学学科的不断发展。这些著作已成为中国锻炼心理学教材的代表作，成为体育专业本科生、研究生了解和熟悉锻炼心理学知识的参考书籍。此外，锻炼心理学的人才建设也受到越来越多的关注。90年代中期华东师范大学、武汉体育学院等院校开始培养锻炼心理学研究方向的研究生;2000年起华东师范大学季浏教授首先进行了锻炼心理学研究方向博士生人才的培养,北京体育大学、上海体育学院、武汉体育学院、首都体育学院等院校也相继进行了锻炼心理学高端人才方面的建设与培养,为锻炼心理学的未来发展奠定了坚实的基础。在研究内容方面,国内研究呈现出多样性,涉及国外诸多相关研究领域。主要包括锻炼的心理健康效应,如锻炼与动机、情绪、应激、自尊、身体意象、人格、认知功能等。其中,运动与脑认知功能的研究近期也受到越来越多学者的关注,周成林教授、殷恒婵教授的研究团队在运动与脑认知功能研究方面取得了骄人的成绩,发表了大量体育锻炼与认知功能的研究成果。同时,锻炼心理学在研究方法上也取得了一定的进步,研究者开始采用定性研究与定量研究相结合的方法,改进了研究的质量并提高了研究的信度与效度。但是,在今后的研究中,仍然要注意定性与定量相结合、借鉴母学科和交叉学科方法、积极创新研究方法等方面的问题。

在学术会议交流方面,1999年,亚洲及南太平洋地区运动心理学会国际学术大会在武汉体育学院召开。中国作为该组织创始成员之一,自该学会成立以来始终作为主要成员参加组织管理和学术交流活动,致力于锻炼心理学研究与推广,如刚彦教授、张力为教授先后担任协会主席。2013年,中国北京体育大学首次承办了世界运动心理学国际大会,中国学者如刚彦教授担任协会主席,大会以"和谐生活,追求卓越"(Harmony and Excellence in Sport and Life)为主题,发表了大量锻炼心理学的研究成果,包括身体活动或锻炼的动机与干预、身体活动或锻炼的心理效益等。2000年以后的历届全国体育科学大会都设立了锻炼心理学专题报告,特别是2015年在杭州召开的第十届全国体育科学大会上,有关锻炼心理学方面的研究尤其受到了学者们的广泛关注。为了进一步探讨体育锻炼与心理健康的关系,2009年至今一共召开了四届全国体育锻炼与心理健康学术会议,研究内容涉及锻炼动机理论模型、锻炼的情绪效益、锻炼与自我概念、大学生群体和超重、肥胖青少年实施锻炼干预等。2015年举办的第四届全国体育锻炼与心理健康学术会议促进了身体锻炼心理研究成果的交流和学术研究的深化,特别是周成林教授所作的运动与脑认知功能研究报告受到了与会学者的高度认同。随着锻炼心理学的发展,运动与脑认知研究将受到越来越多学者们的关注。

纵观我国锻炼心理学研究发展历程,从无到有,直至与国际接轨,为我国锻炼心理学的研究积累了丰富的理论成果。然而,由于受到研究水平、手段等因素的制约,我国锻炼心理学研究发展稍晚于国外,发表的研究大多借鉴了国外的研究成果,经历了引进、移植、消化、创新的过程,总体来看创新性的研究成果还相对较少。但近年来随着我国经济水平的提高,全民健身活动的广泛推广,大众体育事业发展良好,国内体育锻炼人口明显增多,这一切有利的条件都将更好地推动中国锻炼心理学的蓬勃发展。锻炼心理学工作者积极探究、不辞辛劳,为我国锻炼心理学的快速发展付出了大量的心血。相信在不久的将来,中国锻炼心理学也会取得更让人欣慰的发展,受到更多国际学者们的关注。

三、锻炼心理学的未来发展方向

（一）注重跨人群的锻炼心理效益研究

不同年龄、性别以及职业的人群，其心理健康水平存在差异，仅强调心理健康或情绪维度等内容，不能够满足研究的需要。在当前锻炼心理学的研究中，许多学者将研究聚焦于青少年或老年人，然而，锻炼心理学研究的最终目的是促进不同人群的身心健康。因此，今后的研究重点应侧重于不同人群的锻炼心理效益，例如探究体育锻炼是如何促进特定人群产生积极的心理效益，例如警察、消防人员、国家高级科研人员、出租车/公交车司机等，这将为通过体育锻炼改善不良心理状态的不同人群提供科学的实践依据。

（二）重视锻炼心理学理论与方法的应用

锻炼心理学强调为大众身心健康服务，最主要的是加强锻炼心理学学科应用建设，做到面向体育社会实践、大众健身和科研工作的第一线，在分析与解决问题、指导实践的过程中，提高锻炼心理学学科建设的社会影响力，获得学科发展建设的动力。当前锻炼心理学的理论研究还比较薄弱，迫切需要根据锻炼者身心发展特点加强这方面的工作，深入研究体育锻炼与身心健康发展的问题。研究方法主要以量化研究、横向研究为主，所以今后在锻炼心理学方面的研究应该要注重质性研究与量化研究、横向研究与纵向研究相结合，以促进这门学科的建设和发展。

（三）研究内容更加广泛

锻炼心理学作为一门年轻的学科，随着社会的发展和科研水平的提高，其研究内容方面还有很大的发展空间。锻炼心理效益是当前锻炼心理学最主要的研究内容，也是亟待解决的重要问题。在锻炼心理学日益成为诸多领域学者关注焦点的大背景下，锻炼心理学若想取得又好又快的发展，其中机制研究必将率先深入。此外，锻炼心理学在临床和咨询心理学、营养学、体育医学、健康心理学、康复学、预防医学、心理学管理等一系列领域中有着直接的实际应用。总之，随着研究领域的不断扩大和应用性的不断增强，锻炼心理学的研究内容将会越来越广泛。

（四）测量工具趋向本土化

由于西方国家的经济水平高、社会闲暇时间多、对身心健康问题关注多等特点，所以国外早期锻炼心理学领域的研究要领先于国内。不管是质性研究、量化研究，还是横向研究和纵向研究，大都是由国外传入，国内学者大部分都是在此基础上稍作改动，甚至套用原版的测量工具，很少顾及国内的实际情况。这不仅没考虑到我国的实际复杂情况，而且还忽略了社会文化价值观在东西方国家中存在的巨大差异，造成了研究结果的显著差异或不符。所以在我国锻炼心理学未来的发展中，编制本土的测量工具将是研究发展的要求，也是锻炼心理学研究进步的体现。我国学者在量表研制中应注意要提供更多的信效度参数，努力提升数据的质量。

（五）加强学科队伍建设，提高科研水平

学科队伍建设应以学科梯队建设为根本、以提高学术水平为目标、以学科带头人和学术骨干建设为重点给予政策支持，促进锻炼心理学学科的队伍建设和学科建设。同时，在此基础上增设硕士点和博士点，加快建立起一支专业化、梯队化、年轻化的锻炼心理学学科队伍。科学研究工作是提高学科建设水平和培养学术骨干的关键因素，未来研究应当充分利用科研所和高校相关方面的人才优势，组织起跨学院、系（所）的学科科研团队，加强基础理论和应用方面的研究，进一步形成适合学科发展的理论和方法体系，从而提高科研水平。

第四节　锻炼心理学的学科背景

锻炼心理学是一门源于心理学和体育学的交叉学科。虽然从诞生至今历程短暂，但锻炼心理学在一定程度上已经形成了自己独特的研究内容和方法。从心理科学层面看，锻炼心理学与健康心理学、社会心理学、医学心理学等学科紧密联系；从体育科学层面看，锻炼心理学与运动心理学、体育心理学、运动生理学、运动训练学等学科息息相关。这些学科的理论和研究方法都能从不同角度帮助解决锻炼心理问题，并能为锻炼心理学所吸收、转化及应用。基于多学科的背景，锻炼心理学的未来学科发展将拥有更为广阔的空间。

一、心理学科背景

（一）健康心理学

健康心理学是应用心理学知识和技术来探讨与解决有关维护或增进人类健康、预防和治疗心理疾病的一门心理学分支学科。健康心理学诞生于 20 世纪 70 年代后期，并于1987 年正式加入美国心理学会，从而为心理学界所认可。健康心理学主张使用心理学和健康促进的手段来维护和增进人们的心理健康，提高人们对社会生活的适应和改造能力。其主要目的是了解心理因素对健康的影响，如人类患疾病的影响因素有哪些，人类对疾病是如何反应的，人们如何从疾病中恢复过来以及人类如何适应慢性疾病，怎样才能保持健康而良好的身心状态等。因此，健康心理学关注的是健康、疾病的发生及其相关因素、疾病的预防和治疗以及如何形成良好的身心状态等。由于健康心理学的研究及其实践价值与人类健康的各种问题紧密联系，涉及个人的生活质量，甚至直接关系到社会的进步程度，所以该学科从建立发展至今一直备受学者们关注。

锻炼心理学的研究既包括增进心理健康和治疗心理疾病，也包括与健康有关的内容，如健康教育。体育锻炼不仅是增强体质、增进身体健康的有效手段，还是促进心理健康的有效方式。体育锻炼健身健心效能一直以来都是健康心理学研究内容的组成部分。因此，健康心理学和锻炼心理学由于研究内容的部分重叠而产生了紧密的联系。例如，健康心理学探究通过哪些手段可以避免或降低人的焦虑或抑郁情绪,而锻炼心理学研究的是锻炼是否可以作为防治焦虑或抑郁情绪的有效手段;若是有效,那么和其他治疗焦虑抑郁的传统手段相比而言,锻炼防治焦虑抑郁的效果如何。

(二)社会心理学

社会心理学是一门在社会情境下,以实证方法为手段,以心理学、社会学相关理论为研究基础,探究个体和群体的社会心理现象的心理学分支学科。体育锻炼作为一种社会性活动,锻炼过程有长有短,但不管持续时间如何,其中都充斥着无数的社会现象。不同职业、不同性别、不同民族等诸多不同背景的人因为锻炼的需求而走到一起,或独自锻炼,或组合成团队进行体育锻炼。但无论是个人项目还是群体性项目的体育锻炼,都是在一定的社会情境下进行,锻炼过程中心理现象也就成了社会心理学家所要探究的内容之一。因此,锻炼心理学工作者在探究体育锻炼过程中的心理现象时可以有选择性地借用社会心理学的相关理论和研究方法。

在体育锻炼领域受到广泛关注和研究的社会性心理问题主要包括:锻炼过程中的各种社会促进现象,体育锻炼团队的领导理论、风格及团队精神,体育锻炼活动中的群体现象和社会与群体的相互作用,心理学研究内容对锻炼指导者有效工作的影响,体育锻炼团队凝聚力和团体动力学的影响因素,锻炼个体和团队的目标设置,体育锻炼过程中爆发的攻击性,影响解释锻炼心理特征和行为的文化因素等内容。社会心理学家对体育锻炼领域探究的内容还包括锻炼者的道德行为,性别差异对锻炼参与和锻炼过程的影响,体育锻炼中进取心或努力程度,锻炼指导者与家长之间的交流沟通等研究内容。

(三)医学心理学

医学心理学属于应用心理学的范畴,该学科主要探究心理因素在人体健康和身心疾病及其转化过程中的作用规律。医学心理学从医学的观点出发来研究、诊断、预防和治疗人类的精神障碍、身心不适或心理疾病及其相关问题,如焦虑症和抑郁症等心理病症的诊断与治疗。一般而言,人类自身的身体和心理健康问题,不仅与人们的躯体因素息息相关,而且也与社会因素和人的心理活动密切联系。所以,医学心理学家们通常将心理学中相关内容的基础理论、研究方法、工具以及技术应用到治疗身心疾病的医疗实践中,从而达到研究和解决人类身心疾病的目的。

在当前已有锻炼心理学的研究中,有学者尝试探究了部分医学心理学的研究内容,如锻炼与焦虑、抑郁的防治方面,研究表明锻炼具有预防和治疗焦虑、抑郁症的功能。除改善效果不如药物治疗外,与其他传统的治疗手段(如渐进放松、安静休息、冥想等)相比而言,锻炼具有相似的改善效果。锻炼改善效果持续时间最为长久,且能增强人的体质,促进身体健康。此类研究内容的相互重叠,不仅使得锻炼心理学领域的学者和医学心理学的临床研究者可以相互合作,共同探究人类的身心健康问题,而且还使得锻炼心理学与医学心理学之间产生了密切联系。

（四）康复心理学

康复心理学是一门基于康复医学和心理科学的理论基础而形成的新兴交叉学科。该学科主要应用心理科学的基础理论、研究方法及技术来探究康复过程中康复对象的心理活动、心理现象及心理规律。近年来，康复心理学的发展与兴起主要与该学科解决康复对象的心理障碍及疾病，帮助他们从损伤中康复，或适应残疾现实等各种益处有关。

锻炼心理学领域与康复心理学领域研究内容存在着关联。例如，对应激源与损伤或残疾的关系研究。损伤是体育锻炼中常见的消极现象，尤其是在高强度锻炼或激烈对抗性锻炼中。在早期的研究中，损伤后生理康复会得到较多的关注，而损伤后的心理康复却很少受到重视。近年来，锻炼心理学领域和康复心理学领域都对损伤者的心理康复问题进行了探究，以期望能帮助损伤者在损伤之后有勇气继续保持锻炼。如在锻炼心理学的研究中，学者们为了更好地解释锻炼与损伤关系而建立了许多模型，如应激与损伤模型、决策与锻炼损伤模型、计算机信息加工模型等，并且还调查了影响锻炼损伤的相关因素，锻炼损伤的预测因素等其他内容。同时，康复心理学也对该问题进行了深入探究，但其重点并非在应激源与损伤的关系上，而是心理因素在损伤康复过程中的作用。

此外锻炼心理学还与心理学科中其他分支学科存在一定联系，如基础心理学领域中的生物心理学、认知心理学、发展心理学、人格心理学、精神心理学、社会心理学、理论心理学等；应用心理学中的临床心理学、辅导心理学、教育心理学、学校心理学等。

二、体育学科背景

（一）运动心理学

虽然锻炼心理学已逐渐呈现出脱离运动心理学的趋势，但时至今日，两门学科还并未完全分离。锻炼心理学与运动心理学之间交叉重叠的现象依然存在，所以两门学科在一定程度上依旧保持着密切的联系。运动心理学的研究对象主要为运动员和教练员，探究的是运动员和教练员的各种心理现象或活动规律，其主要研究目的是为了提高运动训练的效果和竞技比赛成绩。从具体研究对象和研究目的来考察两门学科，锻炼心理学似乎与运动心理学并无明显的联系。但是，我们若是从研究的基础理论、研究内容以及研究方法等层面来看，锻炼心理学与运动心理学就存在着诸多相似之处。

从两门学科研究所基于的理论基础来看，不管是运动心理学研究，还是锻炼心理学研究，实际上都是在借用母学——心理学和体育学的理论基础对相关现象进行探究。关于研究内容方面，两门学科存在明显的相似之处。例如，大众锻炼人群参与高强度锻炼可能会产生紧张焦虑情绪，而运动员参加国际性大赛时也极有可能产生紧张焦虑情绪。同样是紧张焦虑情绪，只是紧张焦虑产生的对象和程度有所不同而已。对此，锻炼心理学工作者和运动心理学工作者都会对各自研究对象的紧张焦虑情绪展开探究，并提出相关解决办法。在研究方法和技术层面上，两门学科几乎都在借用心理学的研究方法和技术，例如，观察法、实验法、心理测量法、心理生理测量法等。

（二）体育心理学

体育心理学是心理学在体育教育领域研究中衍生出的另一门交叉学科。它与锻炼心理学、运动心理学研究一起构成了心理科学在体育领域的所有心理学应用研究。与锻炼心理学有所不同的是，体育心理学的主要研究对象为青少年儿童学生和学校体育教师，探究的是学校体育教师和学生在学校体育教学活动中的各种心理现象和心理活动规律。体育心理学的主要的研究目的是提高教师"教"和学生"学"的效果。由于都是心理科学在体育领域交互组合形成的两门分支学科，锻炼心理学和体育心理学之间具有非常紧密的联系。

在基于研究所需要的理论基础上，不管是锻炼心理学还是体育心理学，也都是在借用体育科学和心理科学的基础理论知识来对各种心理现象或人的心理活动规律进行探究，并在研究后进行总结报告。其次，在研究方法和技术上，两门分支学科虽然有所差异，但终究离不开心理学的研究方法或技术，因此两个研究领域具有一定程度的相似性。最后，体育心理学和锻炼心理学在研究内容上的重叠比较明显。例如，不管是大众锻炼人群，还是普通青少年或儿童，参与体育锻炼的行为都需要一定的动机激发。虽然锻炼的动机可能既有强度上的差异，也有方向上的不同，但两类人群的锻炼行为都可以通过相关的动机理论加以解释。

（三）运动生理学

运动生理学是体育学的基础学科之一，是人体生理学的一个分支。该学科的主要研究内容是人体在运动或锻炼过程中机能活动或变化的规律，以及形成和发展运动或锻炼技能的生理学规律。运动生理学的主要研究目的是通过发现人体运动或锻炼能力发展和完善的生理学机理，为确立各种具有针对性、科学性及有效性的运动或锻炼制度和方法提供理论依据。在早期的研究中，巴甫洛夫用条件反射的方法研究动物的学习活动，并提出了人的心理活动的高级神经活动学说。而在现代相关研究中，生理学已用神经生理学、生物物理学和生物化学的手段来研究人的感知、学习、记忆、思维、情绪等过程，目的是更科学地解释各种心理活动的生理机制问题。

锻炼心理学一直关注运动生理学的研究进展，主要是因为运动生理学的相关研究可用于帮助解决锻炼心理效益的生理机制问题。例如，一名锻炼者面临高强度锻炼时产生了肌肉紧张的现象，那么他的肌肉紧张是由于躯体性焦虑所引起的，还是由于担心和考虑即将可能发生的锻炼损伤而产生的认知焦虑所引起的呢？运动生理学中通过肌电反应就可以对此方面的问题得出更好的回答。因此，可以说，未来锻炼心理效益的生理机制研究若要取得显著突破，有赖于运动生理学的发展和进步。

（四）运动训练学

运动训练学是体育学的基础学科之一。该学科主要研究各种运动训练的原则、运动训练的内容、运动训练的科学方法、运动训练的安排以及运动训练的负荷等。近年来，随着我国竞技运动水平的迅速提高，国内运动训练学的理论研究取得了明显的进步，这也为锻炼心理学提供了较好的发展空间。

锻炼心理学研究的目的之一,就是为各类锻炼人群制定有效的锻炼处方。需要解决的问题是:何种类型的锻炼项目和什么样的锻炼负荷对哪些锻炼人群会产生怎样的身心效益? 运动训练学中关于运动项目的特点研究,运动训练内容安排,运动负荷研究等都可以成为锻炼心理学研究的参考。因此,锻炼心理学工作者在探究锻炼项目和锻炼负荷对身心效益的影响,执行锻炼干预实验研究或为锻炼者制定相关的运动锻炼处方时,可参考借鉴运动训练学的相关研究成果,从而更好地完成自身的研究目标。

此外,锻炼心理学与体育学科中其他学科如体育保健学、体育史学、运动医学、运动解剖学、运动生物力学、运动生物化学、运动营养学等也存在紧密联系,各学科的理论方法同样为锻炼心理学的研究发展提供了重要参考依据。

本章小结

锻炼心理学是运用心理学的理论和方法来描述、解释、预测乃至干预锻炼行为,促进个体参与和坚持锻炼,探究锻炼心理前因、锻炼过程中心理体验以及锻炼心理效益的一门学科。锻炼心理学的研究内容大致分为锻炼心理前因、锻炼时心理体验以及锻炼后心理效益研究。我国锻炼心理学发展虽晚于国外,但随着经济水平的提高,全民健身活动的推广以及学者们对于锻炼心理学的研究,都极大地推动了国内锻炼心理学的发展。学习锻炼心理学对于社会指导员工作、体育人才的培养、体育科学研究以及锻炼心理学的学科建设都具有重要意义。在未来研究中,我们要重视以下几个方面的研究:(1)注重跨人群的锻炼心理效应研究;(2)重视锻炼心理学理论与方法的应用;(3)研究内容更加广泛;(4)测量工具本土化;(5)加强学科队伍建设,提高科研水平。

思考、理解、探究

1. 如何定义锻炼心理学,其研究内容有哪些?
2. 简述国内外锻炼心理学的产生与发展。
3. 当代锻炼心理学的研究有何意义?

讨论问题

1. 作为一名体育专业大学生,谈谈你对锻炼心理学的认识。从你自身的角度出发,想象在以后的工作中,锻炼心理学领域研究内容可以帮助你解决哪些问题?

推荐阅读文献

1. 姒刚彦.当代锻炼心理学研究[J].体育科学,2000,20(1):62-66.

2. 蔡理,季浏.锻炼心理学研究：理论、模型与设计[J].天津体育学院学报,2004,19(4)：38-41.

3. 蔡理,季浏.锻炼心理学学科思想的沿革[J].上海体育学院学报,2004,28(3)：67-73.

4. 季浏,罗伯特·J·科克比.身体锻炼心理学的研究现状和未来发展[J].天津体育学院学报,1997,12(3):7-11.(1):115-117.

5. 周成林,赵洪朋.改革开放30年我国体育锻炼促进心理效益取得的突破与问题.首都体育学院学报[J].2009,21(3)：257-261.

6. 毛志雄,董文博,于拓.运动心理测量研究进展(2008—2011)[J].天津体育学院学报[J],2012,3：192-196.

7. Rejeski, Amy Thompson. Historical and conceptual roots of exercise psychology[M]// Peter Seraganian. Exercise psychology: The Influence of Physical Exercise on Psychological Process. New York: John Wiley & Sons, 1993.

8. 杨剑.身体锻炼与心理健康[M].上海：华东师范大学出版社,2014.

第二章　锻炼行为理论模型

本章学习要点

◎ 健康信念模型

◎ 合理行为和计划行为理论

◎ 自我效能理论

◎ 自我决定理论

◎ 跨理论模型

◎ 锻炼行为生态学模型

关键概念

　　锻炼行为理论　　干预

　　体育锻炼可以帮助改变个体或群体的行为,但人们参加体育锻炼的行为受生理、心理、行为、环境等多重因素影响。为了有效地启动并维持行为改变,分析体育锻炼行为促进进程,20世纪50年代,锻炼行为理论模型的研究开始出现。它运用健康行为理论模型来研究锻炼行为,使锻炼行为理论模型得到了极大的丰富和发展。通过学习锻炼行为理论模型,我们能够更好地理解人类开始锻炼、坚持锻炼及退出锻炼的原因。锻炼行为理论模型有助于我们更好地理解和预测锻炼行为,为实施科学有效的锻炼行为干预奠定理论基础。目前锻炼行为理论模型主要有健康信念模型、合理行为理论、计划行为理论、自我效能理论、自我决定理论、跨理论模型以及生态学模型。

第一节　健康信念模型

一、健康信念模型简介

　　健康信念模型(Health Belief Model,HBM)最初由霍克巴姆(Hochbaurn)等人于1958年提出。最初的理论模型较为简单,经贝克尔(Becker)完善形成了健康信念模型体系。锻炼行为作为一种重要的人类健康行为,不可避免地被应用于验证健康信念模型的研究中。健康信念模型通过干预人们的知觉、态度和信念等心理活动,从而改变人们行为的健康教育模型。该模型认为,人们会理性地预测消极健康结果,且希望避免消极的健康结果,或降低消极健康结果的影响。个体采取预防或控制疾病行为的可能性取决于个体对健康威胁以及对预防性健康行为益处和障碍的感知。

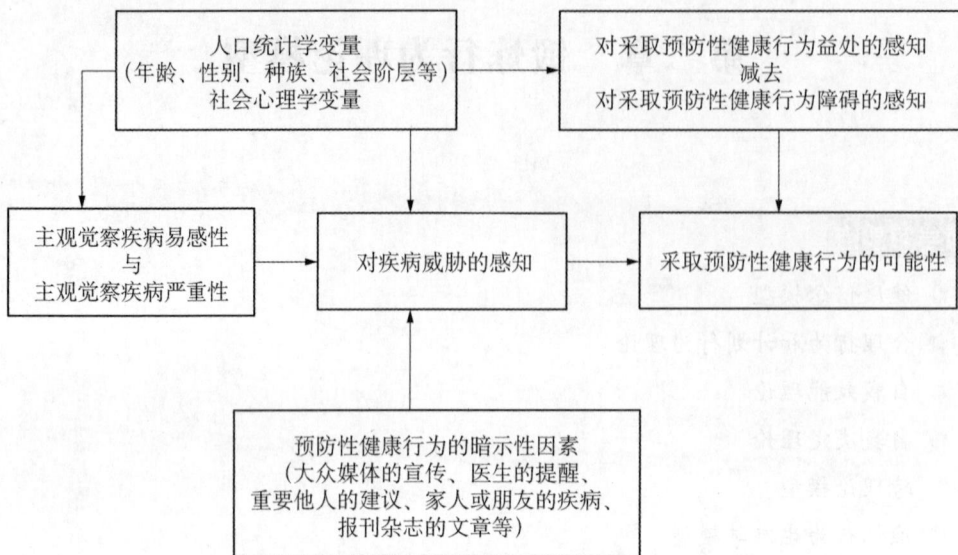

图 2-1　健康信念模型

资料来源:杨剑,季浏,陈福亮.身体锻炼与心理健康[M].上海:华东师范大学出版社,2014.

二、健康信念模型的测量

针对健康信念模型的测量,谢红光基于健康信念模型理论指出体质健康信念量表(见表 2-1)具有较好的信度和效度,可应用于大学生体质健康信念的调查与评价。体质健康信念量表主要是围绕健康信念核心概念的两个方面:一是对相关疾病的易感性与威胁知觉,主要测量大学生处于体质强弱与病患之间的联想以及对患病后果的知觉程度;二是健康信念的知觉利益,由知觉锻炼益处(5、8、12、15、16、17、19 题)、体质评价自我效能(2、10、14、21 题)、体质强弱与患病易感性(1、3、7、23 题)、知觉疾病与体弱严重(4、6、9、13、24 题)、体质评价结果关注(11、18、20、22 题)5 个因子的 24 个条目组成。

表 2-1　体质健康信念量表

	完全不符合	不太符合	有些符合	比较符合	完全符合
1. 不锻炼体质健康会越来越差					
2. 体质健康状况不佳时,我会产生锻炼紧迫感					
3. 体质健康状况不好易患上多种疾病					
4. 我对生病有恐惧感					
5. 体育锻炼可以增强体质健康					

	完全不符合	不太符合	有些符合	比较符合	完全符合
6. 每次患病都令我感到后怕					
7. 缺乏锻炼可能会患上某种严重的疾病					
8. 体育锻炼可以预防疾病,延长寿命					
9. 患疾病时我感到对体质健康有严重的威胁					
10. 体质健康状况不佳时,我会克服困难进行锻炼					
11. 体质健康评价是我了解健康的重要途径					
12. 体育锻炼可以愉悦身心					
13. 体质健康差会严重影响我的生活质量					
14. 体质健康不佳时,我能够克服天气、环境等障碍进行锻炼					
15. 体育锻炼可以保持健美					
16. 体育锻炼可以提高生活质量					
17. 体育锻炼是维持体质健康的重要途径					
18. 我很关注体质健康信息的变化					
19. 增强体质健康需要经常参与锻炼					
20. 体质健康评价结果使我了解更多自我健康信息					
21. 即使感到疲劳,我也会依照计划进行增强体质健康的锻炼					
22. 我依据体质健康评价结果判断自我健康状况					
23. 体质健康差使我有可能患病的担忧					
24. 体质健康差使我感到后果严重					

资料来源：谢红光. 体质健康信念对大学生体育锻炼行为意向及行为习惯的影响[D]. 北京：北京体育大学,2012.

三、健康信念模型与锻炼行为

在锻炼情境中,健康信念模型认为：人们通常不会参与有益于健康的体育锻炼,除非他们有一定水平的锻炼动机、健康动机和健康知识,或认为自己易受健康问题的侵扰,或认为自身所处的环境对自身健康有所威胁,或相信体育锻炼具有克服上述问题的益处,能引起机体合适的健康反应,而自己进行体育锻炼又没太大的困难。

琳塞(Lindsay)和奥斯本(Osborn)选取了 124 名加拿大消防队员为被试对象,分别在锻炼计划开始前和锻炼 6 个月后对被试者进行健康信念指数测量,以探究被试在锻炼前后的健康信念的变化。研究发现,坚持锻炼计划 6 个月的被试者得分低于平均值 50％—70％,坚持锻炼 3 个月的被试者得分低于平均值 25％—30％,锻炼者心脏病危险性指数与疾病可能性指数上得分低的人数比例显著高于不锻炼者,坚持锻炼者倾向于有一般疾病易感性降低的信念。比德(Biddle)等人对 433 名成年人调查后发现,有氧锻炼者与不锻炼者在心血管健康有关的信念、知识和归因等方面存在差异。有氧锻炼者比不锻炼者具备更多心血管方面的知识,更强的锻炼动机和控制感,有氧锻炼者为维持他们的心血管健康做出更多的努力。

四、对健康信念模型的评价

健康信念模型对于人类锻炼行为的预测相对有限。首先,健康信念模型感知的威胁是在健康相关行为中有较大关联性的结构。健康信念模型理论将严重性和感知的易感性联系起来,但两者关系并不明确。其次,健康信念模型试图从态度和信念的角度来分析锻炼行为转变的机制,但作为一种基于认知的社会心理模型,未能充分考虑行为的情感构成以及环境和社会准则等因素对锻炼行为转变的作用,因此在理论建构上存在一定的缺陷。第三,健康信念模型理论中其他结构之间的关系应当得到更加彻底的分析。因为一个概念的预测能力可能取决于另一个的价值。例如当感知的威胁较高时,感知的益处和障碍应当是行为变化的更加强有力的指标;在感知的威胁较低时,参与锻炼行为的益处和障碍是不显著的。第四,行动的线索是健康信念模型研究中缺失的组成部分。在感知的威胁和益处较高而感知的障碍较低的情况下,行动的线索将会对行动产生较大的影响。健康信念模型在锻炼行为研究中的应用价值虽有所受限,但该模型仍为我们理解和预测人们的锻炼行为,提供了一种新的视角。

第二节　合理行为理论和计划行为理论

一、合理行为理论简介

合理行为理论由菲什拜因(Fishbein)和阿耶兹(Ajzen)于 20 世纪 70 年代提出,是锻炼心理学领域中应用较为广泛和成功的锻炼行为理论。合理行为理论强调认知因素在个体健康行为、道德行为和其他行为产生、改变过程中的重要作用。合理行为理论模型认为人们通常是理性的,且在做出实际行动之前,通常会考虑行为所产生的后果和影响,因此将这个模型命名为合理行为理论模型(见图 2-2)。合理行为理论强调认知因素在个体健康行为、道德行为和其他行为产生和改变过程中的重要作用,在了解人们做出某种决策的基础上理解和预测其社会行为。在合理行为理论中,行为意向主要受行为态度和主观规范的影响。

行为态度通常形成于个体对相应行为的积极或消极评价的基础上,它影响着行为意向。人们综合各种锻炼的结果并做出某种评价后,最终决定是否制定锻炼计划并进行体育锻炼。例如在锻炼情境中,个体可能认为经常参加身体锻炼有助于控制体重、增强体质、降低患疾病的风险、改善心境等因而进行锻炼,也可能认为锻炼会有受伤的危险、占用

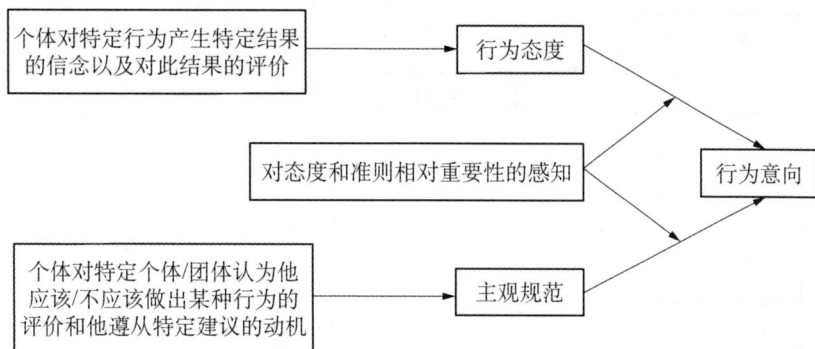

图2-2 合理行为理论模型框架

资料来源：Ajzen，Fishbein．Understanding attitudes and predicting social behavior[M]．Upper Saddle River：Prentice Hall，1980：100．

自己休息或陪家人的时间等主观评价而不参加锻炼。

主观规范是影响行为意向的另一个决定性因素，即指我们在考虑是否执行某一行为时所感知到的社会压力，反映的是社会压力对个体行为的影响，是个体对他人意见及是否采纳他人意见所形成的动机强度共同作用的结果。如果个体积极地评价某行为，并且重要他人也认为个体应该执行这一行为，那么个体执行该行为的可能性将大大提升。假若你是一名锻炼者，对坚持锻炼进行积极评价，并且一些重要他人希望你坚持锻炼，这将有助于你产生积极的主观规范，形成积极的行为意向，最后参与锻炼。

二、计划行为理论简介

阿耶兹在合理行为理论的基础上增加了"行为控制感"这一变量，提出了计划行为理论模型（见图2-3）。行为控制感即个体对执行某行为能力的感知。例如，在锻炼情境中，即使个体有积极的行为态度和主观规范，如果个体坚信自己没有能力或机会（如遇到恶劣天气、生病等）进行锻炼，那么其锻炼意向将处于一个低谷状态，进行锻炼行为的可能性非常小；反之则极有可能进行锻炼。整体而言，为了准确地预测个体无法控制的行为，我们不仅要对个体的行为意向进行评价，而且要对个体的行为控制感进行估测。

如图2-3所示，行为态度、主观规范和行为控制感三个变量共同作用于行为意向，进而间接影响个体的锻炼行为，行为控制感也可以直接影响锻炼行为。个体坚信自己拥有的资源和机会越多，预期的障碍越少，个体对行为的主观控制感就越强。例如，在锻炼情境中，当个体犹豫是否进行锻炼时，个体的锻炼态度越积极，影响个体参与锻炼的主观规范越强，或者个体对影响参与锻炼因素的主观控制感越强，如锻炼场所的可使用性、便利性、锻炼时间、锻炼同伴等，那么个体的锻炼意向就越强，实际进行锻炼行为的可能性也就越大。

三、合理/计划行为理论中的测量

阿耶兹等人（2002）在合理行为理论和计划行为理论研究过程中，编制了计划行为理

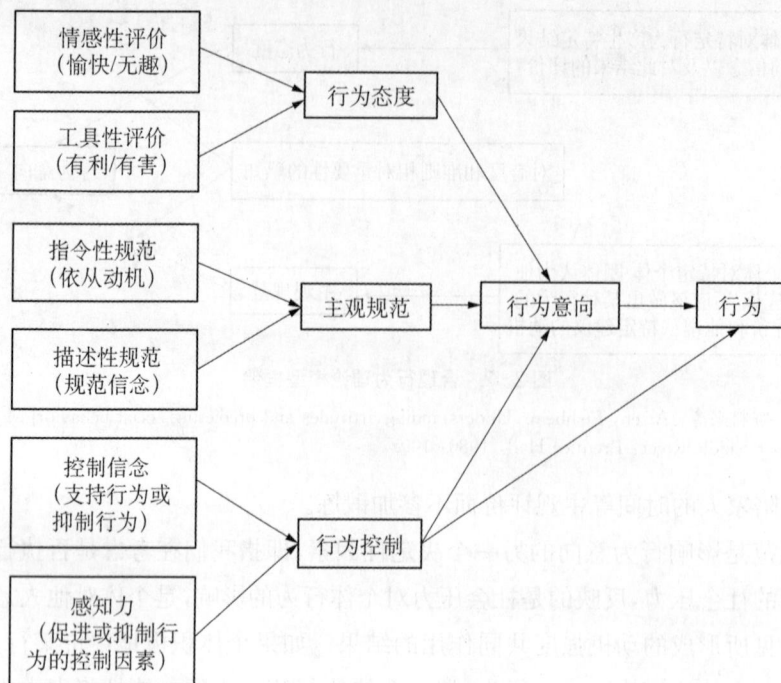

图2-3 计划行为理论模型

资料来源：Janet Buckworth，Rod K. Dishman，Patrick J. O'Connor，Phillip D. Tomporowski. Exercise Phychology［M］. Champaign，Illinois：Human Kinetics，2013：353－354.

论量表,该量表包括态度、主观规范、行为控制感及意向 4 个分量表,具有良好的信效度。除了计划行为理论量表中的态度分量表外,拉吉卜(Ragheb)和拜耳(Beard)编制的休闲态度量表也受到了很多研究者的青睐,该量表归纳出态度由认知、情感及行为倾向三个维度构成,具有良好的信效度。国内学者毛荣建(2003)根据此研究编制了具有良好信效度的锻炼态度量表。

测量时必须遵守一致性原则,即所有研究变量的测量必须包含相同的行为元素,所测量的意向、态度、主观规范和知觉行为控制应是对特定行为的意向、态度、主观规范和知觉控制,并且所测量的行为应与其真实条件下发生的行为一致。同时,在编制测量问卷时要注意吸取已有的研究经验,态度的项目内容应包含工具性态度和情感性态度;主观规范的项目内容应包括指令性规范和描述性规范;知觉行为控制的项目内容应包括自我效能感和控制力。

表2-2 计划行为理论基本量表(样题)

1. 在未来的四周中,我计划每周至少进行 3 次,每次 20 分钟以上的身体锻炼 非常赞同→非常不赞同,1→6
2. 我能否接受在未来的四周中,每周至少进行 3 次,每次 20 分钟以上的身体锻炼 完全可以→完全不可以,1→6

3. 大多数对我很重要的人希望我每周至少进行 3 次,每次 20 分钟以上的身体锻炼

同意→不同意,1→6

4. 我有无能力控制自己在接下来的四周中,每周至少 3 次,每次 20 分钟以上的身体锻炼

完全能→完全不能,1→6

5. 对我来说,在接下来的四周中每周至少进行 3 次,每次 20 分钟以上的身体锻炼是

享受→不享受,1→6
愉快→不愉快,1→6
满意→不满意,1→6
有用的→无用的,1→6
重要的→不重要的,1→6

6. 在未来的四周中,我打算每周至少进行 3 次,每次 20 分钟以上的身体锻炼

非常赞同→非常不赞同,1→6

7. 对我重要的人都赞同我每周至少进行 3 次,每次 20 分钟以上的身体锻炼

非常赞同→非常不赞同,1→6

8. 对我来说,在未来的四周中每周至少进行 3 次,每次 20 分钟以上的身体锻炼

非常困难→非常容易,1→6

9. 在接下来的四周中,每周至少进行 3 次,每次 20 分钟以上的身体锻炼在多大程度上超出我的能力范围

完全没有→非常超出,1→6

10. 每周至少进行 3 次,每次 20 分钟以上的身体锻炼很让重视我的人高兴

非常赞同→非常不赞同,1→6

四、合理/计划行为理论与锻炼行为

合理/计划行为理论是当前理解和预测锻炼行为最为成功的理论模型之一,自提出以来就受到了学者们的广泛关注,对人类的锻炼行为进行解释并做出预测,制定了科学有效的锻炼干预策略。

在应用计划行为理论预测锻炼行为的有关研究中,诸多研究结果都证实了该理论具有较好的预测效果。Courneya 和 Friedenreich 基于计划行为理论,考察直肠癌患者在康复治疗过程中影响锻炼的决定性因素。研究指出:直肠癌患者在康复治疗过程中的锻炼行为受锻炼意向和行为控制感的影响,且锻炼意向仅受锻炼态度的影响。Courneya 和 Friedenreich 认为,在康复治疗的过程中,直肠癌病人的锻炼态度越积极,行为控制感水平越高,锻炼意向越强,直肠癌病人参加锻炼的可能性就越大。Wankel, Mummery, Stephen, Craig 的研究指出,行为控制感可以预测不同年龄组的锻炼行为意向,且随着年龄的增长,行为控制感和主观规范会随之变得越来越重要,而态度的影响作用却有所下降。Courneya 在老年人参加锻炼的情境中对计划行为理论进行了验证。研究显示,锻炼行为态度、主观规范和行为控制感与锻炼意向显著相关,而锻炼意向是锻炼行为最好的预

测变量。Rosen 对习惯性静坐的大学生进行了相关研究,研究表明锻炼行为意向是大学生进行实际锻炼最主要、最有力的预测变量。Dean 等人基于计划行为理论对影响老年人参与力量锻炼的因素进行了探究,该研究以随机抽取的 200 名,年龄至少 55 岁以上的老年人为被试对象。研究表明,态度、主观规范和行为控制感与锻炼意向具有明显的相关性,尤其是主观规范和行为控制感与锻炼意向的相关关系十分突出。

李京诚以 199 名大学生为研究对象,预测大学生 4 周的锻炼行为,探讨大学生个体参与锻炼的内部心理机制。研究表明,态度在锻炼行为的决策过程中起着重要作用,对大学生的锻炼行为意向能产生显著性的影响;与主观规范相比,态度对锻炼行为意向具有更显著的预测效果。该研究结果支持了锻炼行为意向能预测锻炼参与行为的理论假设,即个体参与锻炼的意向越强烈,他们参与锻炼的可能性就越大,反之则越小。此外,该研究还发现行为控制感能够显著地提高锻炼意向的预测水平。方敏(2011,2012)基于计划行为理论,探究锻炼计划在锻炼意向与锻炼行为之间的中介作用,研究结果显示,锻炼意向能正向预测青少年的锻炼行为,锻炼计划在锻炼意向和锻炼行为之间发挥调节和中介作用,行为控制感能直接或间接通过意向作用于锻炼计划。

五、对合理/计划行为理论的评价

合理/计划行为理论在锻炼心理学的研究中已得到了广泛地应用,是当前理解和预测锻炼行为最为成功的理论模型之一,它为制定科学有效的锻炼行为干预策略提供了重要的理论参考价值。合理/计划行为理论为理解、解释和预测人类锻炼行为提供了一种新的视角;计划行为理论中的锻炼意向和行为控制感是预测锻炼行为的较好变量;同时,锻炼态度、主观规范及行为控制感又影响个体的锻炼意向。根据合理/计划行为理论的观点,可针对性地制定出行之有效的锻炼行为干预策略。目前,在我国很少有研究者运用合理/计划行为理论对锻炼行为进行干预,绝大多数研究都停留在解释和预测锻炼行为的基础上,这在很大程度上降低了合理/计划行为理论的应用价值。

知识窗 2－1

聚 焦 癌 症

癌症治疗与一系列的情绪状况、身体机能密切相关。大量的研究表明,锻炼是缓解此类问题行之有效的方法之一(Courneya & Friedenreich,1999)。然而,癌症治疗的副作用使个体难以进行锻炼。实际上,相关报道指出,即使是在癌症治疗结束后的几年,个体的锻炼水平仍明显下降(Courneya & Friedenreich,1997)。

Courneya 及其同事曾试图了解癌症治疗后影响癌症患者锻炼行为的因素,他们运用计划行为理论对 66 位曾接受结肠癌手术治疗的患者进行测量,研究他们的锻炼态度、行为规范、主观行为控制感、锻炼意向。研究人员对 66 位患者进行了 4 个月的追踪研究,探索计划行为理论的各变量是否可以用来预测患者的锻炼意向和锻炼行为。结果表明,只有锻炼态度对锻炼意向产生影响,行为规范和主观行为控制感均无影响。也就是说,癌症患者对锻炼价值所持有的积极评价的程度是影响他们锻炼行为最重要的因素。关于锻炼行为的预测问题,计划行为理论认为意向和主观行为控制感可共同预测锻炼行为。整体而言,这些结果均表明,计划行为理论可用来了解并解释癌症患者的锻炼行为。

资料来源:Curt Lox, Kathleen Martin Ginis, Steven J. Petruzzello. The Psychology of Exercise: Integrating Theory and Practice [M]. Scottsdale: Holcomb Hathaway, Publishers, 2010:60.

第三节 自我效能理论

一、自我效能理论简介

自我效能(self-efficacy)最初来源于班杜拉(Bandura)的社会认知理论(Social Cognitive Theory,SCT),是指个体对自己执行某一行为时,达到该行为情境要求的自身能力的信念或主观评价,主要用于帮助社会认知学家解释和预测个体采取某种行为时的倾向差异。自我效能理论认为,影响和改变个体自我效能的因素主要有四种(见图2-4)即:成功体验(mastery experience),替代经历/范例(vicarious experience/modeling),口头说服(verbal persuasion)和身心状态(physiological states/psychological states)。自我效能理论对自我效能和结果期望进行了区分,认为自我效能和结果期望可以用来解释行

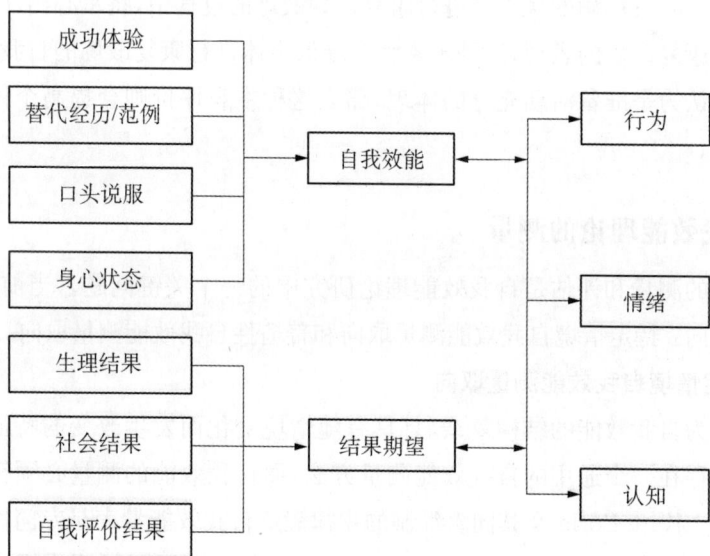

图2-4 自我效能理论

为。结果期望指的是个体对自己执行的行为结果产生的期望。例如，个体进行锻炼时可能期待减轻体重、改善睡眠质量、增强心肺功能以及结交新朋友等行为结果。通常情况下，研究者认为结果期望包括生理、社会和自我评价三方面。

成功体验。成功体验来源于个体成功完成某任务的经历或经验，当个体成功完成某项任务时，个体就会认为自己已经掌握了完成该任务的能力，因而，成功体验是影响个体自我效能的重要因素之一，同时，班杜拉指出自我效能会随着个体任务完成的成败情况发生变化，例如，在锻炼情境中，某人第一次成功完成 5 000 米长跑后，其长跑自我效能得到增强，若该个体第二次未能完成 5 000 米长跑时，该个体便会怀疑自己的长跑自我效能，在以后的长跑锻炼中若该个体完成长跑计划的情况起伏不定，那么该个体长跑的自我效能将会随着个体长跑计划的完成情况发生变化。

替代经验。当个体看到和自己年龄相仿，身体特征和锻炼能力相似的个体成功完成了某项任务时，该个体可能会认为自身也具备了完成该任务的能力。个体主观上认为与范例之间的相似性越大，替代经历对自我效能的影响就会越大。Fox 和 Bailenson（2009）为不愿意参加心脏康复锻炼计划的被试介绍了以往心脏病患者参加康复锻炼计划后得以恢复的案例，研究发现，之前害怕锻炼引发心脏疾病而不愿参加锻炼康复计划的被试参加康复计划的比例明显提高。

口头说服。口头说服对提高自我效能水平的作用相对较小，但是当劝说者是个体的重要他人，极富锻炼知识、锻炼技能较高或被个体所敬佩时，口头说服对个体的自我效能会产生重大的影响。从社会层面来看，政府也使用过鼓励公民参与锻炼的口头说服法，例如，为了增强儿童青少年体质而提出的"每天锻炼 1 小时"的说服口号。

身心状态。个体对身心状态的主观评价是影响自我效能强弱或水平的重要决定因素。例如某患有心脏疾病的病人在进行康复计划锻炼的过程中，将掌心出汗、心跳加速解释为不能进行康复锻炼的表现，这种现象将会降低个体进行康复锻炼的自我效能水平，而若该个体将其认为是准备活动充分的体现，那么这种主观评价则会提高个体进行康复锻炼的自我效能。

二、自我效能理论的测量

自我效能的测量和评估是自我效能理论研究中的一个关键问题。当前，自我效能的评估有两种取向：特定情境自我效能测量取向和普适性自我效能测量取向。

（一）特定情境自我效能测量取向

班杜拉认为自我效能的结构复杂，且具有随情境变化而发生改变的特征，因此，在实践研究中并不存在一个通用的自我效能测量方法，而自我效能的测量必须符合所要研究的情境或领域。Kate Lorig 及其同事编制的规律锻炼自我效能量表是专门用于测量体育锻炼的自我效能量表。该表的目的是测量人们在进行体能锻炼、耐力锻炼等活动时的自信程度。量表由 3 个题项组成，评分是以 3 个题项的单项分数的平均值表示，分值范围为 0—10 分,分数越高表示自我效能越强。若该量表 3 个题项中有一个题项缺失,则该量表评分视为缺失。

表 2-3　规律锻炼的自我效能量表(样题)

你有多大信心能……	毫无自信——完全自信
1. 进行轻微的肌肉力量和伸展性锻炼,每周 3—4 次(如举重、大幅度的肢体伸展)	1　2　3　4　5　6　7　8　9　10
2. 进行耐力锻炼,如散步、游泳或骑自行车,每周 3—4 次	1　2　3　4　5　6　7　8　9　10
3. 锻炼且不加重您现有的症状	1　2　3　4　5　6　7　8　9　10

(二)普适性自我效能测量取向

普适性自我效能主要是指个体应对不同环境的挑战或面对新任务时一种总体性的自信心水平。一般自我效能感量表(General Self-Efficacy Scale,GSES)最早由 Ralf Schwarzer 等(1981)编制完成,目的是用以评价一个人总体的自我效能,从而来预测其应付日常烦恼和经受各种紧张事件的情况。该量表适用于除 12 岁以下儿童外的所有成年人及青少年人群,采用 4 级 Likert 评分方法,从完全不正确到完全正确,依次评分为 1—4 分,评分范围为 10—40 分,得分越高,一般自我效能感越强。

表 2-4　一般自我效能量表(样题)

自我效能量表样题	完全不正确——完全正确			
1. 如果我努力去做的话,我总是能够解决难题	1	2	3	4
2. 即使别人反对我,我仍有办法取得我所要的	1	2	3	4
3. 对我来说,坚持理想和达成目标是轻而易举的	1	2	3	4
4. 我自信能有效地应对任何突如其来的事情	1	2	3	4
5. 以我的才智,我一定能应付意料之外的情况	1	2	3	4
6. 如果我付出必要的努力,我一定能解决大多数难题	1	2	3	4
7. 我能冷静地面对困难,因为我信赖自己处理问题的能力	1	2	3	4
8. 面对一个难题时,我通常能找到几个解决办法	1	2	3	4
9. 有麻烦的时候,我通常能想到一些应付的办法	1	2	3	4
10. 无论什么事在我身上发生,我都能应付自如	1	2	3	4

三、自我效能理论与锻炼行为

锻炼心理学研究者将自我效能理论应用于锻炼行为理论研究中取得了丰硕的成果,大量的研究结果都表明,自我效能在解释、说明、预测和干预锻炼行为方面都产生了重大作用,学者以不同人群为被试,展开对自我效能与锻炼行为关系的广泛研究。

锻炼意向通常被认为是激发个体锻炼行为较好的预测因素。Sallis 和 Hovell 的研究指出，自我效能是与锻炼行为联系最为密切的一个变量，在解释激发锻炼行为的研究时，与结果期待相比，自我效能获得了更多的支持。此外，Armstrong 等人的研究结果指出，和毫无锻炼意向的个体相比，近期有锻炼意向或刚开始锻炼的人具有更高的克服障碍的自我效能。自我效能感越强，个体的锻炼意向就越显著。

自我效能越高，个体参与锻炼的频率就越高，锻炼坚持性就越好。Rudolph 和 McAuley 的研究结果表明，个体参与锻炼的自我效能水平与锻炼行为的频率和锻炼坚持性有关。当个体有强烈的自信心，相信自己能成功完成锻炼计划时，其参与锻炼的频率一般会较高，通常也能较好地坚持锻炼。McAuley 等人对中老年人锻炼坚持性进行了研究，结果表明，自我效能对锻炼行为具有较显著的预测作用，自我效能在不同锻炼阶段发挥着不同的作用，以自我效能为基础的锻炼干预策略可以提高个体的锻炼坚持性。王深等（2014）探究锻炼团体领导行为对成员锻炼坚持性的预测作用，以及锻炼自我效能在领导行为与个体锻炼坚持性关系中的中介效应，结果表明，锻炼团体领导行为可以直接影响成员锻炼坚持性，也可以通过个体自我效能间接影响成员的锻炼坚持性。

自我效能理论认为，行为可能会反作用于自我效能，锻炼行为与个体锻炼的自我效能紧密相联。成功体验通常被认为是影响自我效能最显著的因素，因而可以假设，锻炼过程中的成功体验有助于自我效能水平的提高。西方学者在有关锻炼行为与自我效能关系的研究中证实了这种假设。McAuley 等人的研究结果表明，在完成高强度的锻炼任务之后，被试的情绪变得越来越积极，对今后完成此类任务的信念也得到了提升；研究者对被试自我效能的测量结果也显示，锻炼后的自我效能水平要高于锻炼前的自我效能水平。

总体而言，自我效能与锻炼行为之间是一种相互促进的关系，自我效能与锻炼行为的激发和锻炼坚持性存在正相关关系，而短时或长期的锻炼行为通过成功体验的作用来提高自我效能水平。就锻炼行为的激发而言，克服与锻炼障碍有关的自我效能至关重要，在自我效能与锻炼行为坚持性方面，自我效能是预测锻炼行为阶段发生变化的较理想因素，但当锻炼行为变成一习惯性行为之后，自我效能对锻炼行为的影响作用则呈下降趋势。在锻炼行为影响自我效能的方面，诸多研究结果表明锻炼行为通过成功体验的作用有助于自我效能的提高。

四、对自我效能理论的评价

自我效能理论是目前行为科学和锻炼心理学领域内研究最为深入，得到证实最多的理论之一。自我效能理论在解释、说明、预测及干预锻炼行为方面发挥着重要作用。从宏观角度看，自我效能无论是作为锻炼行为的调节动力，还是锻炼行为所产生的心理效益，都与锻炼行为保持着密切联系。从微观角度讲，自我效能的提高有助于锻炼行为的激发和坚持，而短时或长期的锻炼行为则又会进一步提高自我效能。自我效能对具有挑战性或新颖性的锻炼行为有较好的预测价值，而当锻炼行为变成一种习惯性的行为后，自我效能对锻炼行为的影响将会呈现下降趋势。尽管存在这样的缺陷,自我效能理论的研究前景依旧引人关注。

第四节　自我决定理论

一、自我决定理论简介

自我决定理论最早由美国心理学家 Deci L. Edward 和 Ryan M. Richad 于 20 世纪 80 年代提出的一种认知动机理论,该理论主要研究人类行为自我决定的程度或自愿程度,强调自我决定对行为动机的调节作用,同时注重外界环境因素对个体自我决定的影响。自我决定理论从人本主义视角出发,认为人类有一种积极的心理成长、发展和自我决定的潜能,当社会环境因素具备开发这些潜能的能力时,行为的自我决定程度较高,人们的行为也往往由内部动机激发并维持,或是有利于外部动机向内部动机的转化;而当社会环境因素阻碍这些潜能的发展时,行为的自我决定程度常会受抑制,人们的行为往往由外部动机激发,维持的时间通常较短,甚至是无动机,人们的行为也得不到激发。

(一) 有机整合理论

自我决定理论从宏观的角度来探究行为的自我决定程度对动机的调节作用,有机整合理论(Organismic Integration Theory, OIT)则从微观的角度来分析动机的类型,促进无动机转化为有动机、外部动机转化为内部动机。

有机整合理论突破了传统的二元动机划分方法,根据自我决定的程度,将动机分为无动机、外部动机和内部动机三种类型,且认为这些动机并不是截然分开的,而是处在一个由无动机、外部动机、内部动机组成的连续体上,无动机和内部动机位于这个连续体的两端,外部动机处于连续体的中间部位(见图 2-5)。

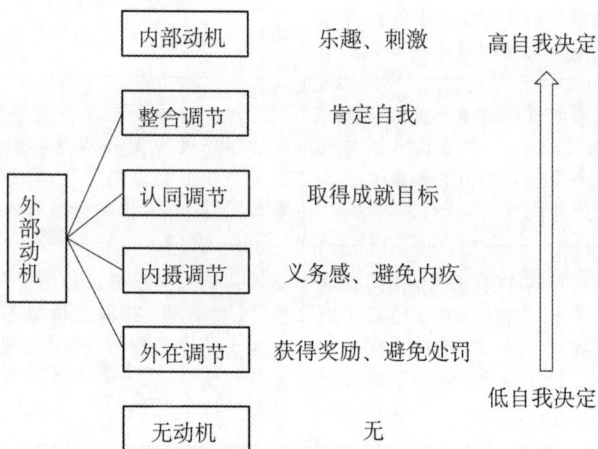

图2-5　有机整合理论模型

(资料来源:Deci & Ryan, 1985)

根据个体自我决定的不同程度，外部动机又可进一步细分为外在调节、内摄调节、认同调节和整合调节。外在调节和内摄调节更多的是受外界环境因素所驱动，自我决定的程度相对较低，因而被归类为控制型动机（controlled motivation），如改善体形、获取报酬、逃避惩罚、避免内疚、羞耻等。认同调节和整合调节具有较多的自我决定意识，受外在环境的规则或要求的影响较大，在很大程度上将外在环境规则或要求与自我相整合。内部动机源于活动行为本身，因而认同调节、整合调节及内部动机也被称为自主型动机。但认同调节和整合调节仍然属于外部动机，因为它们还没有达到完全自发的状态，并非以活动或行为本身为出发点，这些动机推动的行为仍然是为了达到某种期望的结果，如病人为了重获健康而进行康复锻炼。

知识窗 2 - 2

动机的类型及其相关举例

动机	定 义	举 例
无动机	人们既不为活动本身的兴趣所驱动，也不为外在期望的结果所调节，处于一种无目的、无意向、无动机的状态。	漫无目的地游逛。
外部动机	人们为了获得某种期望的结果如获得物质报酬、避免惩罚而从事某行为的动机，行为多受期望结果的影响。	扫描二维码获取小礼品。
内部动机	人们因活动本身的挑战性、趣味性等主动参与活动的动机，个体表现出的行为通常是自主的。	极限运动爱好者自发组织参与的各种极限运动。
外在调节	自我决定程度最低的外部动机形式，通过外在调节的影响，个体的行为目的与获得某种期望的结果相联系。	改善体形、获得报酬或避免惩罚等。如果期望的结果消失，个体相应的行为也将不复存在。
内摄调节	外在的要求或规则迫使个体做出某种行为，虽然个体内心并不认可或接受这些规则和要求，但个体通常受自尊或自我价值的驱使，而执行某行为。	父母为肥胖青少年子女购买健身套餐，而肥胖青少年子女可能并不想去锻炼。若不去锻炼，自身会依旧肥胖或自卑，得不到他人认可，也会辜负父母心愿，最后会感到内疚或惭愧。
认同调节	个体认识到行为的重要性，认同外在的规则或要求，并将一部分的规则或要求与自我相整合，在行动过程中个体自我决定程度较高，感受不到太多的压力。	病人认识到医生要求的锻炼行为对自身的重要性，虽然疾病使得自己锻炼不便或不想锻炼，但在考虑健康问题后，他将这些锻炼要求和自身健康相整合，认为锻炼对自己非常有益，应积极参与锻炼活动。

动 机	定 义	举 例
整合调节	在自我决定程度上最接近内部动机的外部动机,个体充分地认同行为价值的重要性,并将规则或要求与自我完整地相整合,但活动或行为本身并不是个体的终极目标,个体看重的仍是行为所带来的期望结果,因而其被排除在内部动机外。	保持健康体质的习惯性散步、习惯性运动等活动。

资料来源:杨剑,季浏,陈福亮.身体锻炼与心理健康[M].上海:华东师范大学出版社,2014.

(二) 基本心理需要理论

基本心理需要理论(Basic Psychological Needs Theory,BPNT)是自我决定理论的分支理论之一,该理论主要探究动机与基本心理需要的关系,认为增强内部动机和促进外部动机内化的社会环境因素应满足三种基本心理需要:自主的需要、能力的需要及归属的需要。基本心理需要理论认为,当外部社会环境因素满足个体的三种基本心理需要时,可激发个体的内部动机或促进外部动机的内化,且个体的自我决定程度较高;如果外部社会环境因素是被控制或压迫的,这将会抑制三种基本心理需要的满足,个体行为的自我决定程度通常较低,个体表现出无动机或由外部动机所激发的行为。

(三) 认知评价理论

认知评价理论(Cognitive Evaluation Theory,CET)主要探究外部社会环境因素对内部动机的影响机制问题。该理论认为外在环境事件主要通过两种基本的认知过程对动机内化产生影响。第一种是改变个体对行为结果的因果关系的认识。个体在执行某行为时往往会思考自身即将表现出的行为,是因为行为本身的趣味性,还是外在环境因素的影响。通常情况下,获得物质奖励、逃避惩罚、避免内疚或惭愧等往往使个体感觉到执行行为的自我决定程度较低,或是感觉受到他人控制,降低内部动机水平。第二种是导致胜任感的改变,当外在事件增加个体胜任感时,内部动机将会增强或促进外部动机的内化。因此可以看出,不同性质的外部事件可对个体的胜任感与因果关系知觉产生不同程度的影响,从而决定执行行为时所激发的动机类型。

(四) 因果定向理论

因果定向理论(Causality Orientation Theory,COT)认为内部动机的增强或外部动机的内化程度不仅受环境因素的影响,而且受个体内在因素的影响。个体对有利于自我决定的环境因素具有三种不同定向的发展倾向,包括自主定向、控制定向和非个人定向。当个体感觉到执行行为的原因是从自身内部发出的,并由自己决定时,他们往往会相应地采取自主定向;当个体行为的激发主要受外部调节或内摄调节时,个人的行为通常倾向于控制定向；当个体将成功归因为运气等外部因素，而非个人的努力程度或能力等内部因素时，他们对行为的执行通常呈一种非个人定向。总体而言，自我决定理论认为外部社会环境因素与个体的因果定向共同作用，通过满足个体自主、能力和归属三种基本心理需要，来增强内部动机或促进外部动机的内化。

二、自我决定理论的测量

自我决定理论的测量不仅反映了研究者对自我决定理论中有关概念的界定和结构的理解，也为进一步确定自我决定理论中各变量之间的相关关系奠定了理论基础。自我决定测量大体存在两种取向：第一是根据自我决定的不同组成部分和相关因素，有针对性地进行测量；第二是从一般个性水平对自我决定进行直接的测量。

Wehmeyer 等人（2000）在研究中指出，自我决定结构的建构主要包括自我观察、决策制定、选择指定、问题解决、独立生活、目标设置和实现、评价和强化、自我指导、自我理解、自我拥护和领导、积极的自我效能和结果期待、自我意识等，并且认为自我决定每一个组成成分都可以成为自我决定的测量内容。Abery 和 Eggebeen（1992）根据观察与自我决定相关的各种技能或行为的联系程度，编制了具有良好信效度的自我决定技能评价量表。

持另一种测量取向的研究者通过理论和实践研究，也编制了具有良好信效度的自我决定测量量表。Wolman 等人（1994）编制了自我决定量表，Woffman 和 Field（1995）编制了自我决定观察量表。在锻炼心理学研究中，学者们常用的测量内外部锻炼动机的量表问卷很多，例如，李（2005）编制的锻炼动机问卷（Exercise Motivation Scale，EMS）；Mullen 等人（2007）编制的锻炼行为调节问卷（Behavioral Regulation in Exercise Questionnaire，BREQ）。

三、自我决定理论与锻炼行为

自我决定理论早期相关研究主要应用于实验室研究、学校体育教学及运动竞技等领域，后期随着世界大众体育的蓬勃兴起，诸多研究者将目光投向了自我决定理论在锻炼情境中的可行性研究。Thøgersen-Ntoumani 和 Ntoumanis 使用锻炼行为调节问卷（BREQ）测量自我决定理论中的各种动机类型。研究指出，自我决定程度较高的个体比自我决定程度较低的个体，报告出更强的锻炼意向，更高的克服锻炼障碍的自我效能水平，更高的身体自我价值。

孙延林等人以初中生为研究对象，考察在目标定向、行为调节、能力知觉和体育活动参与情况上的年龄和性别差异。结果表明，初中生在上述各种变量中存在显著性别差异，男生锻炼的自我决定程度更高，自我决定动机和能力知觉水平也更高。在对锻炼行为的预测方面，该研究指出自我定向、自我决定动机和能力知觉是男生参加体育活动的正相关预测指标。孙开宏和季浏以自我决定理论为基础，考察了体育课上女生自主支持感、行为调节与课外锻炼意向之间的关系，研究指出，自主支持感对内部动机和认同调节具有正向预测作用,而对外在调节和无动机具有负向预测作用;此外,内部动机和认同调节能正向预测女生的课外锻炼意向,外在调节和无动机能负向预测女生的课外锻炼意向,内摄调节与课外锻炼意向之间不存在相关性。

薛峰(2010)基于自我决定理论,探究了大学生锻炼动机与锻炼行为的关系,研究结果发现,认同调节和内部动机与大学生的锻炼时间、强度、频率及运动量呈显著正相关,而外在调节和无动机则呈显著负相关。此外,内部动机和认同调节能够积极预测锻炼行为的各个方面,外在调节对锻炼强度具有负向预测作用,而无动机对锻炼强度和锻炼频率都具有显著的负向预测作用。丁维维和毛志雄(2014)关于自我决定理论在中学生锻炼行为促进领域的应用研究中指出,自我决定锻炼行为预测模型可以在一定程度上有效地解释中国文化背景下中学生的锻炼行为,促进个体规律地参与体育锻炼。

四、对自我决定理论的评价

自我决意理论对锻炼行为的描述、解释、说明、预测具有一定的有效性,为身体锻炼的动机激发、锻炼行为干预提供了可借鉴的操作途径。但人类的锻炼行为较为复杂,自我决定理论观点并不能与实际的锻炼行为完全相符合。结合已有的研究成果,还有些方面需进一步探究:首先,要继续验证锻炼中的自主支持情境促进动机内化的机制以及心理需要、动机内化以及幸福感之间关系的内在机制,进一步探索身体锻炼行为干预措施的可行性和有效性;其次,要验证由无动机转化为外部动机的锻炼行为,或外部动机转化为内部动机的影响因素、时间进程;再则,继续探索身体锻炼的自我决定理论在我国文化背景下的适用性,展开自我决定动机与相关变量之间关系的实证研究,进一步验证在该理论指导下锻炼动机激发与锻炼行为干预的实践应用价值。

知识窗 2-3

德 西 效 应

心理学家爱德华·德西曾进行过一次著名的实验,他随即抽调一些学生去单独解一些有趣的智力难题。在实验的第一阶段,抽调的全部学生在解题时都没有奖励;进入第二阶段,所有实验组的学生每完成一个难题后,就得到1美元的奖励,而无奖励组的学生仍像原来那样解题;第三阶段,在每个学生想做什么就做什么的自由休息时间,研究人员观察学生是否仍在做题,以此作为判断学生对解题兴趣的指标。结果发现,无奖励组的学生比奖励组的学生花更多的休息时间去解题。这说明:奖励组对解题的兴趣衰减得快,而无奖励组在进入第三阶段后,仍对解题保持了较大的兴趣。实验证明:当一个人进行一项愉快得活动时,给他提供奖励结果反而会减少这项活动对他内在得吸引力。这就是所谓的"德西效应"。

在教育教学活动中，培养学生积极主动、持之以恒的学习兴趣和坚韧不拔的意志，仅靠物质刺激是远远不够的。虽然"重赏之下，必有勇夫"，但由物质刺激所激发出来的学习兴趣在一定程度上是淡薄的，也是不长久的。一味奖励会使学生把奖励看成学习的目的，导致学习目标的转移，而只专注于当前的名次和奖赏物。因此，作为教师，要特别注意正确使用奖励的方法而不滥用奖励，要避免"德西效应"。

第五节　跨理论模型

一、跨理论模型简介

跨理论模型最初由普罗查斯卡（Prochaska）等在观察和研究人类戒烟行为的基础上发展而来，后被广泛应用于健康教育、护理学、锻炼行为研究等领域。由于该模型综合了其他多个有关行为研究的理论或模型，例如自我效能理论、决策平衡理论等，因而Prochaska 等人在该模型提出时将其命名为跨理论模型。跨理论模型认为，人类的行为在通常情况下不可能瞬间发生变化，而是一个要经历五个阶段的过程，并且行为转变的过程与人们的均衡决策、自我效能水平有着紧密的联系。Prochaska 和 DiClemente 提出的跨理论模型由变化阶段、均衡决策、变化过程和自我效能四部分组成（见图 2-6）。

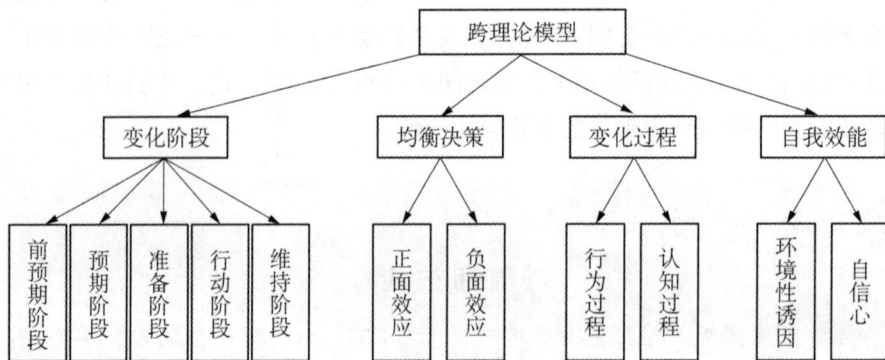

图 2-6　跨理论模型

（一）变化阶段

阶段变化模型认为个体的行为改变需要经过多个变化阶段，并且各变化阶段之间是相互联系的，位于低阶段的个体能跃居到高位阶段，同样高位阶段的个体也可能跌落到低位阶段。在这个模型发展、修订、完善的过程中，Prochaska 等研究者还提出了第六阶段，即终极阶段。

前预期阶段：也被称作"我不会……"或"我不可能……"阶段，处于该阶段的个体并没有打算在未来 6 个月开始参加体育锻炼活动。此阶段的人们可能会认为他们不去锻炼

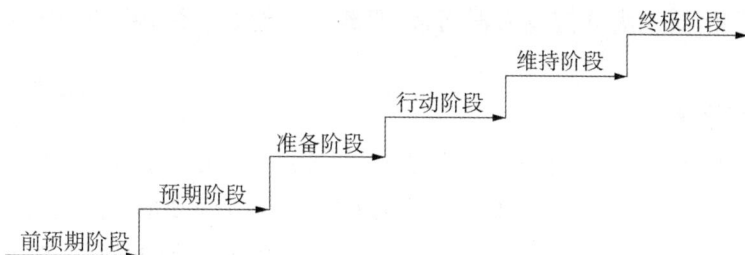

图 2-7　阶段变化模型

没什么不好，自己没锻炼也没出什么问题，去锻炼反而占用了大量时间，或者他们已经尝试过锻炼，但一次次的失败，使他们对自己的锻炼能力失去了信心，最终迫于自我感知的社会压力，不打算在未来 6 个月中再进行锻炼，甚至可能开始厌恶锻炼本身。

预期阶段：也被称作"我可能……"阶段，此阶段的个体迫切希望在未来 6 个月参加锻炼，或至少有在未来 6 个月内进行锻炼的意向。处于此阶段的人们更多的是想到锻炼的益处，但也清楚地意识到改变习惯性行为的弊处。例如，人们认识到锻炼具有增进健康、改善情绪、调节生活工作压力等益处，同样明确锻炼会占用大量时间，因此犹豫是否锻炼。所以处于此阶段的人们通常有想去锻炼的短暂想法，但是很难真正进行锻炼。

准备阶段：也被称作"我会……"阶段，该阶段的人们通常在不久的将来会进行锻炼，往往是在制定锻炼计划后开始锻炼。此外，人们通常会在生活中表现出一些明显的准备参加锻炼的举动。例如，加入健身俱乐部、购买运动装备或是偶尔进行一些锻炼。但是处于此阶段的人们并没有形成习惯性锻炼，也没有获得锻炼的主要益处。所以该阶段并不稳定，个体随时都可能退出锻炼。

行动阶段：也被称作"我正在……"阶段，此阶段的个体已经开始经常锻炼，但锻炼的时间少于 6 个月，此阶段个体极有可能返回到前三个阶段中的某一阶段。在现实生活中，实际改变某种不良的习惯性行为并不是件容易的事情。就锻炼行为而言，过去偶尔进行一些锻炼是大多数人所能接受的，然而要求他们长期有规律地参与锻炼，他们可能会觉得很困难。因此个体应尽可能地保证自己定期习惯性地参加锻炼。

维持阶段：也被称作"我已经……"阶段，该阶段的人们通常已经进行有规律地锻炼，并且开始锻炼的时间通常在 6 个月以上，返回不良负面行为的可能性较小，除非出现损伤或是与疾病有关的问题。维持阶段的人们一旦进行锻炼的时间超过 5 年，他们就可能形成终身锻炼的习惯。若出现向低阶段下滑的情况，可能是由于此阶段的人们受到了失去锻炼兴趣和注意转移等因素的影响。因而，维持阶段的人们应强化锻炼效益相关知识的学习。

终极阶段：此阶段也被称作"我将一直……"阶段，处于这个阶段的个体不可能再回到不良负面行为中，且对之前情境的控制有 100％ 的自我效能。在锻炼行为研究领域，我们期待人们进入维持锻炼，但日常生活中存在各种干扰因素，所以人们或许永远也达不到终极阶段。因此,对于大众健身人群而言,假若人们能处于维持阶段,那就已经非常理想了。

(二)决策平衡

决策平衡表示个体在评价一种行为对自身可能产生的正面效应和负面效应时所作出的选择或策略。正面效应和负面效应是跨理论模型中两个重要的中间结果变量。正面效应指的是行为改变的积极方面或行为改变的益处;负面效应指的是行为改变的消极方面或行为改变的障碍,或行为改变产生的弊端。

决策平衡与阶段变化模型有着紧密联系。人们决定从一个阶段转变到另一个阶段的行为变化,通常建立在权衡正面效应和负面效应的基础上。在锻炼行为阶段变化模型中,处于前预期阶段和预期阶段的人们通常会认为锻炼给他们带去的负面效应大于正面效应;处于准备阶段的人们通常会认为锻炼产生的正面效应和负面效应大致相等;处于行动阶段、维持阶段和终极锻炼的人们会认为锻炼的正面效应远大于锻炼负面效应。

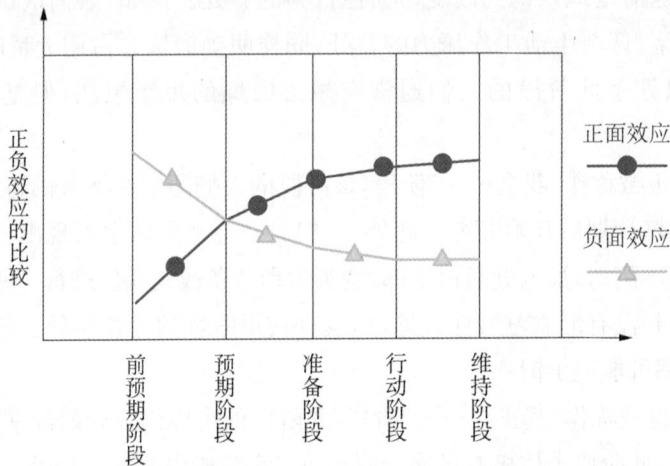

图2-8 不同阶段的均衡决策

(三)变化过程

跨理论模型认为随着行为的变化,人们会产生认知、行为以及情绪上的反应或变化。这些变化既有内隐性变化又有外显性变化,例如,在锻炼行为变化过程中,个体可能会为改变久坐行为而使用各种认知、情感、行为策略,以确保自己得到锻炼的机会。

表2-5 变化过程:锻炼的定义

	变化过程	定 义
认知过程	意识提高	收集与锻炼相关的新信息,以更好地理解锻炼行为
	显著解脱	行为改变的情感层面,情感上受到不锻炼行为深深触动

锻炼心理学

	变化过程	定 义
认知过程	环境再评价	进行锻炼后,评价周围的社会环境发生了何种变化
	自我再评价	进行锻炼后,对锻炼前后自身变化的比较与评价
	社会性解放	认识到社会越来越认可锻炼行为所具有的健身、健心等价值
行为过程	反条件化	用锻炼行为去替代不健康的负面行为
	帮助关系	在改变不良负面行为,逐渐进行锻炼的过程中,接受他人的帮助
	强化管理	采用各种策略积极强化自身的锻炼行为,增强锻炼坚持性
	自我解放	对改变以往负面行为,进行锻炼行为的自主决定程度和认同信念,除了相信自身有进行锻炼的能力,并愿意参与锻炼
	刺激控制	控制激发锻炼行为的刺激源,或控制诱发不锻炼的刺激

资料来源：Marcus，B. H. et c. The stages and processes of exercise adoption and maintenance in a worksite sample[J]. Health Psychology，1992，11：390.

(四) 自我效能

跨理论模型在逐步修订和完善的过程中,将班杜拉提出的自我效能也吸收进来。在跨理论模型的自我效能结构中,环境性诱因和自信心是两个重要的变量。其中,环境性诱因反映的是个体在中等困难情形下参与某个特定行为的意向强度,自信心表示在特定情境下人们拥有勇于面对新行为而不回到旧行为的信心。需要特别指出的是,环境性诱因和自信心在各变化阶段的作用是反向的。显然在阶段变化模型中,个体从低阶段向高阶段转变过程中,自我效能的变化起着非常关键的影响作用,处于不同变化阶段个体的自我效能都会有所不同,当个体成功地由低阶段过渡到高一级阶段之后,个体的自我效能会得以增强;反之,个体的自我效能会有所减弱。

二、跨理论模型的测量

Prochaska 和 DiClemente 提出阶段变化模型后,直到 1992 年 Marcus 等开发了测量变化阶段的锻炼行为变化阶段分量表(Stages of Change Scale for Exercise，SCSE)。随后,他们又陆续开发了测量阶段变化模型其他组成因素的量表,如均衡决策分量表、自我效能分量表和变化过程分量表等。国内对阶段变化量表的修订、检验、编制也取得了长足的进步,形成了多份信效度良好的测量工具(张晓瑜,2008;李中正,2009;郭新艳,2010)。司琦(2005,2006,2007,2010,2013)对阶段变化量表进行了本土化的修订与检验,围绕"锻炼阶段变化"探究了阶段变化与心理变化过程的关系,对模型中"心理变化过程"因素间关系进行路径分析,对听力残疾学生进行促进锻炼阶段转变的干预研究。方敏(2010)对国外阶段变化量表进行反复翻译之后采用多群组验证性因子分析对量表的性别等值性进行了检验。这体现了国内学者已经开始按照心理测量学标准,严格考核测量工具的普适性、可靠性、准确性,研究水平已有明显进步。

表 2 - 6　锻炼行为变化阶段分量表(样题)

锻炼变化阶段

1. 请指出下列哪一种叙述与您现在的锻炼水平最为接近：
   A. 是,我锻炼,并且已经持续了 6 个月以上。(维持阶段)
   B. 是,我锻炼,但没有持续超过 6 个月。(行动阶段)
   C. 我偶尔参与一些锻炼,并打算从下个月开始进行规律性的锻炼。(准备阶段)
   D. 不,我不锻炼,但考虑在 6 个月之内开始规律性的锻炼。(预期阶段)
   E. 不,我不锻炼,在今后 6 个月之内也没有要开始锻炼的想法。(前预期阶段)

三、跨理论模型与锻炼行为

　　应用跨理论模型研究锻炼行为的早期,研究者们考察的变量有锻炼自我效能、锻炼益处感知、主观觉察疾病严重性、自我决定程度、态度、行为控制感及意向等。Nigg 和 Courneya(1998)以 819 名加拿大高中生为研究对象,基于跨理论模型探究高中生的锻炼状况。研究结果指出,与前预期阶段、预期阶段、准备阶段的学生相比,处于行动阶段和维持阶段的学生具有更强的自我效能,能感知到更多的锻炼益处,更喜欢用各种促进锻炼行为的策略。Catherine 等人(2002)以大学生为研究对象,结果发现处于不同锻炼阶段的大学生进行锻炼的自我决定程度存在差异,与处于前预期阶段、预期阶段及准备阶段的大学生相比而言,处于行动阶段和维持阶段的大学生进行锻炼的自我决定程度更高,进行自我再评价的次数相对更多。此外,马爱国等人(2009)采用跨理论模型的相关问卷,对公务员的锻炼行为现状进行了调查,结果指出所调查公务员的锻炼行为存在阶段性特点,并且处于准备阶段的男性人数最多,处于前预期阶段的女性人数最多,在各变化阶段中存在着性别差异。赵媛媛(2011)运用跨理论模型对高校教师的体育锻炼行为进行研究,结果显示,高校教师锻炼行为存在阶段性特征,且处于前预期阶段的男性教师人数最多,处于预期阶段的女性教师人数最多。

　　应用跨理论模型能有效预测锻炼行为转变的方向,是该理论模型在锻炼行为研究中的成果之一,锻炼心理学领域的诸多研究对此结论也予以了佐证。Prapavessis 等人(2004)以新西兰高中生为研究对象,基于均衡决策、自我效能及变化过程理论,探讨能否预测高中生在未来 6 个月锻炼行为阶段的变化情况。研究结果发现,应用跨理论模型能预测高中生锻炼行为阶段方向上的变化,即能预测高中生锻炼行为是向高位阶段转变,还是向低位阶段退化,抑或处于原先阶段保持不动。司琦等人应用跨理论模型探究听力残疾学生的锻炼行为,研究结果指出,被试学生对锻炼益处、锻炼弊端或障碍、变化过程因素的感知能成功地预测实验组学生锻炼行为从预期阶段向准备阶段的转变。司琦(2010)应用跨理论模型理论研究听力残障学生的锻炼行为,研究结果指出,被试学生对锻炼益处、锻炼弊端或锻炼障碍变化过程因素的感知能成功的预测实验组学生锻炼行为从预期阶段向准备阶段的转变。

针对根据跨理论模型制定的干预措施对锻炼行为的干预效果,国内学者也进行了相关内容的探究,干预对象主要以大学生为主。郭文等(2012)以跨理论模型为基础,制定认知行为干预措施,以考察干预措施对体质健康问题突出的大学生锻炼行为的影响效果。研究结果表明,在实施认知行为干预后,实验组和对照组学生在锻炼阶段、锻炼益处感知、锻炼乐趣、规律性锻炼行为等方面存在显著差异,实验组好于对照组;但在锻炼障碍感知维度上,两组学生被试的差异不显著;追踪研究结果显示,此种认知行为干预措施有助于提高健康问题突出的大学生锻炼行为水平。因此,最后研究者肯定了基于跨理论模型制定的认知行为干预措施的有效性。

四、对跨理论模型的评价

跨理论模型强调人类锻炼行为转变的动态性,用动态的眼光看待锻炼行为,重视根据人们当前所处的锻炼行为阶段,有针对性地设计出与处于不同阶段锻炼者相匹配的干预策略,制定有针对性的锻炼行为干预措施或策略,有效地促进不同人群开始或坚持锻炼。跨理论模型对锻炼行为的预测效果还存在着争议,但目前应用跨理论模型能有效预测锻炼行为方向性的转变,这一理论观点得到了普遍认可。

第六节　锻炼行为生态学模型

一、锻炼行为生态学模型简介

John C. Spence(2003)基于 Wash 的环境对行为影响的结构模型,构建了锻炼活动生态学模型(the Ecological Model of Physical Activity,EMPA)。该模型认为环境情境和生理心理因素共同影响个体的锻炼行为,而环境情境根据距离个体远近密切程度又分成四个不同的系统,即与个体直接发生相互作用的微观系统,不少于两个微观系统相互作用的中间系统,一个较大的能通过多渠道影响个人和环境的外围系统和包括前三个系统在内的宏观系统组成。

除了环境情境的四个层次,锻炼活动生态学模型还综合考虑了物理生态、生理遗传因素、宏观系统变化的压力和心理因素等。例如,如果某个楼梯是通向个体办公室的唯一途径,那么此种环境情境会增加走楼梯的概率,对个体行为产生直接的影响;而如果某楼梯并不是通向办公室的唯一途径,但楼梯装饰较好、有提醒人们锻炼身体的醒目告示,那么这可能会成为影响个体的心理因素,改变个体态度,进而间接影响个体走楼梯的行为。

二、锻炼行为生态学模型的测量

在锻炼行为生态学模型的理论基础上,邱茜(2015)通过调查中学生锻炼行为的因素、特征及差异,分析各因素与中学生锻炼行为之间的关系,构建了适用于上海市中学生锻炼行为的生态学模型问卷(见表2-7)。该问卷为上海市中学生的体质健康促进工作提供指

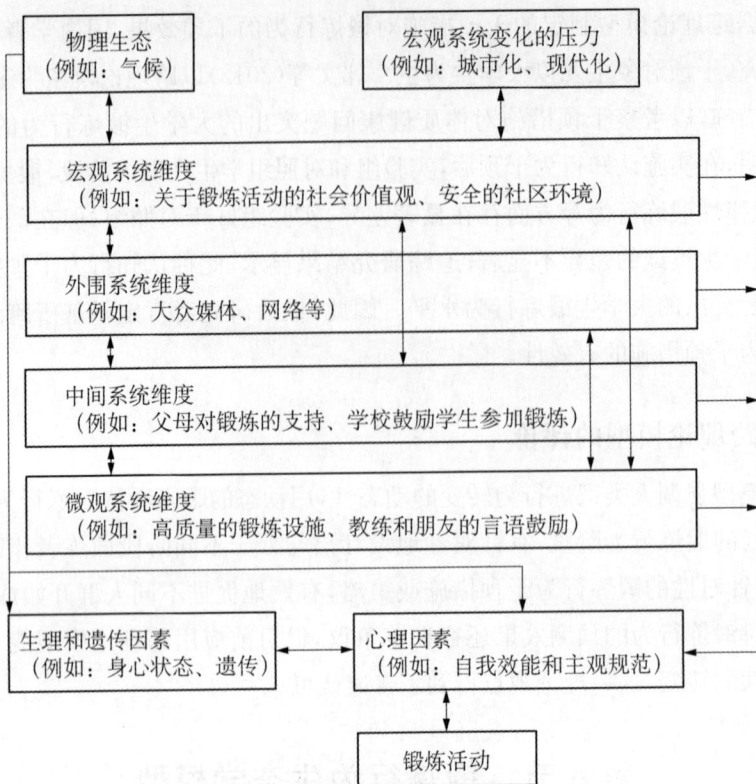

图 2-9　锻炼行为生态学模型

资料来源：John C. Spence, Rebecca E. Lee. Toward a comprehensive model of physical activity [J]. Psychology of Sport and Exercise, 2003, 4: 7-24.

导，为营造适于中学生积极锻炼的环境和氛围提出针对性的策略和建议。此问卷具有良好的信效度，包括 5 个维度，即从个体层面、家庭层面、学校层面、社区层面、政策层面对被试展开调查，其得分采用 5 级计分标准，得分越高，说明个体认为某因素影响中学生参与体育锻炼的程度越高。

表 2-7　上海市中学生体育锻炼行为生态学模型问卷(样题)

说明：① 没有影响　② 影响不大　③ 影响一般　④ 影响很大　⑤ 影响非常大	
你认为以下因素对中学生体育锻炼行为的影响程度分别是？	
1. 身体素质(力量、速度、柔初、灵敏等)	①-②-③-④-⑤
2. 健康状况	①-②-③-④-⑤
3. 运动动机	①-②-③-④-⑤
……	
1. 家庭生活方式	①-②-③-④-⑤
2. 家庭教养方式	①-②-③-④-⑤
3. 亲子交流	①-②-③-④-⑤
……	

说明：① 没有影响　② 影响不大　③ 影响一般　④ 影响很大　⑤ 影响非常大

你认为以下因素对中学生体育锻炼行为的影响程度分别是？

1. 体育教师的教学理念	①-②-③-④-⑤
2. 体育教师的教学方式	①-②-③-④-⑤
3. 体育教师的职业素养	①-②-③-④-⑤
……	
1. 中学生群体步行或骑车上下学的比例	①-②-③-④-⑤
2. 同一小区同龄青少年户外活动的活跃程度	①-②-③-④-⑤
3. 小区内青少年专用娱乐设施	①-②-③-④-⑤
……	
1. 青少年体育"十二五"规划	①-②-③-④-⑤
2. 中共中央国务院关于加强青少年体育增强青少年体质的意见	①-②-③-④-⑤
3. 中共中央国务院关于深化教育改革全面推进素质教育的决定	①-②-③-④-⑤
……	

资料来源：邱茜.上海市中学生体育锻炼行为生态学模型的研究[D].上海：华东师范大学,2015.

三、锻炼行为生态学模型与锻炼行为

邱茜(2015)基于 Spence 锻炼活动生态学模型,从不同层面来研究影响上海市中学生锻炼行为的因素。研究结果表明,当家庭的社会经济地位达到一定水平时,家长的锻炼意识、家庭锻炼环境才能得到更好的提升与发展。家长锻炼意识提高不仅会影响中学生的锻炼行为,更多的是会支持中学生参与运动,明确运动锻炼对学习和健康的重要性。在学校层面,学校领导和其他教师应该大力支持学校体育工作。在社区层面,社区体育资源空间布局、娱乐休闲设施对社区体育活动行为影响较大;任何政策措施从制定到实施都需要政府部门各方面的大力支持;最后还需要加强监管,确保政策措施落实的有效性和真实性,青少年中学生的体质健康问题才能得到改善。

张戈基于健康生态学模型,对影响大学生锻炼行为的因素进行研究,结果表明,健康行为生态学模型可以有效解释大学生的体育锻炼行为,同时,拓展了体育锻炼行为研究环境层面与社会层面的方向与途径,编制北京大学学生体育锻炼影响因素问卷,用以研究学校体育政策措施和体育社团对学生体育锻炼行为的影响。结果表明,以学校政策规定形式实施的学生体育锻炼措施,是促进大学生体育锻炼行为的一条确切有效的途径。行为促进的政策应以加强奖赏和激励为主要手段,以使被干预者的目标行为更具主动性。同时,体育类社团对于大学生的体育锻炼行为和体质健康水平具有确切的促进作用,是大学生健康促进的有效途径。锻炼行为生态学模型的应用已经超过了其自身的理论研究,但是当这个模型应用于指导锻炼行为干预实践时,可能会因为环境因素和锻炼行为之间微弱的关系而受到限制。因此需要通过不断的实践,来评估、验证和完善锻炼行为生态学模

型,这样才能更有效地指导锻炼干预。

陈培友(2014)基于社会生态系统理论的视角构建了青少年体力活动促进的社会生态系统,分析了微观、中观以及宏观系统因子对青少年体力活动的影响,围绕着青少年体力活动社会生态系统因子及因子结构关系,设计、开发和实施有效的体力活动促进项目。研究指出多阶段的组织流程模式有助于提高组织能力、实现组织变革与创新,从而提高项目的实施效果,改善体力活动环境,增强青少年体力活动能力。

四、锻炼行为生态学模型的评价

锻炼行为生态学模型将各类因素进行整合指导多方面的行为干预,注重行为与环境的交互作用以及环境对行为的影响,弥补了健康信念模型未能充分考虑环境和社会准则等因素对行为转变的作用机制问题,并将计划行为理论、自我效能理论、自我决意理论的相关内容进行整合,该模型对锻炼行为的解释比个体层面以及群体层面的理论模型更合理。锻炼行为生态学模型指导个体、家庭、学校、社区和政策多层次多方面综合的锻炼行为研究,关注体育锻炼行为的自然环境因素和社会环境因素,对身体活动行为研究的视角也开始过渡到学生上下学、成人上下班的交通方式上来,试图将个体的体育活动生活化、日常化,有助于我们全面理解锻炼行为以及体育锻炼行为理论的创新。

本章小结

不同的锻炼行为理论模型可能反映出大致相同的观点,但每一理论都是用独特的概念来指出认为重要的特定因素。健康信念模型强调个体对疾病威胁的感知,注重认知因素对行为的影响;合理/计划行为理论强调态度、意向和行为控制感对行为的决定作用,关注认知因素和环境因素的作用。自我效能理论强调个体内部认知因素和结果期望,结合认知、环境和行为结果强化自我效能,促进健康行为;自我决定理论强调自我决定对行为动机的调节作用,同时注重外界环境因素对个体自我决定的影响;跨理论模型从一个动态的过程描述人类的行为变化,强调不同阶段个体行为变化的锻炼意向问题,将认知、环境和行为相结合;锻炼行为生态学模型将各类因素进行整合指导多方面全方位的行为干预,注重行为与环境的交互作用以及环境对行为的影响。

锻炼行为理论研究从行为解释逐步过渡到行为干预,从影响行为的认知因素逐渐丰富到环境因素,从个体单方面的研究逐渐扩展到组织群体的研究,经历了从健康信念模型到锻炼行为生态学模型的发展过程,突显了锻炼行为理论模型运用策略的转变,形成了研究与实践相结合的局面,实现了研究视角从关注个体向关注群体的过渡。总体而言,基于个体、群体、组织三个不同层面的锻炼行为理论模型,可以有效地解释和预测个体锻炼行为,反映了当代锻炼行为理论模型发展的最新前沿,揭示了锻炼行为理论在指导干预工作中的重要作用,锻炼行为理论的发展实现从理论研究到理论与实践相结合并指导实践应用,研究视角从关注个体转向关注群体,锻炼行为理论的运用策略发生了转变,锻炼行为理论模型的不断更新开启了锻炼心理学发展的新纪元,有效的干预往往建立在理论之上,未来锻炼行为干预的研究应强调干预方案和对象之间良好的联结点,方便实用的锻炼信息,积极的学习参与,技能培养、时间和巩固四个方面。研究者应制定有效的干预措施,发展出更好的理论以指导干预的实施。

思考、理解、探究

1. 健康信念模型的概述、测量及其在锻炼心理学研究中的应用。
2. 合理行为/计划行为理论的概述、测量及其在锻炼心理学研究中的应用。
3. 自我效能理论的概述、测量及其在锻炼心理学研究中的应用。
4. 自我决定理论的概述、测量及其在锻炼心理学研究中的应用。
5. 跨理论模型的概述、测量及其在锻炼心理学研究中的应用。

讨论问题

1. 健康信念模型、合理行为/计划行为理论、自我效能理论、自我决定理论、跨理论模型,以及锻炼行为生态学模型并不是都完美无缺。没有哪一个理论能适用于所有实际情景,各模型都存在着这样或那样的缺陷之处,和同学一起就上述模型的各自局限性展开谈论。

推荐阅读文献

1. 孙开宏,季浏.体育课上自主支持感、行为调节与课外锻炼意向之间的关系[J].体育学刊,2010,17(2):64-68.

2. 孙国晓,张力为.基本心理需要与运动员心理疲劳:自我决定理论的视角[J].天津体育学院学报,2012,27(2):126-132.

3. 方敏.基于计划行为理论拓展模型的青少年锻炼行为研究[J].武汉体育学院学报,2011,45(4):52-56.

4. 毛荣建.青少年学生锻炼态度——行为九因素模型的建立及检验[D].北京:北京体育大学,2003.

5. Catherine W,Nanette M,Marian S. Physical activity intervention:Transtheoretical model-based intervention designed to help sedentary young adults become active [J]. Health Education Research,Theory & Practice, 2002,17(4):451-460.

第三章 锻炼与认知功能

本章学习要点

◎ 理解认知的定义

◎ 了解体育锻炼影响认知功能的理论

◎ 了解体育锻炼与认知功能的关系

关键概念

认知　认知功能　执行功能　剂量效应

对个体来说,参加并坚持有规律的体育锻炼是保持积极生活方式的有效途径。近年来,随着认知心理学的发展,体育锻炼对认知功能的影响受到越来越多锻炼心理学家的关注,研究数量逐渐增多,成果也日益丰富。体育锻炼不仅能提高智力、记忆力以及控制能力,而且在延缓记忆力老化,改善记忆力等方面也有突出贡献。

第一节 认知功能概述

一、认知功能的概念

认知(cognition)是个体认识客观世界的信息加工活动,是认识和知晓事物过程的总称,包括感知、辨别、记忆、学习、注意、理解、推理和判断方面的能力。实际上认知是大脑具有的摄取、储存、重整和处理信息的基本功能。Anderson(1980)认为认知研究的主要任务就是试图理解人类智能的本质与解决人类如何思考等问题。美国著名认知心理学家Solso(1990)在其编著的《认知心理学》一书中曾指出,认知心理学研究人类如何获得外部信息,这些信息又如何在大脑中表征并转化为知识,此类知识如何储存,储存后的知识又是怎样被人类用以指导各种行为和注意力分配,这其中一系列的过程就是由认知活动构成。认知功能是与我们的日常生活和较高需求有关的心理历程,是大脑反映客观事物的特征、状态及其相互联系,并揭示事物对人的意义与作用的判断能力,是一种高级心理功能。例如困难问题的解决、注意、记忆、语言运用、技能学习、抑制和决策等功能。这些功能或许会影响日常的行为,如学校、工作或日常生活中任务的执行。

认知结构非常复杂,且在不断地发展变化。18世纪的早期和中期,关于认知的研究主要集中在一般智力的研究上。18世纪后期,研究者开始采用实验方法研究人的认知能力,如反应时、感知觉、记忆。到了19世纪早期,研究者对认知的研究兴趣又转回到智力上,而当时学界对智力的结构是一维还是多维存在着争论。19世纪后期,心理学研究者开始探索特殊认知能力,并着重探究个体之间的特殊认知能力差异。例如,通过因素分析法,Carroll(1983)研究认为认知能力可以分为三个等级:(1)一般认知能力;(2)广域认知能力,包括记忆、学习、视觉感知、听觉感知、信息加工速度、认知速度等;(3)窄域认知能力,主要包括各种广域认知能力的下位特定能力。

二、认知功能的研究内容

认知功能的研究范围很广,目前涉及的领域主要包括智力、记忆、注意力、学业成就、执行功能等。

(一) 智力

智力是一种综合性的心理能力。智力首先属于认知能力的范畴,超出这个范围就不应该称为智力,否则容易造成概念上的混乱。其次,智力结构包含了多种成分,思维能力是其核心成分。另外,智力最主要的功能是学习和适应,智力越高,个体越容易掌握各种知识和技能,适应能力就越强。同时,个体在学习和适应的过程中又促进了智力的发展。此种综合性心理能力是以个体所具有的遗传条件为基础,在其对生活环境适应时,尤其是在运用经验学习与支配知识以及适应变局、思考解决问题的行为中的表现(张春兴,2009)。

知识窗 3 - 1

Q 时 代

IQ(Intelligence Quotient)=智商=衡量智力发展水平的指标

EQ(Emotional Quotient)=情商=衡量认识和管理情绪的能力指标

CQ(Creativity Quotient)=创造商=衡量创造力、非线性思维能力的指标

AQ(Adversity Quotient)=逆境商=衡量应对社会、工作和个人困境的能力指标

20世纪80年代,是IQ风靡天下。到了90年代,EQ大行其道。现在,2000年代,则是CQ和AQ当红。Q已经成为现代社会生活的一个重要概念。你是否聪明,是否能找到伴侣、一份好工作、一份好酬金,是否能飞黄腾达,总之,你的未来似乎在很大程度上取决于一个字:Q。我们现在的时代实在是一个Q时代。

但是,心理学对每一种Q都持一种Q态度,即Question。我把它称作QQ,即怀疑商数,你要是无条件地相信所有Q,你就是低QQ。

资料来源:张力为,毛志雄.运动心理学[M].上海:华东师范大学出版社,2004.

（二）记忆力

记忆是经历过的事物在人脑中的反映，它包括识忆、保持、再认或重现三个基本环节，它是进行思维、想象等高级心理活动的基础。记忆有三个系统，分别是瞬时记忆、短时记忆和长时记忆（梁宁建，2006）。一切输入记忆系统的信息，首先必须通过感觉器官的活动产生感知觉，当引起感知觉的刺激物不再继续呈现时，其作用仍能继续保持一个极短的时间，这种短暂的保持就是感觉记忆。短时记忆是指人对刺激信息进行加工、编码、短暂保持和容量有限的记忆。短时记忆是从感觉记忆到长时记忆的中间环节，包含直接记忆和工作记忆。长时记忆是指永久性的信息存贮，一般能保持多年，甚至终身。依照所贮存的信息类型还可将长时记忆分为情景记忆和语义记忆。

（三）注意力

注意属于意识的一个属性，指的是人的意识或心理活动对一定事物的指向和集中。注意的品质包括注意的广度、注意的稳定性、注意的分配和转移。它和认知过程、情绪情感过程、意志过程难以分开，是一切心理活动的共同特征。注意是人们对事物更清晰地认识和做出更有准备的反应的保证，是人们获得知识、掌握技能、完成各种智力活动和实际操作的重要心理条件。俄罗斯著名的教育家乌申斯基曾经提出，注意是心灵的唯一门户，意识中的一切都要经过注意才能进入我们的心灵。注意能力的好坏对个体的学习、工作、生活，甚至人生价值的实现都起着非常重要的作用。我国学者沈烈敏、郭继东（1999）在对学生学业成绩心理因素影响的研究中指出，注意力集中能力是影响学生学业成绩的一个重要因素，中小学学业成绩优劣不同者在这方面均有显著差异。

（四）学业成就

学业成就又称教育测验或学科测验，是测量学生在学习阅读、拼写、书面表达、数学、常识、社会、历史、地理、物理、化学等课程或经过某种专门训练之后所获得的知识和技能的系统程序。学业成就分为单科成就和综合学业成就。单科成就是指用来测量个体学习某一科目或接受某项专门训练后的成效的测验。综合成就测验是指同时测量多个学科或内容领域的测验。在教育领域里，和智力测验相比，成就测验侧重于测量个体通过系统的学习而获得的某种专门的知识和技能，包括阅读技能、书写技能、计算技能、科学和文化知识等，一般直接评估个体对某些学业技能的掌握状况，测验内容通常紧扣教学大纲，评估条目一般比较具体明确。学业成就在青少年心理评估中扮演着重要的角色，有助于筛查儿童学业不良，鉴别学习障碍儿童，有利于老师根据儿童学业成就水平进行分组教学，确立适当的教学范围和先后顺序，也可以此制定个别化的教育计划，监控学业成就的变化，同时教育机构也可以此评价教学大纲的适当性。

（五）执行功能

执行功能是指在完成复杂的认知任务时，对各种基本认知过程进行协调和控制的高级认知过程。执行功能包括抑制控制、刷新能力和认知灵活性三种核心成分。它是个体认知、情绪和社会功能的核心，是学习、推理、问题解决和智力活动的重要成分。执行功能不良不仅会使学习能力受损,还会产生继发行为和情绪方面的问题,如具有攻击性、注意缺陷多动障碍、学习障碍、孤独、抑郁等症状的个体都会表现出不同程度的执行功能异常。因此,执行功能是身体和心理健康以及认知、社会和心理发展的必备技能,甚至可以作为身体和心理健康的警报系统。

三、认知功能的测量

(一) 智力评估

智力的评估以智力理论为基础,不同理论对智力的评估侧重点不同。智力评估中最常用的方法就是测验法,分为个别智力测验和团体智力测验。个别智力测验是由一个主试在同一时间内仅对一个受测者实施智力的测查。目前这类测验的数量很多,如斯坦福—比内智力量表、韦克斯勒儿童智力量表、考夫曼儿童成套评估等均属于这一类测验。其中,有不少智力测验都在国内进行了新的修订,并经过严格的信效度检测和常模修订。最经典的就是中国版韦克斯勒智力量表。团体智力测验是由一个主试在同一时间内对许多受测者同时进行智力测量的测验,如瑞文推理测验、团体儿童智力量表等。团体智力测验最大特点就是实测效率高,适合于用来做大规模的智力筛查。

(二) 记忆评估

近年来,随着各种各样记忆能力评估方法的涌现,科普性的记忆能力测试变得随手可得。总体而言,对记忆能力评估所采用的材料与记忆的内容相对应,包括图形的和言语的,视觉的和听觉的。但一般的评估方法往往只考察了记忆的部分种类或部分特征,专门用于检测记忆能力的成套记忆测验为数较少。就目前而言,国内当前常用的测验主要有两种:韦氏记忆量表(Weehsler Memory Scale,WMS)和中国临床记忆量表(Clinical Memory Scale,CMS)。

(三) 注意力评估

在注意领域,研究者们普遍认为注意是由多种相互联系又相互独立的成分构成的,包括持续性注意、选择性注意、注意转移和注意分配等。基于此,卢家楣等(1998)提出了注意的四种品质,用来衡量注意能力的好坏。这四种注意品质分别是注意广度、注意稳定性、注意转移以及注意分配。进入 20 世纪中后期,我国学者对注意的研究逐渐摆脱了以往的哲学思辨,研究开发了多种信效度高的测量工具:殷恒婵的注意力测评系统、张灵聪的注意稳定训练仪、白炳良的注意稳定测量仪、赵先卿的注意广度测试系统、王晓芬的 WT-注意力测试软件、李永瑞的 BT-LYR 注意能力测试软件、迟立忠的 BTL-C-注意力品质测试软件等。

(四) 学业成就的评估

学业成就的评估主要分为综合成就测验和单科成就测验。单科成就测验一般包括了某一学科或领域中数量较多的题目,对该学科或领域能够进行较精确的测量和评估,如基马斯诊断性数学测验。综合成就测验,主要用于评估数学、阅读、拼写以及在学校里学到的一般知识,如考夫曼教育成就测验。

(五)执行功能的评估

随着对执行功能的定义和构成成分逐渐达成共识,研究者开发出大量科学的、具有针对性的和有效的各执行功能成分的心理测量任务,主要包括认知任务评估和量表测量。认知任务评估是通过评估受试完成一个认知任务来评价各执行功能成分水平。如 stroop 方式任务、flanker 任务、n-back 范式任务等。近些年,研究者们也试图开发信效度高的量表来评估个体执行功能的水平,如执行功能行为评估量表。

第二节 锻炼影响认知功能的理论

不同学科的研究者从自身视角提出了一些用于解释运动与认知功能关系的观点和理论,其中比较具有代表性的包括心理学理论、认知心理学假说、生理学观点、认知神经科学解释等。

一、心理学理论

(一)社会认知理论

社会认知理论是社会心理学的重要理论之一,它是用来解释社会学习过程的理论,主要关注人的信念、记忆、期望、动机以及自我强化等认知因素。根据班杜拉的社会认知理论,人的锻炼行为是由个人因素、行为因素以及环境因素三者交互作用决定的,其中个人因素包含认知、情绪和生理成分。体育锻炼能够提高认知功能是因为通过锻炼可以减缓个体压力、改善个体自尊、自我效能和控制感等。

(二)选择性提高假说

Kramer 等人(1999)基于认知老化的额叶假说提出了选择性提高假说,认为有氧锻炼可以使人体有氧适能得到提高,有氧适能的提高可能产生的认知益处是有选择性的而不是普遍性的。这一假说可以解释有氧锻炼对老年认知功能的效益,特别是执行功能,但是无法解释其他锻炼方式对认知功能的影响。

(三)心理技能假说

该假说认为,认知功能是由一系列心理技能组成的,认知功能的提高需要不断地练习和加强。特定的训练之所以能提高儿童认知功能的发展,其中一个重要的原因是训练方案内容包含丰富的认知功能操作,训练过程即反复练习和运用认知功能过程,训练的经验得以强化,进而可以发展认知功能。

二、认知心理学假说

(一)唤醒水平假说

唤醒是指机体总的生理性激活的不同状态或不同程度,是由感觉兴奋性水平、腺和激素水平以及肌肉的准备性所决定的一种生理和心理活动的准备状态(马启伟、张力为,1998)。Kamijol等(2009)研究指出短时有氧运动通过提高个体的唤醒水平,使其新陈代谢水平增加、与认知功能相关脑区血流水平增加,进而提高个体的认知功能。

(二)认知能量模型

认知能量模型认为认知过程存在三种水平:认知机制、能量机制及其执行功能的控制系统,其结构见图3-1所示。运动可能是通过影响三种水平的认知过程进而改善认知功能。

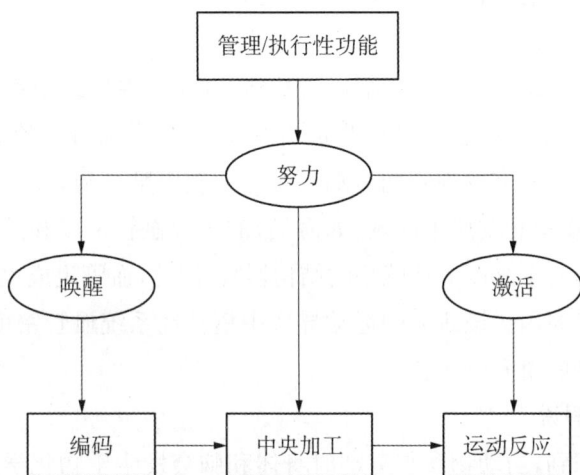

图3-1 认知能量模型(引自 Joseph A. Sergeant, 2000)

第一级水平为底层基础认知过程:包括编码、中央加工和运动反应过程三个环节;第二级水平为中间认知过程:包括唤醒、激活和努力三个能量库;第三级水平为上层认知过程,也称管理/执行功能,该过程与执行功能概念基本相似,与计划、协调、错误探测和纠正相联系。

(三)认知储备假说

Stern(2002)通过对早期老年性痴呆症病人研究发现,受教育水平高的被试比受教育水平低的被试在顶颞区的脑血流更明显,并提出了认知储备的概念,认为具有高认知储备的个体具有联系更紧密的大脑网络,当某个脑区受到损伤,其他的脑区能够进行更积极的代偿,从而表现出较少的认知功能障碍。研究发现早期参加有规律身体活动的老年个体,较不参加的老年个体的认知功能高,身体活动通过刺激分泌神经营养因子、神经细胞生长等途径增加脑储备,经常参加身体活动的人具有较高水平的认知功能和抵抗认知疾病的能力。Colcombe等(2003)的研究进一步证实,有氧锻炼干预能提高前额叶、顶叶和颞叶的灰质和白质的体积,为认知储备假说提供了证据。

三、生理学观点

(一)血管改变假说

运动导致的与认知功能相关的血管改变假说包括增加氧饱和度、提高血管生成和增加脑血流量。

脑血流:早在 1980 年,Spirduso 就推测规律运动导致认知功能改变的潜在机制可能和增加脑血流量有关。最近的研究结果已经使我们可以认识到运动对具体血管和半球的血流、脑组织氧化作用、流速和脑代谢的影响。尽管在静息和中等强度运动时总体脑血流量保持不变,但是局部脑血流量在中等强度运动时能增加 30%。增加脑血流量的脑区有前额叶、顶叶和部分颞叶。

血管生成:血管生成是指在原有血管网基础上,通过内皮细胞芽出而形成新生血管的复杂过程。在脑的发育过程中,血管生成自发发生,但是随着年龄的增加,产生新血管的能力逐渐丧失。一些研究发现长期运动训练导致较多脑血流,随着较多脑血流的持续影响,大鼠初级运动皮层和皮层下区域(如海马)的毛细血管密度和灌注增加。由于海马在形成新的记忆时是一个高度氧依赖型的结构器官,因此,血管生成也许是揭示运动导致学习记忆提高的一个原因。该研究的运动导致中枢神经系统血管密度增加的结果,已经被许多使用动物模型的研究证实。

(二)神经递质假说

人们很早就认识到,当动物参与运动时身体和脑会发生生物化学反应。实验表明运动会增加血清的钙水平,血清的钙被运送到脑,用来激活儿茶酚胺合成的限速酶,而多巴胺和去甲肾上腺激素已经被证明和认知功能有关。研究发现,较不运动大鼠,以 20 m/min 速度运动 15—120 分钟的大鼠血清的钙水平高 7%—18%,新纹状体多巴胺的浓度高 31%。运动不仅仅改变神经递质的浓度,同时也对神经递质受体和神经递质转运体产生影响。Molteni 等(2002)研究发现不同持续时间(3 天、7 天和 28 天)的运动训练对大鼠海马神经递质受体和神经递质转运体的基因表达产生不同的影响,而这些神经递质受体和神经递质转运体的改变会对认知功能产生影响。

(三)神经营养因子假说

运动也可以通过分子途径,如神经营养因子,影响大脑的结构和功能。越来越多的研究发现,运动可以调节脑源性神经营养因子(BDNF)的水平。研究表明运动可以导致不同脑区的 BDNF 的产生,如海马、皮质、纹状体和小脑等,其中影响最大的是海马(控制学习和记忆),而非控制运动的运动皮质、纹状体和小脑等(Johnson,2003)。生长在有可操作性的项目、新颖性的食物、社会交流和其他刺激性行为丰富、复杂环境的大鼠,较久坐大鼠增加了 BDNF、突触发生、树突分叉、神经生成以及神经生物化学的变化等,这些神经的改变不仅造成认知功能的即刻提高(如水迷宫成绩),而且有神经保护作用。研究也发现运动对认知功能的改善作用,会由于注入 BDNF 拮抗剂而降低(Vaynman,2004)。

知识窗 3 - 2

神经营养因子是指参与神经元存活、增殖、分化和突触功能的一组因子,包括 BDNF、NGF、NT-3、NT-4、NT-5、NT-6、NT-7、CNTF、GDNF 等。其中,脑源性神经营养因子(Brain-Derived Neurotrophic Factor,BDNF)是一种具有促进和维持神经元生长、存活以及功能作用的活性蛋白因子。BDNF 可以影响海马、皮质、纹状体和小脑等中枢神经部位神经细胞的分化、生长和存活,也被认为与增加老年人对脑损伤和退化的抵抗能力有关。许多的研究也发现,运动有助于与学习记忆密切相关的脑区神经元的增殖、存活和分化,促进长时程增强(LTP)的诱导,提高实验动物的空间记忆和被动逃避记忆能力。

(四)神经内分泌机制

有氧运动可诱发多个神经内分泌系统通路的激活,而这些神经内分泌通路的激活与认知功能关系密切。因此,有研究者开始从神经内分泌的角度理解运动对认知功能的影响,他们认为:运动通过诱发脑不同程度的神经内分泌反应影响认知功能。最近提出的一个儿茶酚胺类递质假说认为运动使得脑部儿茶酚胺类递质变化,可以影响个体的认知功能(Chmura,1994;Winter,2007)。Chmura 等人(1994)以 24 名青年运动员为被试,检测多种递增负荷运动时静脉血的乳酸、肾上腺激素、去甲肾上腺激素和反应时的变化。结果发现,随着运动负荷增加,乳酸、肾上腺激素和去甲肾上腺激素随之增加,反应时减少,但达到一定运动负荷后反应时开始增加,反应时的任务行为呈倒"U"型。Winter 等(2007)以 30 名体育系大学生为被试,检测高强度的无氧快跑、低强度的有氧跑后即刻、1 周和 8 周生僻单词学习速度以及血浆 BDNF、多巴胺、肾上腺激素、去甲肾上腺激素的浓度。结果发现高强度运动后学习速度加快,并伴随 BDNF 和儿茶酚胺类递质增加。

四、认知神经科学理论

(一)脑电的证据

知识窗 3 - 3

认知电位

1965 年 Sutton 开创了事件相关电位(Event-Related Potential,ERP)的研究方法,指出当人对某客体进行认知加工(如注意、记忆、思维等)时,通过平均叠加从头颅表面记录到大脑电位,它反映认知过程中大脑的神经电生理改变。事件相关电位不仅包括易受刺激物理性质影响的外源性成分 N1、P1、P2,还包括不易受刺激物理性质影响的内源性成分 N2、P3、CNV、SW、N400,这些内源性成分与客体对刺激信号进行认知加工过程密切相关,是窥视心理活动的窗口,故又被称为"认知电位"。其中 P3 是潜伏期约为 300 ms 的最大晚期正向波,又称 P300,它是 ERP 中最典型、最稳定的、应用最为广泛的成分。

P300 的特点:(1)P300 是事件相关电位的内源性成分,不受刺激物理特性的影响,视、听、体感等性质的刺激均可诱发。(2)随靶刺激辨认难度增加,P300 潜伏期延长,波幅减小。(3)靶刺激的概率越小,P300 波幅越大。(4)P300 潜伏期、波幅和年龄有关。

魏景汉,罗跃嘉.认知事件相关脑电位教程[M].北京:经济日报出版社,2004

最近的研究发现运动能改善认知功能,且伴随着脑电信号的改变,特别是 P300 潜伏期缩短、波幅升高。Yagi(1999)发现运动后即刻的反应时间和 P300 的潜伏期明显比运动前短,视觉刺激的反应时间明显比听觉刺激的反应时间短,而运动后即刻听觉刺激模型的错误率明显增加,但视觉刺激模型没有显著性变化。Hatta(2005)发现经常参加运动的老年人比不经常参加运动的老年人反应更快,P300 的波幅值明显大。Kamijo 等(2009)选取 40 名青少年研究身体活动水平对大脑事件相关电位的影响,根据他们日常的身体活动水平分为活动组和久坐不动组,让他们完成一项空间辨认任务。实验结果发现,与久坐不动组相比,活动组的反应时和 P300 潜伏期缩短。Hillman 等(2014)研究 9 个月的课外体育活动方案干预对儿童执行控制能力和脑电的影响,结果发现,体育活动方案提高了儿童执行控制能力和脑功能。

(二)脑的可塑性假说

该假说认为,任何一种心理现象,都是以中枢神经系统尤其是以脑的活动为基础的。同样,运动产生的认知改善效应是脑的机能,是脑对运动的反应,是大脑可塑性变化的结果(陈爱国,2011)。脑的可塑性包括结构的可塑性和功能的可塑性。Colcombe 和 Erickson 等(2006)使用完全随机实验设计,通过磁共振成像技术扫描脑部结构,发现与对照组比较,6 个月有氧运动组老年人的认知功能相关脑区(前额叶、颞叶及顶叶)的灰质和白质容量显著增加,该研究从脑结构变化的角度,揭示了运动改善老年人认知功能的脑机制。陈爱国等(2011)探讨一次 30 分钟的短时中等强度有氧运动、执行功能和脑皮层激活模式之间的关系,结果发现:中等强度功率自行车运动能提高儿童的执行功能,其脑机制是运动所致的儿童执行功能脑激活模式可塑性变化的结果。陈爱国等(2015)利用静息态功能磁共振成像技术和局部一致性分析方法,探测一次 30 分钟的短时中等强度有氧运动前后儿童脑功能局部一致性的改变,使用 Flanker 任务测量运动前后儿童执行功能的变化。结果发现:短时中等强度有氧运动可通过增加儿童静息状态下脑功能局部一致性,改善脑的可塑性提高执行功能。

第三节　锻炼与认知功能的关系

一、体育锻炼与儿童青少年认知功能

(一) 体育锻炼提升儿童注意力和记忆力

良好的记忆力有助于儿童学习。注意力是构成儿童智力的重要组成部分,在儿童的认知和学习中注意力扮演着特别重要的角色,注意力水平的提升可明显提高儿童的学业成绩。一些学习困难的学生,可能是注意力出现问题而不是智力发展障碍的原因。如果能够增强儿童的记忆力,提高儿童的注意力,将会对他们的学业成绩产生重要影响,而体育锻炼恰恰有这样的功效。

吴广宏等(2007)就足球锻炼对小学生注意广度的影响,发现足球锻炼对小学生的注意广度有显著影响,而且中等强度的锻炼效果比小强度的锻炼效果要好。侯卫东等(2008)一项针对青少年女子足球运动员与普通女中学生的注意能力特征的比较研究发现,优秀青少年女子足球运动员的注意能力明显优于普通女学生,两者在注意分配和注意转移两个指标上存在显著差异,并指出多年系统的足球训练可以促进青少年女子足球运动员注意能力和注意特征的快速发展和提高。Chaddock等(2010)研究发现,9—10岁健壮儿童与那些不够健康的儿童相比,其负责记忆功能的海马区域大了12%,这说明健康的体魄有助于记忆力的提高。孔久春等(2012)以小学一年级和五年级学生为研究对象,将120名注意稳定性较差学生分为不同实验组,发现实验组学生在注意稳定性上比对照组有明显差异,中等强度乒乓球锻炼对儿童的注意稳定性促进作用最为显著。总之,体育锻炼对记忆确实存在积极影响,主要表现在提高短时记忆能力和注意力上。规律的体育锻炼能够有效地提高工作记忆能力,并对选择性注意和抑制控制有积极作用。

(二) 体育锻炼提高儿童执行功能

执行功能作为对其他认知过程进行控制和调节的高级认知过程,是儿童认知、情绪和社会功能的核心。脑执行功能不良的儿童常会产生继发行为和情绪方面的问题,且严重影响其成年后的社会成就。儿童执行功能的重要性引起各领域研究者的关注,随着锻炼心理学的发展,体育锻炼改善儿童脑执行功能的研究也受到越来越多的关注。

1. 长期体育锻炼对儿童执行功能的影响

经常参加体育锻炼对执行功能异常的儿童有积极改善作用。殷恒婵等(2014)以326名小学生为研究对象,在课外体育活动实施两种持续20周的不同运动干预方案,实验前、实施10周后和实施20周后,使用Flanker任务、n-back任务、More-odd shifting任务全面评价小学生执行功能。结果发现:"武术＋跳绳＋8字跑"和"花样跑步"均对小学生执行功能具有促进作用,且随干预时间增加,效果更为显著。

经常参加体育锻炼对正常儿童执行功能也有促进作用。Campbell等(2002)对4—6岁爱动与不爱动的儿童的执行功能进行比较,发现爱动儿童的执行功能比不爱动儿童明显要强,原因可能在于经常活动使儿童有更多的机会学会控制他们的活动与行为。Kamijo 等(2011)对 43 名 7—9 岁健康儿童进行了 9 个月、每周 5 次、每次 120 分钟的运动干预,结果发现运动干预提高了儿童执行功能。

知识窗 3 - 4

"头脑简单、四肢发达"

长期以来,社会上一直有运动者"四肢发达、头脑简单"的说法,导致这种观点的根本原因在于"身心二元论"的错误认识,认为身心二分,体育纯粹是身体教育。然而,随着"身心一元论"逐渐成为身心观的主流声音。"身心一元论"主张人是一个有机统一体,身心不可分,人们逐渐认识到体育锻炼不仅强健肌肉和增强心肺功能,也强健或改善大脑。2009 年中科院心理所魏高峡的研究成果彻底颠覆了该错误观点:多年的运动技能训练使运动员的大脑更为复杂,其双侧丘脑和左侧运动前区的灰质密度明显高于普通人。所谓灰质密度指的是神经元的密集程度,灰质密度较高者,在神经传导、信息传递等方面就更具有优势。因此,运动员非但不是许多人所认为的"头脑简单",其与运动有关的大脑组织和结构更为复杂;运动训练不仅仅改变了肌肉和动作,还改变了大脑结构。

资料来源:陈爱国,殷恒婵,颜军.让孩子赢在体育课:脑科学研究对体育的启示[J].全球教育展望,2013,42(2):93 - 99.

---

2. 短时体育锻炼对儿童执行功能的影响

近期一些研究也发现短时有氧运动对儿童执行功能有积极影响,其中以短时中等强度的有氧运动干预方案研究成果最为丰富。Ellemberg 等(2010)以 72 名 7—10 岁的男孩为研究对象,使用选择反应时任务检测执行功能的抑制维度,研究结果发现 1 次 30 分钟的中等强度(60%最大心率)体育锻炼干预能提高儿童执行功能,且 7 岁组和 10 岁组的效果一样。Hillman 等(2009)以 20 名 9—10 岁儿童为研究对象,使用 Flanker 任务检测执行功能的抑制维度,结果发现 1 次 20 分钟中等强度(60%最大心率)体育锻炼后儿童的任务反应正确率显著提高,即提高了儿童的执行功能,同时也提高了其学业能力。陈爱国等(2011)以 10 岁儿童为研究对象,使用 Flanker 任务评价执行功能,综合利用体育测量技术、心理测量技术和功能磁共振成像技术检测 1 次 30 分钟的中等强度有氧运动前后儿童执行功能及其脑激活模式的特征性变化。结果发现 1 次 30 分钟的短时中等强度有氧运动能改善儿童的执行功能,其脑机制是短时中等强度有氧运动诱发儿童执行功能脑激活模式的变化。该研究首次从脑的可塑性视角揭示了短时中等强度有氧运动改善儿童执行功能的神经机制,为深入理解体育锻炼与脑的可塑性问题提供了理论和实践基础。

(三)体育锻炼促进学业表现

"运动妨碍学业成绩"

在根深蒂固的重文轻武、重智轻体的传统教育观念下,在一切以学习成绩说话的评价机制下,一些家长形成这样错误的逻辑:孩子运动了,学习时间就少了,时间少了作业就完成不好,学习成绩就会下降,学习成绩不好就不会有好前途。然而,近期不断增加的研究成果发现:体育锻炼不但能通过改善与学业有关的脑功能直接提高学习成绩,还可以通过提高或改善学习行为(如注意能力、执行功能、情绪调节等)间接提高学习成绩;而且,增加体育锻炼时间不仅不会降低学业成绩,甚至会促进学业成绩。因此,实际的情况可能是多运动促进学业成绩。

资料来源:陈爱国,殷恒婵,颜军.让孩子赢在体育课:脑科学研究对体育的启示[J].全球教育展望,2013,42(2):93-99.

2010年,美国疾病控制与预防中心发表了"以学校为基础的身体活动与学业表现关系"的综述报告,探讨体育活动对学业成就、学习行为,以及认知技巧与态度三种学业表现的影响。结果显示:以学校为基础的体育活动对数学、阅读、写作等学业成绩有积极效益,可增进课堂表现等学习行为,能够提高注意力、自尊、创造力、计划能力、生活满意度,以及减少冲动行为等学习相关的认知技巧与态度,而且增加体育活动的时间并不会降低学业表现,甚至可以促进学业表现。2012年,为了要向教育者证明,运动是增进学业成绩与表现的最好方法之一,Singh等检索了世界四大权威数据库,在所检索到的844个研究当中,选出14篇最具代表性的论文进一步分析。所选14篇论文的研究对象涉及年龄为6—18岁的学生,学业成绩的评定内容包括阅读、数学、世界地理、历史和认知能力等,时间跨度最短八周,最长则达五年零六个月。不论是回顾性的横断面调查还是实施运动干预的实验研究,研究都发现,规律的中度强度体育锻炼对于学业成绩有促进作用。

(四)体育锻炼缓解儿童认知障碍症状

除了对正常儿童进行了大量的研究之外,研究者开始尝试研究体育锻炼与执行功能异常儿童的关系研究,探索其对执行功能缺陷儿童的临床康复和治疗的有效性。目前这已成为儿童执行功能研究领域的一大主要趋势。已有研究发现体育锻炼干预对肥胖、注意缺陷多动障碍、自闭症、学习困难、攻击性儿童的执行功能发展有积极作用,并能改善其相应的行为症状表现。

Davis等(2007)对超重小学生进行为期15周,每周5次,每次20分钟或40分钟的球类、跑跳和跳绳等中等强度体育锻炼干预,采用认知评价系统评价儿童执行功能,结果发现运动能改善超重儿童的执行功能。Jennifer等(2009)将患有注意力缺陷多动障碍的儿童随机分到实验组与对照组,在运动前后分别测试两项执行功能任务,结果显示运动干预改善了注意力缺陷多动障碍儿童的执行功能。陈爱国等(2015)选取33名9—13岁聋哑儿童,将他们随机分为实验组和对照组,使用 Flanker 任务、n-back 任务、More-odd shifting 任务全面评价聋哑儿童 8 周实验前后执行功能的抑制、刷新和转换三个子功能的变化。结果发现,8 周中等强度的花样跳绳运动对聋哑儿童刷新功能和转换功能有显著促进效果。

二、体育锻炼与老年人认知功能

如何维护和改善老年人的认知功能,已成为当今多门学科研究者关注的热点问题。越来越多的研究发现,老年人认知功能具有可塑性,并且可以通过干预缓解老年人认知功能下降。体育锻炼作为缓解老年人认知功能下降的一种积极手段日益为研究所证实并引起广泛关注。

(一)体育锻炼延缓认知老化的效应

1. 运动比不运动好

Spirduso 等(1978)考察长期坚持参加体育锻炼的老年人和年轻人与无该特征的相应个体间认知功能的差异,发现长期坚持参加体育锻炼的老年人测验成绩明显好于不参加运动的老年人,并且与不长期参加运动年轻人的表现接近,该结果激发了多学科领域学者对体育锻炼与老年人认知功能关系的关注。Rogers 等(1990)发表了一项历时 4 年的追踪研究报告,他们把 90 名 65 岁左右的老年人分为继续工作组、退休但坚持体育锻炼组和退休但不参加体育锻炼组,比较 3 组老年人认知功能的差异,发现继续工作的老年人、退休但坚持体育锻炼的老年人比那些退休但不参加体育活动的老年人在认知测验上的表现要好。Colcombe 等(2003)使用随机分组设计的实验研究,考察 6 个月的体育锻炼干预对老年人认知功能的影响及其脑机制,结果发现 6 个月的体育锻炼方案能提高老年人的认知功能,其作用机制表现为 6 个月的体育锻炼优化了老年人认知功能相关脑区的活动状态。Geda 等(2010)考察了体育锻炼与认知损害发生率之间的关系,也从反面佐证了体育锻炼对老年人认知功能的积极作用。他们在控制了年龄、性别、教育水平、抑郁水平等因素影响后,比较轻度认知障碍老年人和认知正常老年人的体育锻炼参与情况,发现中年或老年从事中等强度的体育锻炼可以明显地减少轻度认知障碍发生的风险。综上所述,运动的老年人比不运动者认知功能好,体育锻炼对认知老化有改善效果。

2. 普遍性还是选择性

由于受实验方法、手段、条件及其他因素的影响,体育锻炼与老年人认知功能的研究成果出现了一些不一致的结果:部分研究认为体育锻炼普遍改善认知老化,另一部分研究认为选择性地改善认知老化。Etnier 等(1997)以 6—90 岁人群为对象探讨体育锻炼的认知效应元分析发现,运动干预对人生各阶段的认知功能都有积极效应。Colcombe 等(2003)把认知功能分为执行功能、自动控制过程、视空间加工和加工速度 4 种类型进行讨论,结果发现,体育锻炼对老年人整体认知功能有改善作用,体育锻炼对认知老化的改善作用既有普遍性又有选择性,即体育锻炼能积极改善老年人认知功能,且执行功能效果最好。Yaffe 等(2001)以 5 925 名 65 岁以上的老年妇女为研究对象,考察这些老年人每周做街区步行活动水平,研究发现每周街区步行的次数可以预测 6—8 年后的认知功能状态,基线体育锻炼水平越高的老年人 6—8 年后认知水平下降越小;进一步分析发现体育锻炼对认知功能有选择性影响,即体育锻炼对于需要更多执行功能的认知任务作用更大。综上所述,体育锻炼对认知老化有改善作用,尤其是对随年龄增加下降最明显的执行功能的效果明显。

3. 剂量效应

什么样的体育锻炼能最有效地改善老年认知功能? 即体育锻炼与认知老化的"剂量效应"。所谓"剂量效应"是指体育锻炼各构成要素即锻炼类型、强度、频率、持续时间、干预周期等单独和交互作用与认知老化的关系。

(1) 不同锻炼类型对认知老化的改善作用

有氧运动、阻力运动和身心运动是研究改善认知老化应用最多的三种类型。Angevaren 等(2008)研究发现有氧运动对健康老年人认知速度、短时记忆以及视觉与听觉注意等认知功能均有益。阻力运动是一种肌肉对抗阻力的体育锻炼,Kimura(2010)和 Ozkaya(2005)研究发现,参加阻力运动能显著提高老年人认知功能。身心运动是指既锻炼身体又锻炼思维的体育锻炼,身体运动的过程中伴随着注意力集中、呼吸控制等。Matthews(2008)和 Taylor-Piliae(2010)研究表明,太极拳运动能提高老年人的认知功能,特别是执行功能。需要指出的是,可能存在"1+1>2"的现象,因为有研究发现,有氧运动与阻力运动双管齐下,认知功能改善效果更佳(Colcombe,2003)。

(2) 不同运动强度对认知老化的改善作用

运动强度是指从事的体育锻炼对人体生理刺激的程度。关于健康老年人运动强度与其认知功能关系,Angevaren 等(2007)做了两项研究,他们首先做了一个横断面的调查,发现老年人运动强度与其整体认知功能水平以及某些认知功能(如加工速度、记忆、认知灵活性)存在显著关系。为了进一步探讨运动强度与老年人认知功能改善的积极关系,Angevaren 等(2010)又设计和实施了一项为期 5 年的追踪研究,结果也表明老年人运动强度与其认知加工速度改善呈显著正相关,揭示了运动强度与认知老化改善的积极关系。而 Baker 等(2010)的随机分组实验干预研究结果进一步佐证,运动强度不同对老年人认知功能的影响存在差异。就有氧运动而言,众多的实验研究发现,中等强度有氧运动可以使老年人的认知功能获得改善效益;而对于阻力运动而言,中等强度与高强度的阻力运动皆对认知老化具有改善作用(Cassilhas 等,2007)。

(3) 其他体育锻炼要素对认知老化的改善作用

研究其他体育锻炼要素(每次活动的持续时间、运动频率等)对老年人认知功能影响的甚少。李仁栓等(2012)调查发现体育锻炼对老年人认知水平有显著的影响,且每周进行 3—5 次体育锻炼的老年人认知水平显著好于每周进行 1 次体育锻炼的老年人,单独锻炼的老年人认知水平略低于群体锻炼者。Middleton 等(2010)调查了 9 344 名老年女性 10 岁、30 岁、50 岁左右以及晚年的体育活动情况。结果发现,在任何一个阶段都进行体育锻炼,特别是在 10 岁左右就参加体育锻炼的女性,会降低其晚年患认知损伤的风险。研究者据此认为,身体活动的干预应该在生命早期开始并且贯穿一生。

案例 3-1

　　林琳的爷爷今年已经六十多岁了,身体还算硬朗,只是随着年龄的增长,他的记忆力越来越不行,比起同龄人差了好多,常常昨天告诉他的话今天就忘记了。爷爷退休以后在家里闲不住,想报名参加老年大学。老年大学的课程内容非常丰富,林琳的爷爷想学的也很多,可是家人又担心他现在的这种健忘的程度可能无法跟上课程进度,被人笑话。林琳知道了爷爷的忧虑之后就向在老年大学教课的陈红阿姨了解情况,询问像她爷爷这样的记忆力不好的人上老年大学会不会很吃力。陈阿姨告诉林琳,老年人记忆力衰退是很正常的现象,只是像林琳爷爷衰退得这么厉害的可能比较少。但是如果林琳的爷爷想去上课的话,参加一些健身运动的课程也许对他的这种情况有所帮助,而且难度适中也不怕学不好。林琳听了阿姨的话,回去转告给了爷爷,第二天爷爷就去报了健身的课程……

　　陈阿姨为什么会说健身运动的课程会对林琳爷爷的情况有所帮助呢?那么,这种帮助主要体现在什么方面?

陈作松.休闲与健身运动心理学原理与运用[M].厦门:厦门大学出版社,2012.

(二) 体育锻炼改善老年认知损害的效应

　　体育锻炼能够减少认知损害的风险。Heyn 等(2008)调查 2 020 名 65 岁以上患有认知障碍老人体育锻炼前后的数据,分析发现体育锻炼可以增进健康,提高身体功能和认知功能,对老年人的认知损伤具有积极的干预作用。

　　体育锻炼可以预防老年痴呆患者的认知功能。Larson 等(2006)追踪 1 740 名 65 岁以上认知正常的老年人,研究体育锻炼与患痴呆风险之间的关系。结果发现:缺少体育锻炼的老年人最需要防范痴呆的发生,每周 4 次以上体育锻炼的老年人痴呆发病率显著低于那些每周少于 3 次运动的老年人。Andel 等(2008)采用孪生控制法了解中年参与体育锻炼对老年痴呆患病的影响,分析表明,中年期较高水平的体育锻炼与老年较低的痴呆发病率具有显著关系。Sumic 等(2007)对 66 名 85 岁以上老年人的追踪研究发现,有 38 名老年最终发展为痴呆;运动量较小的女性患痴呆的概率是运动量较小男性患痴呆的 2 倍,是体育锻炼活跃女性的 5 倍。研究者据此认为,体育锻炼可预防老年痴呆的出现,且这种效果在女性人群中最为显著。

　　体育锻炼对于患有轻度认知障碍(Mild Cognitive Impairment,MCI)的老年人具有积极的改善与缓解作用。轻度认知障碍是指老年人出现轻度记忆障碍或轻度的其他认知功能障碍,尚不足以诊断痴呆的临床表现。Baker 等(2010)研究证实 6 个月的有氧运动提高了患有 MCI 女性的执行功能测试的成绩,MCI 患者被认为患阿兹海默症的风险比健康老人患此病的风险高 3—5 倍。Geda 等(2010)考察 198 名轻度认知障碍老年患者和 1 126 名认知正常老年人的体育锻炼活动情况与其认知功能关系,分析结果表明,人生早期阶段或晚年从事体育锻炼可以减少认知损害的风险。

体育锻炼可以改善老年痴呆患者的认知功能并缓解帕金森病症。Yerokhin 等(2012)以老年痴呆患者为研究对象进行随机分组实验研究,研究结果发现,10 周高强度的体育锻炼训练后,老年痴呆患者的认知功能水平得到了显著改善。帕金森综合征(PD)是老年人最常见的中枢神经系统变性疾病。研究表明,6 个月的有氧运动能减缓和改善帕金森综合征有关的认知衰退(Hirsch,2009;Tanakaa,2009)。

综上所述,已有的研究结果初步表明体育锻炼能够改善老年认知损伤。但现有的研究也在诸多方面存在不足,如体育锻炼对认知损害影响的研究较少,研究被试人数少,缺少对影响认知功能的干扰变量的控制(如年龄、文化程度、认知损伤症状水平、日常活动能力、重大慢性疾病史等)以及影响的机制仍不明确等。

本章小结

认知功能是人类的高级活动功能,它是人体对外界信息的反应能力,包括感觉、知觉、注意、表象、记忆、思维、语言等重要组成部分。目前认知功能的主要研究领域包括智力、注意力、记忆力、执行功能和学业成就等。

目前解释体育锻炼改善认知功能的机制的观点和理论主要有:社会认知理论、选择性提高假说、迁移理论、心理技能假说、唤醒水平假说、认知能量模型、认知储备假说、血管改变假说、神经递质假说、神经营养因子假说、神经内分泌机制、脑电的证据、脑的可塑性假说等。

对于体育锻炼与认知功能的关系,已有的研究结果支持以下观点:(1)体育锻炼能改善儿童注意力和记忆力、提高儿童执行功能、促进学业表现和缓解儿童认知障碍症状。(2)体育锻炼具有延缓认知老化和改善老年认知损害的积极效应。

思考、理解、探究

1. 何谓认知?如何测量认知功能?
2. 有哪些理论可用于解释单次短时锻炼、长期锻炼提高认知功能?
3. 体育锻炼与儿童青少年、老年人认知功能之间存在什么样的关系?

讨论问题

1. 若一名老年人向你咨询如何进行锻炼,并请求你为他设计一份锻炼处方改善认知功能。你将如何设计处方中的锻炼项目、强度、时间、频率等？

2. 当前在国内由于升学、家长攀比等恶性压力，不少儿童青少年每天不能保证得到充分的锻炼。经过本章的学习，我们知道青少年儿童时期对人的认知功能提高十分关键，而体育锻炼在一定程度上又能积极促进认知功能发育，如何才能通过一些实证性证据向家长们解释这个道理？

推荐阅读文献

1. 陈爱国,朱丽娜,王鑫,颜军. 短时中等强度有氧运动对儿童脑的可塑性影响：来自脑功能局部一致性的证据[J]. 体育科学,2015,35(8)：24－29.

2. 陈爱国,许克云,颜军,朱风书. 体育锻炼与老年人认知功能：研究与思考[J]. 中国运动医学杂志,2014,33(11)：96－102.

3. 陈爱国,殷恒婵,颜军. 让孩子赢在体育课：脑科学研究对体育的启示[J]. 全球教育展望,2013,42(2)：93－99.

4. 陈爱国,颜军,赵峰. 体育与国民素质提升：来自脑科学的新证据[J]. 华东师范大学学报(教育科学版),2013,31(2)：63－68.

5. 陈爱国,殷恒婵,颜军,杨钰. 不同强度有氧运动对执行功能的影响[J]. 心理学报,2011,43(9)：1055－1062.

6. 陈爱国,殷恒婵,王君,李鑫楠,宋争. 短时中等强度有氧运动改善儿童执行功能的磁共振成像研究[J]. 体育科学,2011,31(10)：35－40.

7. Chen A G, Yan J, Yin H C, et al. Effects of acute aerobic exercise on multiple aspects of executive function in preadolescent children [J]. Psychology of Sport and Exercise, 2014,15(6)：627－636.

8. Adele D, Kathleen L. Interventions Shown to Aid Executive Function Development in Children 4 to 12 Years Old [J]. Science, 2011(333)：959－964.

9. Colcombe S J, Kramer A F, Erickson K I, et al. Cardiovascular fitness, cortical plasticity, and aging [J]. PNAS, 2004, 101(9)：3316－3321.

10. Hillman C H, Pontifex M B, Castelli D M, et al. Effects of the FITKids randomized controlled trial on executive control and brain function [J]. Pediatrics, 2014,134(4)：1063－1071.

11. Hillman C H, Pontifex M B, Raine L B, Castelli D M, Hall E E, Kramer A F. The effect of acute treadmill walking on cognitive control and academic achievement in preadolescent children [J]. Neuroscience, 2009,159(3)：1044－1054.

第四章　锻　炼　动　机

本章学习要点

◎ 了解锻炼动机的概念、特征及分类

◎ 理解锻炼动机理论

◎ 了解锻炼动机的测量工具

◎ 认识锻炼行为的影响因素及增强锻炼动机的策略

关键概念

动机　锻炼动机　锻炼动机理论

在日常生活中,有的人能够积极主动地投入到体育锻炼活动中,而有的人则乐于选择久坐的生活方式。在投入锻炼的人群中,有的人喜欢激烈对抗、富有变化的集体活动,如足球、篮球等,而有的人则喜欢无身体对抗的个人锻炼活动,如慢跑、太极拳等。那么,是什么造成这些差异呢? 有研究表明个体之间出现的这种差异与锻炼动机有关。什么是锻炼动机? 如何测量锻炼动机? 以及激发人们锻炼动机的策略又有哪些呢?

第一节　锻炼动机概述

一、锻炼动机概念

(一) 动机

动机一词最早来源于拉丁语"movere",其中含有"动"(to move)的意思。最早将动机应用于心理学的是美国心理学家 Woodworth,他认为,动机是决定个体行为的内在动力。《简明不列颠百科全书》指出动机是"为实现一个特定目的而行动的原因"。张厚粲(2001)认为"动机是一种由需要所推动的、达到一定目标的行为动力,它起着激起、调节、维持和停止行动的作用"。心理学家各自持有不同的看法,但一般来说,动机是一个概括性术语,是对所有引起、支配和维持生理和心理活动过程的概括(贾林祥,2008)。各种动机理论都认为,动机是构成人类大部分行为的基础,是一个内部心理活动的过程,并非结果,所以我们无法直接观察到。正因为这样,在面对金钱时,有人拾金不昧,有人铤而走险,产生两种截然不同的行为。因此,动机是激起或抑制个体去行动的愿望和意图,是引起行动的内部原因和推动力量。

（二）锻炼动机

锻炼动机是指在锻炼目标的指引下，推动个体参与体育锻炼活动的内部心理动因，它是个体在体育锻炼活动目标、愿望与运动环境诱因的相互作用下，所产生的对体育锻炼的内部需求。体育锻炼动机不仅受生理需要的驱动，还受心理和社会因素的影响，既是体育锻炼行为的直接原因，也是体育锻炼行为的动力。

一般来说，锻炼动机是在内部需要和外部诱因共同作用下产生的。内部需要是指参与一项活动是为了行为本身带来的满足，外部诱因是指因为外部的压力、奖励和回报而参加活动（Ryan R M & Deci E L，2000）。个体有了从事锻炼活动的需要，就会产生满足该需要的想法，当这种需要与锻炼环境及其诱发因素相吻合时，将会成为一种驱动力，推动个体参与到实际的体育锻炼活动中。锻炼动机概括起来，包含有强身健体、心理调适、发泄情绪、降低紧张、缓解压力、精神解脱、减肥增重、健美体形、休闲娱乐、兴趣爱好、寻求刺激、治疗身体疾病、降低心脏病、社会交往、归属、展示能力、追求自我发展、提高柔性、改善睡眠质量、改善人生观、完善人格等。

二、锻炼动机的特征

通过分析行为背后的动机，能够更好地理解人类行为的多样性和复杂性。从动机与行为的关系看，动机往往具有动力性、方向性、隐蔽性、强度和持久性特征。

（一）动力性特征

动力性特征是指动机能激发、维持、调节和支配行为的强度。动机具有激发行为的功能，能推动人们产生某种活动行为，从而使人们从静止状态激发到行动状态。动机的动力性还表现在动机具有影响个体行为坚持性的功能。当个体的行为产生后，能否坚持此种行为，同样受到个体动机强弱的调节和支配。当个体产生的锻炼行为是自愿的，行为结果可能会符合个体所追求的目标，个体的锻炼动机便会得到强化，锻炼行为的坚持性也就会越好。反之，如果个体的锻炼行为是受外界的强迫而产生，例如在学校里，被老师强迫进行课间操锻炼，或者在生活中，因为家人朋友的恳请而被迫答应陪同锻炼等，这种行为结果不是自己所期望或追求的，那么个体的动机就会很弱，锻炼行为的坚持性也不会很理想，甚至个体有时还会退出锻炼。

（二）方向性特征

动机不仅能激发行为，而且还能指引个体行为的方向。锻炼动机的方向性是指锻炼动机驱使个体的行为指向一定的目标或对象。个体行为的目标或方向是个体的需要所在，也是激发行为产生的真正动力。因而个体之间锻炼动机性质不同，锻炼行为的方向也就不同。例如，在动机方向性的驱使下有的人选择舞蹈练习，而有的人选择力量练习。

（三）隐蔽性特征

动机的隐蔽性特征是指动机是一种个体内部的心理活动，不会被外界直接观察到，只能通过分析如个体的任务选择、对活动的努力程度以及言语表述等外部行为特征来间接推断其内在动机。例如，一位锻炼者在冬季的某个清晨去篮球场练习篮球，对于他的练习动机，我们观察不到，只能通过他的练习行为表现、注意力是否集中、态度是否认真来进行推断。此外还要对他往日练习篮球的坚持性等作进一步考察，才可以对这位锻炼者的篮球练习动机做出准确的推断。

除此之外，锻炼动机还具有强度和持久性特征，动机越强，产生的锻炼行为越强烈，所持续的时间也就越长。

三、锻炼动机的分类

（一）生理性动机和社会性动机

根据个体的行为心理动因是以生理性需要，还是以社会性需要为基础，可将锻炼动机划分为生理性动机和社会性动机。

生理性动机是以个体自身的生理需要为基础，推动个体去行动以满足其生理性需要的动力。例如，在体育锻炼领域中，为了获得刺激、快乐感和发泄身心能量满足自身生理性需要而参加体育锻炼的动机，就属于生理性动机。社会性动机是以人的较高层次的社会文化需要为基础的动机，如自尊和爱的需要、认知的需要、成就的需要和交往需要等。例如，在体育锻炼活动中，为了能和同伴接近交流、得到赞同或认可、发展友谊、获得荣誉等满足个体社会性需要而参加体育锻炼的动机，就属于社会性动机。

知识窗 4 - 1

什么决定着肥胖者的饥饿感：胃还是思维

沙赫特和他的同事格罗斯招募了一批志愿者，有些是胖子，有些是身材正常的，让他们参加宣称是对肉体反应与心理学特征之间的关系研究。实验者哄骗志愿者把手表交出来，因为要在手表上绑电极。其实，绑在他们手腕上的电极只是个幌子，为的是诱发他们脱下手表。研究者们还在房间里放了一些饼干，并告诉志愿者他在试验期间是一个人待着，房间的东西可以随便用。房间里面有一座经过修改的钟，要么是半速走，要么是快一倍。过了一会，志愿者以为午餐时间到了。不过，这时候尚不到吃饭的时间。其他一些人则认为还没有到午餐的时间，而实际上午餐时间早就过了。认为已经过了正常午餐时间的肥胖者，比认为还没有到午餐时间的肥胖者吃的饼干要多一些。正常的志愿者吃的饼干则一样多，不管他们认为到了什么时间。结论是：不是胃，而是思维决定着这些肥胖者饥饿的感觉。

资料来源：墨顿·亨特.心理学的故事[M].海口：海南出版社,1999：648-649.

（二）内部动机和外部动机

根据个体锻炼行为的心理动因是由自身内在需要转化而来，还是由外界条件诱发而来,可将锻炼动机分为内部动机和外部动机。

内部动机是指由对行为或活动本身的兴趣所引起的动机,它取决于个体内在的需要。例如,体育锻炼情境中,出于对锻炼活动的喜爱,渴望获得锻炼的快感或刺激,以及满足自尊心、上进心和自我实现等心理需要的动机,都属于内部动机。外部动机是指由外部诱因所引起的动机,它是在外界的要求或作用下产生的。例如,运动员为了获得高额的奖金刻苦地进行训练,部分学生为了能够在体育中考中获得较好的运动成绩而开始进行锻炼等,这些行为都由外部动机所导致。

内部动机和外部动机的划分并不是绝对的,在一定条件下,外部动机可以转化为内部动机。外部条件或要求必须转化成个体内部需要,才能成为个体参与体育锻炼的推动力量。

知识窗 4-2

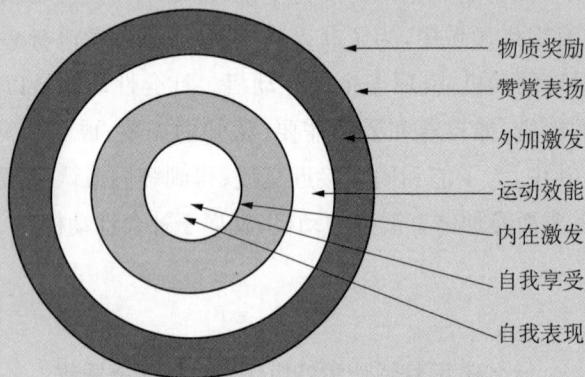

物质奖励
赞赏表扬
外加激发
运动效能
内在激发
自我享受
自我表现

图4-1 内部动机和外部动机的产生及其相互作用(张力为,2003)

人们进行体育锻炼的动机,既有外部的又有内部的,两者总是相互作用的,对锻炼活动具有重要意义。需要指出的是,外部动机对内部动机的影响既可以是积极的,也可以是消极的。外部动机可能加强内部动机,但也可能削弱内部动机,这主要取决于外部奖励的方式以及个体对内部奖励与外部奖励重要程度的认识。

资料来源:马启伟.和教练员运动员谈谈心理学(六)[J].北京体育学院学报,1982

(三)直接动机和间接动机

根据个体行为的心理动因是指向于行为过程,还是指向于行为结果,可将动机划分为直接动机和间接动机。例如,在体育锻炼情境中,个体若出于喜欢锻炼的过程而参加锻炼的动机,就属于直接动机;而想通过锻炼改善体形、获得积极的生理心理效应就属于间接动机。

直接动机与行为或活动本身相联系,动机内容具体,对个体行为的直接动力作用较大。而间接动机虽与行为或活动联系相对较少,但它与最终结果相联系,其对行为会产生重要影响。因此,直接动机和间接动机之间具有相互联系、相互补充的作用。

第二节 锻炼动机理论

要学习锻炼动机,就需要了解锻炼动机的基本理论。关于动机是通过何种机制激发行为有诸多不同的理论观点,其中比较具有代表性的有动机人本论、成就动机理论、认知评价理论、自我决定理论和自我效能理论。

一、动机的人本论

需要层次理论是由美国心理学家马斯洛(Maslow)提出的。他认为人们的行为是由一定的需要所驱使的。他将人类的基本需要分为:生理需要、安全需要、归属和爱的需要、尊重需要、自我实现需要,其中最高层级的需要是自我实现需要。

图4-2 马斯洛需要层次理论

在锻炼情境中,有许多活动要求参与者之间要相互帮助、相互激励,这为满足个体的归属、爱与被爱、获得尊重等需要提供了大量机会,而锻炼者的积极性也会得到充分的调动。当个体在锻炼活动中感受到了同伴的认可和关爱,认识到了别人对自己的需要和自我存在的价值,自豪感和荣誉感就会得到加强,他们才会更有可能产生强烈的动机去实现更高的锻炼目标,并且表现出更多的主动性和创造性行为。

二、成就动机理论

成就动机理论(Achievement Motivation Theory,AMT)是指个体对自认为重要或者有价值的事情尽力去完成,并争取取得优异成绩的心理倾向。一般来说,成就动机强则积极主动投入,充满自信,乐于挑战困难;而成就动机弱则明显消极对待,犹豫不决,害怕失败。美国学者默里(Murray)最早提出了"成就需要"说,后来由麦克兰德(McClelland)和阿特金森(Atkinson)发展成为"成就动机理论",该理论认为成就需要主要是由追求成功的动机和害怕失败的动机决定。当追求成功的动机大于害怕失败的动机时被称为高成就

动机,反之,当害怕失败的动机大于追求成功的动机则称为低成就动机。一个人参加活动的动机力量大小由两者之差决定,即:

$$成就需要 = 追求成功的动机 - 害怕失败的动机$$

在体育锻炼中,高成就动机者表现出积极主动地参加锻炼,喜欢富有挑战性或竞争性的活动,自信心强,焦虑水平低,乐于表现自我,不害怕失败和困难,全身心地投入到锻炼活动中去的特征。与之相反,低成就动机者往往处于保护自尊心,害怕丢脸的心理,常常选择困难度小或者困难度极大的活动任务,并表现出积极回避挑战或竞争,自信心低,焦虑水平高,害怕失败和逃避困难,甚至退出锻炼活动的特征。

三、认知评价理论

认知评价理论(Deci,1975；Deci and Ryan,1985)指出,对参加一项有趣活动的人提供额外的奖励将会导致其内在动机的减弱。Deci(1975)推论认为,这主要是由于因果关系感觉轨迹(Perceived Locus of Causality — PLOC)的移动造成的。所以,当一个对执行某项活动拥有内在因果关系感觉轨迹的个体受到外在奖励时,往往会将因果关系感觉轨迹向外在因素倾斜,最终他们的内在动机就会下降。换句话说,人们的关注点会倾向于外在的奖励而不再在乎自己的内心是否对这个任务感兴趣。

然而,Lepper等的研究中指出,并不是奖励本身使得人们内在动机发生变化,而在于该奖励是否为人们所期望。这也表明奖励并不是在所有的情境中都是不利的。这就促成了认知评价理论的模型化——主要用来说明奖励很可能有着两方面的功能(见图4-3)。

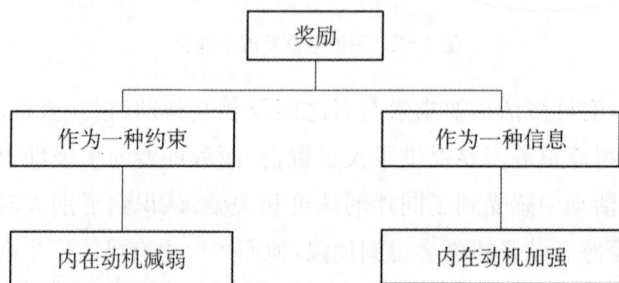

图4-3　奖励与内在动机之间的可能性关联

1. 信息功能。如果奖励为个体提供了积极的信息,那么个体的内在动机就很可能加强。(值得注意的是,信息事件是指在自主环境下,人们感知到的、用以表达对自身能力的反馈的那些事件。当积极的反馈发生在压力情景下时,信息事件对内在动机的影响就会变小。)

2. 约束功能。如果奖励被认为是对行为的一种约束(例如,参加活动的目标是获得奖励而不是由于内在的某些原因),那么一旦撤回奖励就很可能导致内在动机的逐渐衰减。

因此，在体育锻炼活动中，锻炼指导员以及其他相关人员需要在不同的情况下给予适当的奖励，这样能够有利于维持个体的内在锻炼动机，促进锻炼坚持性的形成。

四、自我决定理论

自我决定理论(Self-Determination Theory，SDT)是 Deci 和 Ryan 在 20 世纪 80 年代提出的一种关于人类自我决定行为的动机过程理论，它是一种内部动机理论。该理论认为外部动机和内部动机形成一个连续体，不同类型的非本质相关行为在连续体上有相应的位置。外部动机主要有 4 种：外部调节、摄入性调节、认同调节和整合调节。内部动机指行为的激发是为了快乐和行为本身，如"我锻炼是为了享受其中的乐趣"。该理论认为行为调节越接近内部动机和认同调节，人们的锻炼意向就越高，参与锻炼的时间就越长，因为其中包含着很强的自我投入和主动参与的情感成分。Lonsdale 等(2008)的 SDT 是由 Deci 和 Ryan(2000)发展而来的有关于人类动机和人格的理论。该理论用自我决定的不同程度来区分三种动机形式：内部动机、外部动机和缺乏动机。内部动机是一种高自我决定程度的动机。

五、自我效能理论

自我效能(self-efficacy)是由美国心理学家班杜拉(1977)提出的，指一个人对自己能否成功地完成一项任务所持的信心和期望，或者对自己成功地完成一项任务所具备的潜能的认识。自我效能也可称作"自我效能感"、"自我信念"、"自我效能期望"等。自我效能理论(Self-Efficacy Theory，SET)是一种能力自我评价的理论，即如果个体对自己有信心，相信自己有能力去获得特定的成绩，那么他就会受到激励，从而奋发努力，去争取预期的成绩，最终达到对行为进行干预的目的。它的基本模式是以往成绩、他人经验、语言劝导和生理唤醒等效能信息影响一个人的效能期望，效能期望的高低影响一个人的行为模式。

在锻炼心理学中，从参与锻炼到坚持锻炼，从锻炼的强度、持续时间到投入的努力程度，从对锻炼的态度到认知，自我效能感在锻炼的方方面面都扮演着重要的角色。而人们主要关注的是自我效能与运动参与以及锻炼坚持性之间的关系。有研究提到，自我效能感会影响不同群体的锻炼坚持性(McAuley，Courneya，1993；McAuley Mihalko，1998)，即自我效能感既可以作为锻炼行为的决定因素，也可以成为锻炼行为的结果。另外，当个体开始定期锻炼，或者努力进行长期的有规律的锻炼时，自我效能感能够对坚持性产生巨大影响作用。除了影响锻炼行为，还可以影响锻炼意愿、付出的努力以及归因。和效能感低的人相比，效能感高的人会付出更多的努力，将结果归因于内部的、稳定的因素，锻炼的愿望也更为强烈。

第三节　锻炼动机的测量

锻炼动机作为锻炼行为的内部心理动力,存在于锻炼过程的每一个环节。随着心理学家及其他研究者们对动机认识的不断深入,其测量工具也得到了广泛的应用。当前在锻炼心理学领域中,被广泛使用的量表主要有锻炼动机量表(Exercise Motivation Scale,EMS),锻炼行为调节问卷(Behavioral Regulation in Exercise Questionnaire,BREQ),身体活动动机量表(The Physical Activity Motivation Scale,PAMS)及锻炼动机问卷(The Exercise Motivations Inventory,EMI)等。

一、锻炼动机测量

锻炼动机量表(EMS)是基于多维度内外动机理论模型对锻炼动机进行的定性和定量评估(Vallerand,1997)。锻炼动机量表共31个条目,包含学习、经验感知、胜任三种内部动机,外部调节、整合调节、认同调节和内摄调节四种外部动机和无动机三大维度。主要测试当前个体为什么参加这项活动的相关问题。

Markland 等人在他们 1993 年制定的锻炼动机问卷(The Exercise Motivations Inventory,EMI)的基础上,于 1997 年修改、完成了锻炼动机问卷-2(EMI-2)。该问卷由 51 个项目 14 个子量表构成,分别为压力管理、改善精神、享受乐趣、挑战、表现自我、社会归属、竞争、康复疾病、预防疾病、保持健康、体重管理、改善形象、增加力量、提高敏捷性。某一维度的得分越高,则表示这一维度对行为的影响越大。问卷采用严格的验证性因素分析对不同年龄的因素构建效度和稳定性进行检验,并对锻炼者和非锻炼者的因素结构稳定性进行检验,结果发现它对两种人群都很适用。所以该问卷一个最大的优点是,它不但可以用来测量体育锻炼者的锻炼动机,也可用来测量非锻炼者潜在的锻炼动机。

二、锻炼行为调节问卷

锻炼行为调节问卷(Behavioral Regulation in Exercise Questionnaire,BREQ)是在有机整合理论的基础上发展而来的,已成为评价动机坚持性的工具。该问卷包含不同的分量表,共有外部调节、内摄调节、认同调节,以及内部调节四个维度。Markland 和 Tobin(2004)等人在 Mullan、Markland、Ingledew 的基础上编制了 BREQ-2 问卷(见表 4-1),包含 4 项无动机的测量。BREQ-2 采用 0—4 的 5 级 Likert 量表,从 0—4 表示完全不符合到完全符合。总之,锻炼行为调节问卷在深度和广度上都具有可观性,而且与有机整合理论相一致。

表 4 - 1　锻炼行为调节问卷（样题）

		完全不符合——→完全符合				
1	我会运动,是因为别人认为我应该运动	0	1	2	3	4
2	我不运动时会有罪恶感	0	1	2	3	4
3	我重视运动带来的益处	0	1	2	3	4
4	我运动是因为运动很有趣	0	1	2	3	4
5	我不认为我应该要运动	0	1	2	3	4
6	我去运动,是因为我的朋友、家人、伴侣说我应该要运动	0	1	2	3	4
7	当我缺席了一次运动,我会感到羞愧	0	1	2	3	4
8	对我而言规律运动是很重要的	0	1	2	3	4
9	我实在不认为为什么要运动	0	1	2	3	4
10	我非常喜欢我的运动	0	1	2	3	4
11	我去运动,是因为如果我不运动,别人会感到不高兴	0	1	2	3	4
12	我不觉得运动有什么重要性	0	1	2	3	4
13	当一段时间没运动,我会觉得自己像个失败的人	0	1	2	3	4
14	我认为努力地维持规律运动是很重要的	0	1	2	3	4
15	我觉得运动是个充满乐趣的事情	0	1	2	3	4
16	我感受到来自朋友或家人的压力,促使我去运动	0	1	2	3	4
17	我如果不规律运动会感到烦躁不安	0	1	2	3	4
18	我从参与运动中,获得快乐和满足	0	1	2	3	4
19	我认为运动时浪费时间的行为	0	1	2	3	4

三、身体活动动机测量

身体活动动机量表（Motives for Physical Activities Measure — Revised，MPAM - R）的理论来源是自我决定理论和认知评价理论。该量表共有 30 个题目,包括乐趣动机、能力动机、外貌动机、健康动机和社交动机。乐趣动机指参加身体锻炼活动是因为觉得它有趣、好玩、刺激,可以使自己感到快乐;能力动机指参加身体锻炼活动是因为希望获得新的技能和对自己能力的提高;外貌动机指参加身体锻炼活动是为了控制体重、改善体型和外表;健康动机指参加身体锻炼活动是为了促进身体健康、获得强健的体魄和旺盛的精力;社交动机指参加身体锻炼活动是为了和朋友相处或结交新朋友。量表采用李克特 7 级量度,从"没有这种动机和想法"到"这种动机非常强烈"。近年来,该量表已经被翻译成多种语言并有效地投入实施。国外许多锻炼动机的研究都采用了该量表作为测量工具,研究结果证明该量表具有较好的信度和效度。经过不断研究,我国学者发现身体活动动机量表中文版是较好的运动动机预测工具,值得推广使用。目前该量表已被广泛应用在体育锻炼行为的研究之中，足以证明它的可操作性和适切性。

第四节　锻炼动机与锻炼坚持性

锻炼动机是推动个体进行锻炼的心理动因和内部动力，它直接决定参与体育锻炼的目的、强度、频率和效果。锻炼坚持性是指个体长期坚持锻炼的时间，即个体连续每周至少锻炼一次的持续时间。锻炼使人获得身心效益的同时也会产生社会效益，这些效益一般出现在经常参加锻炼的个体身上。只有个体长期地进行有规律的锻炼，才会获得锻炼所带来的效益。锻炼动机与锻炼坚持性之间存在一定的关系，在锻炼过程中，个体所付出的努力程度或坚持性是锻炼动机强度的体现，当个体拥有的锻炼动机越强时，其锻炼的坚持性也就越好，对个体的身心健康也就越有利。

一、参加体育锻炼的动机

日常生活中，有很多人习惯于静坐，不愿进行身体锻炼，而有些人只是偶尔锻炼，并没有获得锻炼产生的各种积极的生理心理效应。显然这类人群的锻炼动机还没有达到一定的强度，不能够激发他们参加锻炼。那么，对于参加锻炼的人群而言，激起他们积极参加锻炼的原因是什么呢？

（一）参加体育锻炼的原因

1. 控制体重

根据世界卫生组织提供的数据，中国成年人超重和肥胖的比例从 2002 年的 25％上升到 2010 年的 38.5％。其中城市居民占多数。截止到 2015 年中国大约有 50％—57％的人口超重。对于超重人群，人们更多的会想到要控制体重，而对于控制体重，很多人都会直接考虑到节食。虽然节食可以帮助人们控制体重，但锻炼的效果往往更佳。如果能量摄入和以往保持一样，每周至少 3 次，每次至少 30 分钟，持续 1 年的锻炼活动更有助于控制体重。

2. 增强体质，降低患病风险

体育锻炼对身体健康的促进作用主要是通过身体运动这一手段来实现的。习惯性参加体育锻炼可以有效增强锻炼者自身的体质，降低慢性疾病发病的风险。研究结果一致表明，定期参加体育锻炼有益于降低某些疾病发生的可能性，如高血压、冠心病、骨质疏松和中风等，总体上可以降低死亡率，延长寿命。尽管目前我们还不知道获得这些健康益处的确切锻炼量，但可以确定的是锻炼对降低我们患病的可能性或病情的严重性发挥着积极作用。

3. 提高主观幸福感，降低抑郁

参加体育锻炼可以提高个体主观幸福感以及生活质量。有研究指出习惯性参加体育锻炼与焦虑、抑郁的改善存在相关关系。目前，遭受焦虑和抑郁困扰的人口比例呈显著上升趋势，经研究锻炼是可以有效地缓解焦虑和抑郁症状的方法之一。目前，锻炼心理学界

有许多横向、纵向及追踪研究结果表明,体育锻炼具有预防抑郁的效果,且不存在年龄或性别上的差异。换句话说,与积极参与锻炼的人群相比,不锻炼或偶尔锻炼的人群患上抑郁症的风险可能性更大。

4. 提高自尊和自我概念

个体自尊和自我概念的提高是锻炼所产生的积极心理效应之一。从公众健康的角度来看,自尊的提高是锻炼对心理健康能产生积极影响最有力的证明。自尊和自我概念的提高对心理健康非常重要,因为它们代表着人们的价值感,并且通常被认为是个体心理调整的指示器。当个体的身体能力增长时,身体自尊和自我感知也会出现相应的增长(Fox,2000)。此外,许多经常锻炼的人慢慢会觉得自己变得比以往更自信了,这也是自尊发展的一个组成部分。还有许多人将体重与自尊联系起来,可以看出锻炼是超重或肥胖人群保持一个相对理想体型的途径之一,也是提高他们自尊和自我概念的主要方式。

5. 增进社会化

随着社会节奏的加快,人们投入到网络和其他交流工具上的时间越来越多,这就造成了和家人朋友呆在一起的时间越来越少。参加锻炼可以拓展人脉,增加与人交流的机会,也可以为个体接触新人提供一个通道,并能促进个体间发展友情。大多数人会选择集体锻炼,而非一个人独自锻炼,和同伴一起锻炼不仅会增加个体的锻炼乐趣,更重要的是个体能在锻炼中获得社会支持,进而可以提高个体的锻炼承诺。

(二)影响锻炼动机的因素

1. 人口统计学因素

在锻炼动机的影响因素中,年龄因素呈现出明显的差异。张满银(2003)研究表明,25—44 岁阶段的锻炼动机水平较高,44 岁以上人群的锻炼动机又高于 44 岁以下的人群。此外,老年人的锻炼动机还表现为,随着年龄的增长,其在体育锻炼中表现出的交往动机逐渐下降(汤晓玲,2000)。

从参与体育锻炼的性别方面来看,男性个体的锻炼动机与女性个体存在较大的差异。男性个体在体育锻炼中更多的是追求挑战和社会赏识等方面的锻炼动机,而女性锻炼个体在体育锻炼中关注更多的是塑造外貌和保持身材等方面的动机。例如,江宇等(2002)在对女性锻炼动机评价中指出,女性的锻炼动机较为关注保持身形,相比之下,龚莉(2010)的研究表明,男性锻炼个体更加注重对肌肉线条的塑造。

在体育锻炼中,锻炼动机的强弱也与受教育程度密切相关。与本科教育水平相比,高知人群对体育锻炼的健身需求更为强烈,其积极参与体育锻炼的水平更高。同时,也有研究表明,与中等以下受教育程度人群相比,高知人群在体育锻炼中也表现出更高的心理健康和精神需求(龚高昌,2006)。

随着个人经济水平的不断提高,越来越多的人开始重视体育锻炼的健身及养生功效。从社会分工的角度来看,低收入人群主要扮演劳动强度较大的工作角色,例如服务员、搬运工、业务员、建筑工人、贫困地区务农者等,他们在日常生活中的绝大部分精力都用在维持生计方面,同时大强度的体力工作或繁重的工作任务使得他们没有精力再去考虑是否参加体育锻炼。相比而言,中等以上收入人群在社会分工中的角色更多的是教师、医生、公务员、明星、CEO等,他们的经济收入较高,不必为生计发愁,平时工作再忙,也愿意在闲暇的时间里去考虑自身健康问题。

此外,我们要特别指出的是,经济收入对体育锻炼动机的影响并不是局限于个体是否有能力支付健身费用,而是个体的收入水平决定他们是否有额外的精力去考虑自身的健康问题。

2. 环境因素

个体是否经常参与体育锻炼,与其家庭的锻炼氛围息息相关。在青少年的成长过程中,双亲的体育锻炼经历是影响他们参与体育活动的重要影响因素,例如 Taylor 等(1994)的研究指出,家长对孩子锻炼的鼓励与孩子实际的锻炼情况存在正相关关系。成年人锻炼动机的影响因素表现在配偶的支持上,配偶的支持将增强个体的锻炼动机水平,同时锻炼个体获得家庭人员的支持也是促进其参与体育锻炼的重要因素所在。

近些年,我国学生体质的不断下降已经成为一个不争的事实。对此,我国在 2007 年启动了"全国亿万学生阳光体育运动"工程,这意味着学校将成为调动学生动起来的主要场所。因此,学校的锻炼环境也将成为诱发学生锻炼动机的关键因素。研究表明,学校锻炼环境的好坏直接影响学生的锻炼动机。例如,学校领导对学生锻炼越重视,锻炼设施就越完善,体育课程内、外的锻炼内容就越丰富,学生的锻炼动机也就越高;相反,学生的锻炼动机就越差(塞晓彬,2008)。

"发展体育运动,增强人民体质"是毛泽东在 1952 年中华全国体育总会成立大会上的题词。此后,我国政府先后颁布了《全民健身计划纲要》和《全民健身计划》来调动全民参与体育锻炼的热情。近些年来,在各大城市的社区、公园或商业街道中,操作简单、方便实用的健身器材随处可见。这样的社会体育环境将对那些尚未形成锻炼动机的人们产生将起到潜移默化的作用。与此同时,来自朋友或同事的锻炼行为或体育锻炼相关的信息,也将影响个体的锻炼动机(冯守东,2003)。例如,一个人对足球很感兴趣,经常观看、讨论世界杯足球比赛,那么他可能就存在一种踢足球的动机。

3. 认知因素

人的行为动机来自个体对行为结果可能实现的价值和所要达到目标的预测,因此,在体育锻炼中,个体锻炼动机的强弱与其对锻炼效果的期望和以往锻炼经历的成败具有密切联系。例如,对于想通过体育锻炼达到减肥目的的个体而言,如果在其以往的减肥锻炼中经常遭受失败,那么以减肥为目标的体育锻炼就不能激发其锻炼动机。同时,对于学生而言,如果在体育锻炼中经常受到家长和老师的批评,以及同伴的嘲笑,那么其未来的锻炼动机也将受到严重的影响,甚至还会影响其对其他锻炼价值的判断。例如,对于正在进行篮球锻炼的学生而言,如果教师和家长以耽误文化课学习为理由批评学生,就有可能迫使他降低参与篮球锻炼的动机。如果在这种情况下,他又遭受来自篮球同伴的嘲笑,那么他就很有可能彻底失去参与篮球锻炼的动机,甚至有可能影响到今后参与其他锻炼项目的动机。

近些年,自我效能已成为体育锻炼领域的热点话题,越来越多的学者逐渐认识到,自我效能也是激发个体是否参与体育锻炼的关键因素。个体之所以选择体育锻炼是建立在对自我运动能力信念的认知基础上的,例如,如果个体相信自己有能力完成体育锻炼,并能够获得既定的锻炼效果,那么他就会在参与体育锻炼之前激励自己,并将对自己的锻炼行为进行干预,以获得既定的锻炼效果。此外,McAuley 等(1995)也认为,自我效能能够激发个体参与体育锻炼的动机,即在激发个体锻炼动机之前存在许多障碍,如果其不能通过自我认知克服障碍的话,那么他也将失去参与体育锻炼的兴趣。例如,对于部分退休后的老年锻炼者而言,高血脂、动脉粥样硬化、高血压等病症将成为影响其参与体育锻炼的阻碍,但如果他们不能将体育锻炼与上述病症的关系进行正确的认知,那么其锻炼动机将不会得到激发。

4. 其他因素

除了以上三种因素以外,人格对锻炼动机也有一定的影响,其中印象管理和社会性体格焦虑在锻炼心理学研究领域中研究较多。印象管理是指在真实或想象的观众面前试图控制自己的形象,给他人留下良好印象的过程(Leary,1995;Schlenker,1980)。在体育锻炼情境中,印象管理动机对人们的锻炼行为具有启动和制止作用。例如,当锻炼者强烈地产生了想给他人留下一个自己的身材富有吸引力印象的愿望时,他就会选择并参加各种可能塑造形体的体育锻炼活动;反之则会选择回避锻炼情境。社会体格焦虑是指个体过分担忧他人对自己体格的评价。活动行为与社会体格焦虑之间存在负相关。例如,肥胖者具有更低的锻炼动机,而且更容易从锻炼中退出。

二、体育锻炼的坚持性

体育锻炼坚持性通常被定义为“出席锻炼的百分比”。也有人认为锻炼坚持性是达到某项预先定好的标准,如对锻炼方案的执行程度达到 70% 就算是坚持者,否则就被认为是中途退出者。在锻炼者参与体育锻炼的过程中,中途退出是一种很常见的现象,对此研究者进行了深入的探讨。

(一) 坚持锻炼的原因

参加体育锻炼固然重要,但只有坚持体育锻炼的个体才能够体会到体育锻炼带来的效益,否则体育锻炼的价值就不复存在。史密斯以 207 位女中学生和 211 位男中学生为研究对象,探讨伙伴关系与体育锻炼坚持性之间的关系。研究结果发现,当青少年感觉在锻炼过程中有比较多的好伙伴时,对体育锻炼会产生较多的积极情感,身体的自我价值感也会有所提高。因此,研究者认为伙伴关系对青少年儿童的体育锻炼坚持性有很重要的影响,良好的伙伴关系能促使青少年儿童坚持参与体育锻炼。蒋碧艳等人对上海市中学生体育锻炼与心理健康的关系进行了考察,研究发现,如果能从体育锻炼中体会到交友、释放竞争欲、满足好奇心等乐趣,参加锻炼的青少年儿童会更加自觉、投入地坚持锻炼。

王佳(2007)指出个人对体育的兴趣和爱好是推动体育锻炼得以进行并得以维持的重要环节。在那能够坚持参加体育锻炼的外部条件中,居民的余暇时间、锻炼的场地设施和简单易学的锻炼项目是锻炼者坚持体育锻炼首选的三个因素。吴健、陈善平(2008)指出影响大学生坚持体育锻炼的因素有运动承诺、社会支持、锻炼条件、锻炼动机、自我效能、锻炼效果、个性特征、运动风险、运动能力、锻炼氛围和制度约束。在实际锻炼过程中要整合这些要素,有利于更系统地了解当前大学生锻炼坚持行为。李强等(2015)从推拉理论视角对中老年人群体育锻炼动力机制进行剖析,结果显示:中老年人坚持体育锻炼的因素包括环境吸引力和社会支持力等。

(二) 中断锻炼的原因

尽管有大量研究指出锻炼能产生多种生理、心理和社会效益,但从统计数据来看,仍然有很多人没有坚持锻炼,并提出了很多种中断锻炼的理由。青少年中途退出运动的一个重要原因可能是由于年龄和社会文化的影响。儿童时期,他们会有很多机会被组织起来进行体育锻炼。随着年龄的增长,他们对体育锻炼的选择将会下降。这期间,由于学业压力、兴趣转移、体育课成为选修课等原因都可能导致青少年儿童体育锻炼坚持性的降低。而对于女生来说,随着年龄的增长,女性特质的增强往往与其社会化过程相连,她们会接受一些社会习俗的常规教育,认为激烈的体育活动与女生的特点不相符合,这种观念可能会导致女生参与体育活动的几率降低。

很多人在对体育锻炼产生兴趣以后想参与到其中,但由于个人体育运动能力比较低下,不会从事某个体育锻炼项目或者不善于安排体育锻炼量度,这时就会造成一种沮丧感,因缺乏成就感而停滞不前。例如,威斯等人研究指出,青少年运动参与者和退出者最大的区别在于胜任动机的差异。当青少年觉得自己学习和表现运动技能的能力较差时,就会中途退出或放弃该项运动,而坚持继续参加者则觉得自己可以胜任该项运动,完成运动技能的能力比较高。

锻炼场地、器材等设施的长期缺乏、锻炼场地条件差等是中断锻炼的另一个重要原因。沈文艳(2011)在大学生体育锻炼坚持性的影响因素及对策研究中指出,场地设施完备对大学生体育锻炼坚持性存在较大的积极影响;体育锻炼坚持性不太好的大学生中,主观方面缺乏兴趣和周围锻炼氛围不浓、课业或兼职繁重、场地设施不便、缺乏指导等客观因素对大学生体育锻炼坚持性存在较大的消极影响。

此外,环境的污染造成锻炼环境的恶化、长期工作时间的不稳定、余暇时间的不充分、家庭负担过重经济过于窘迫、社会支持、锻炼自我效能、锻炼效果、个性特征等也是中断个体坚持锻炼的因素。

第五节　锻炼动机的培养与激发

久坐的生活方式已成为影响人们身心健康的世界性的公共卫生和社会问题。虽然人们已经意识到经常参加中等强度的体育锻炼具有"强心健体"的功效,但事实上,不到疾病缠身之前,很少有人会积极主动地参与体育锻炼。行为学的观点认为,体育锻炼是人的一种内在需要行为,这种行为是在个体锻炼动机的激发下所产生的。同时,锻炼动机的强弱将直接决定个体是否自觉进行体育锻炼。因此,通过培养与激发锻炼动机将有助于我们积极地参与体育锻炼。

一、增强锻炼动机的策略

（一）明确锻炼目标

明确"生命在于运动"的科学理念，树立正确的锻炼目标，是培养锻炼动机的前提。锻炼目标越明确、越深刻，动机就越强烈，越能够激发人们的内在潜质，用实际行动去达到锻炼目标。每个人参加体育锻炼的具体目标是不尽相同的，而不同的目标，对锻炼内容、方法的选择和运动负荷的安排也有不同的要求和做法。因此，在进行锻炼之前，我们首先要明确自己的锻炼目标，确定出一个切合实际的锻炼目标，这样可以克服锻炼的盲目性，把体育锻炼当作是日常学习和生活的自觉需要，激发锻炼的主动性，从而调动锻炼的积极性。

知识窗 4 - 3

健身房锻炼要有明确的目标

各位爱健身的朋友们，在健身房，你的目标是什么？想必很多人锻炼的目标多数是享受一下酣畅淋漓的运动。在健身房锻炼的三个目标应该明确，那就是减少脂肪，提高力量，同时增加肌肉。

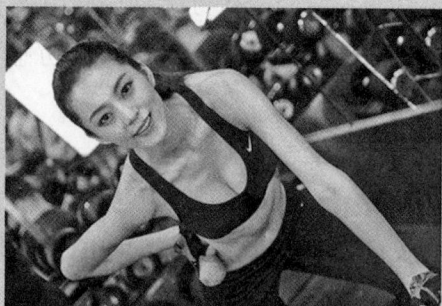

1. 减少脂肪：关键是轻负荷，大数量

锻炼时的标准是做起来很轻松，可以做很多次，一般要求至少能做 20 次以上。每次锻炼要做 3 组至 5 组。（注意：力量也不能太小，如果能做到 50 次以上，那就太轻了，是达不到效果的）减肥是健美训练里面最辛苦的。

2. 提高力量：关键是大负荷，少数量

力量训练与减肥刚好相反，它要求你将力量增大，通过健身器材的增加力量的标准是你用尽全身的力气也只能完成 1—2 次。每次锻炼要做 2 组至 3 组。（注意：为防止受伤，也不要太勉强）

3. 增加肌肉：关键是适量的负荷与数量

很多人以为有了肌肉，力量一定大。这虽然有一定的关系，但并不成正比，最明显的例子是举重运动员的力量一定超过健美运动员，但肌肉看起来一定不如后者。练肌肉的力量调整介于上述两者之间，标准是你只能完成 8—12 次，再做就做不动了，那就对了。每次锻炼要做 3 至 4 组。

资料来源：健身房锻炼要有明确的目标[OL].（2013 - 9 - 30)[2016 - 4 - 23]. http://www.totalfitness. com.cn/index.php? ac=article&at=read&did=4772.

（二）激发个体锻炼兴趣

锻炼兴趣是人们积极地参与体育锻炼的一种心理倾向,是激发个体锻炼动机的核心动力。人们的锻炼兴趣一旦被激发,他就会主动地对体育锻炼相关的信息表现出特别的关注,并会积极地投身于体育锻炼中。例如,对足球运动感兴趣的个体,总是会关注足球比赛、足球明星、足球服装等与足球相关的信息,并且在观看足球比赛时表现的热血沸腾,犹如身临其境。由此可见,对个体锻炼兴趣的激发会使其优先指向某项运动,并以一种渴望和愉快的心情参与到体育锻炼中。

（三）树立锻炼信心

信心是可以反映个体对自己是否有能力成功地完成某项活动的信任程度的心理特性,它是锻炼动机的重要保证。俗话说,自信心是成功的一半,积极的自信心可以促进体育锻炼的参与,增强锻炼的动机。心理学家威廉·詹姆士发现,一个没有受到激励的人,仅能发挥其能力的 $20\%—30\%$；而在他受到激励时,其能力可以发挥到 $80\%—90\%$,甚至达到极致。成功的过程是一个不断激励的过程,所以说,自信心的力量是无穷的。所以要鼓励锻炼者正确认识自己,积极参与到体育锻炼中去,提高自我锻炼的能力,体验锻炼成功感,不断增强自信心,享受到体育锻炼带来的快乐。

（四）寻找志同道合的伙伴

在社会生活中,人总是很容易受到他人的影响,而且这种影响也是个体难以改变的一个明显障碍。所以,在体育锻炼中,锻炼伙伴选得不准,搭配不妥,不仅身体效应大打折扣,而且还会影响思想和情绪。相反,如果锻炼伙伴选得巧妙、配合默契、互相激励,每次锻炼结束,都会使人身心受益,收到事半功倍的锻炼效果。因此,在体育锻炼中首先要选择个人修养较好的锻炼伙伴,这样可以防止在锻炼过程中发生不必要的冲突；其次选择有共同爱好的伙伴,不仅锻炼时是朋友,生活中也可以相互拜访,增加生活乐趣,可谓锦上添花；另外,选择与自己健康水平相似的伙伴,以便选择合适的锻炼强度、锻炼时间进行有效锻炼,帮助我们坚持锻炼。

（五）积极寻求锻炼指导员的帮助

在体育锻炼中,锻炼指导员的支持、指导和激励可有效增强个体的锻炼动机。首先,锻炼指导员和参与者订立契约是一种维持并提高个体锻炼动机的有效方法。其次,锻炼指导员的专业指导对参与者的锻炼有着明确的引导作用,语言指导和动作示范可直接为参与者提供锻炼帮助,提高参与者的身体素质和锻炼意识,使参与者能够在正确的指导下进行身体锻炼,以达到锻炼目标。另外,锻炼指导员的反馈和激励是促进参与者积极锻炼和坚持锻炼的重要因素。通过反馈可有效的帮助个体了解锻炼情况,并且给予一定的激励,帮助个体提升锻炼自信心和锻炼动机。如锻炼指导员可通过"好！继续！加油！坚持就是胜利"等口号使参与者更加自信,并且坚持下去。

（六）培养至少一项特长

在日常生活中很多人因为缺少一项运动特长，都不知道该怎样去运动，以致于常常在运动中饱受失败的困扰，进而影响个体的锻炼动机。长此以往，人们会觉得在体育锻炼中找不到任何乐趣，甚至从心底对体育运动有一种自卑感。缺乏运动特长使个体在体育锻炼的人际互动中失效，个体不但不能从中获得自我身份认同，反而干扰了其过去已有的自我意识，产生自卑和不信任自我的现象，导致个体安全感丧失，从而对体育锻炼产生恐惧和逃避心理。因此，我们应该培养在体育项目中的一技之长，注重锻炼中的乐趣，使个体能够在体育锻炼中感受到自信和快乐。

本章小结

动机是一个十分广泛且复杂的心理现象，人的各种行为都与动机有关。锻炼动机是指推动个体参与体育锻炼的内部心理动因。锻炼动机具有动力性、方向性和隐蔽性等特征。当前锻炼动机的主要理论有动机的人本论、成就动机理论、认知评价理论、自我决定理论和自我效能理论等。目前锻炼动机的常用测量工具有锻炼动机量表、锻炼行为调节问卷、身体活动动机测量量表、锻炼动机问卷等。同时，我们还需要关注影响锻炼动机的因素，个体参与并坚持锻炼的原因，以及激发个体锻炼动机的策略等，通过对影响因素的了解及策略的掌握，使个体更加积极主动地参与并坚持体育锻炼。

思考、理解、探究

1. 锻炼动机的概念、特征与分类？

2. 锻炼动机的主要理论有哪些？

3. 影响锻炼动机的因素有哪些以及如何提高锻炼动机？

讨论问题

1. 在现实生活中，不同人群参与锻炼的动机往往并不一致，和你的同学谈谈不同职业、年龄、性别的人群参与锻炼的动机都有哪些？

2. 如果一名退休教师请你为他设计一份锻炼处方，在设计锻炼处方时，你考虑如何激发这位退休教师的锻炼动机？

推荐阅读文献

1. 毛志雄，张力为.锻炼动机研究综述［J］.北京体育大学学报,1997,20(2).

2. 刘淑慧,任未多,张力为,王惠民,李京诚.体育运动中动机的目标定向结构理论研究[J].哈尔滨体育学院学报,1995,44(13).

3. 陈善平.基于运动承诺视角的大学生锻炼坚持机制研究[J].体育科学,2006,12(26):48-55.

4. 王佳.城市居民体育锻炼坚持性影响因素的调查研究[D].武汉:武汉体育学院,2007.

第五章 锻炼与积极体验

本章学习要点

◎ 掌握积极体验概念

◎ 了解积极体验的表现及测量方法

◎ 了解体育锻炼产生的积极情绪体验

◎ 了解锻炼依赖对参与者的影响

关键概念

积极体验　高峰体验　流畅体验　跑步者高潮　锻炼依赖

积极体验是人对外界刺激所作出的一种心理反应,常常以情绪的方式表现出来。在日常生活中,人们总是会处于某种情绪状态中,积极的情绪能让人觉得舒适。积极体验不仅是一种主观的心理体验,也是个体对客观事物的反映,来自客观世界的刺激越丰富,引起的情绪体验就越复杂。体育活动本身蕴藏着很多对人的各种刺激,如克服困难、竞争、冒险、把握机会、追求成功等。因此,学会选择适宜的体育锻炼活动,掌握恰当的体育锻炼方法将有助于我们获得锻炼产生的积极体验。

案例 5 - 1

尼克和斯蒂芬妮都已经 40 岁了,他们有两个孩子,一个 11 岁,一个 13 岁,他们都很喜欢参加学校的体育活动。尼克和斯蒂芬妮发现他们一直忙于工作,要照顾孩子,陪他们做游戏,要参加社交活动,还要忙于各种家庭琐事,根本没有时间来顾及他们自己。这样一天下来,他们都感到要崩溃,而且他们经常睡得比计划的要晚,然后早上疲倦的醒来,又开始紧张、忙碌的一天。

这种生活持续了很长一段时间,直到有一天斯蒂芬妮偶然在当地书店看到一本书引起了她的注意。这本书主要讲了情绪与饮食和锻炼之间的关系。斯蒂芬妮觉得这本书很有趣,所以就买了一本回家,只要一有机会她就会拿出来看。令她惊讶的是,她读了以后很难再把它放下来,主要是因为书里介绍的东西引起了她的共鸣,尤其是关于处理锻炼对于能力的影响以及情绪改善方面的那部分。

就这样,斯蒂芬妮制定了一个计划:她和尼克每天早上会比之前早起 45 分钟,带着他们的金毛猎犬在家附近走30分钟。这样可以完成两个主要的目标，一是她和尼克可以在每一天的开始都和彼此在一起待一段时间，谈论一下当日的安排，在没有孩子和电话打扰下随意地聊一聊；此外这也是他们必要的锻炼时间。尼克和斯蒂芬妮经历了一段时间来习惯这样早起的生活，而且没过多久他们就发现自己会非常期待晨练的到来。晨练让他们感觉自己的一天都充满了活力，压力也减少了，这使他们的日常活动变得更加轻松容易，睡眠质量也得到了提高，感觉身边的一切都那么美好。尼克和斯蒂芬妮惊叹体育锻炼给他们带来的一切，不仅使他们精力充沛，也改善了他们的情绪状态，提高了他们的生活质量。

第一节　积极体验概述

一、积极体验概念

积极体验又称为积极情绪体验，有的心理学者认为积极就是一种自我愉悦的特性，一种具有正向积极价值的情绪。而有的心理学家则认为积极情绪能激发人产生接近积极行为或行为倾向的一种情绪，不一定都具有正向价值。现在大多数心理学研究的共同趋势，即所有能激发个体产生接近积极行为或具备积极行为倾向的情绪体验都称之为积极情绪体验。在锻炼心理学领域积极情绪体验研究主要表现在心境状态和激情方面。

（一）心境状态

心境状态是情绪或情感的唤醒状态，是具有感染力的微弱而持久的情绪状态。心境作为一种主观心理状态，是一种复杂的个体主观体验，不同类型的心境状态对个体的态度和行为具有不同的影响。关于体育锻炼与心境状态的研究，主要包括锻炼前后心境状态的变化，锻炼对心境状态改善的即刻效应以及长期效应，锻炼对不同年龄阶段人群心境状态的影响以及心境状态测量工具的研制与开发。在心境的二维模型中（见图5-1），情绪维度和身体活动有着高度的相关，大多数的体育活动都增加了不同生理系统的唤醒水平。

体育锻炼对锻炼前后心境状态具有积极的影响。有研究表明，持续4—10分钟的散步可以增加个体的能量感、降低紧张感，在进行中小强度的身体活动后，个体的积极情感与锻炼之前相比呈上升趋势。体育锻炼对心境状态的改善，不仅表现在锻炼前后的短时情绪效应，长期而有规律的体育锻炼，还可以产生改善心境状态的长期效应。在现有研究中，探讨体育锻炼改善心境状态的长期效应，其锻炼的持续时间一般是4周、8周、半年或者更长的时间。同时，体育锻炼不仅对具有情绪困扰的人群具有改善作用，对普通正常人群也具有积极的正向调节作用，研究主要集中为锻炼对大学生、老年人等群体的心境改善作用，并取得了较多研究成果。刘洋（2015）采用实验法、问卷调查法和访谈法探讨太极拳柔力球运动对老年人睡眠质量、心境状态、生活满意感等的影响，结果发现，通过18周的

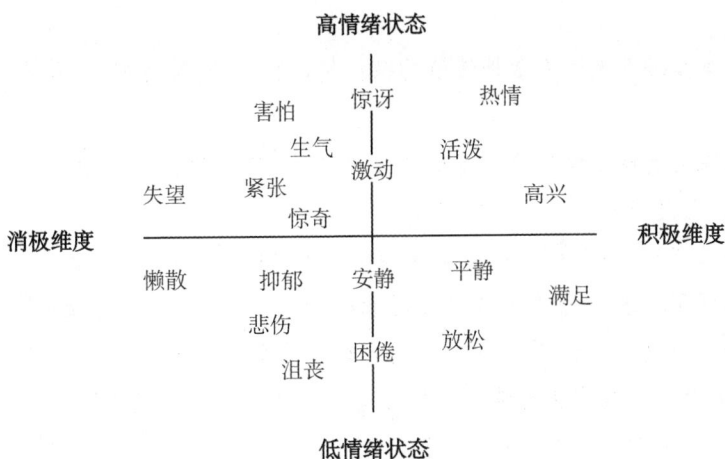

高情绪状态

害怕　　惊讶　　　热情
　　生气　　　　活泼
失望　紧张　激动
　　　惊奇　　　　高兴

消极维度　　　　　　　　　　　积极维度

懒散　抑郁　安静　平静
悲伤　　　　　　　满足
　　　困倦　放松
　沮丧

低情绪状态

图5-1　心境二维模型

太极拳柔力球锻炼后,老年人睡眠质量明显提高,心境状态明显改善,紧张、愤怒、疲劳、抑郁、慌乱等负向情绪得到缓解,精力、自我情绪等正面情绪得到提升,同时生活满意感也得到显著提高。

案例5-2

有氧健康舞改善锻炼者心境状态效能的研究

研究目的:探讨有氧健康舞与锻炼者心境状态改善之间的关系。

研究方法:在健身会所选取42名初次练习有氧健康舞并自愿参加心理测试者作为研究对象,另外匹配了40名不参加任何身体锻炼者作为对照组。

测量工具:使用《简式心境状态量表》作为测量工具,以检验3个月的有氧健康舞的健心效应。

研究设计:采用双组前后测设计,即首先将研究对象分为实验组和对照组,实验组进行为期3个月的有氧健康舞练习,对照组不进行任何身体练习。分别于实验开始前、开始后6周(1.5个月)以及开始后12周(3个月)对两个组同时进行POMS测验。

数据处理:将实验组和对照组每个被试个人的3次测验得分转换为标准分数,然后使用有重复测量的单因素方差分析方法,分别比较3个测验时间点上,实验组同对照组之间POMS各分量表以及消极情绪状态总评价的标准分变化的趋势。被试以匿名方式填答POMS量表,全部数据处理使用SPSS作为统计工具。

研究结果:

(1)锻炼组紧张情绪、愤怒情绪、慌乱情绪减缓的幅度并不大,但有氧健康舞对于紧张焦虑、愤怒、慌乱情绪的缓解作用,还是得到了一定的体现。

（2）有氧健康舞无法有效地缓解抑郁情绪，对于提高精力感、自尊感也没有显著的效果。

（3）锻炼组消极心境总分下降的幅度并不大，但有氧健康舞对于消极心境总分的缓解作用，还是得到了一定的体现。

研究结论与建议：3个月的有氧健康舞锻炼，对于改善健康人的心境状态，具有一定的积极作用。表现为相对减缓练习者的紧张、愤怒和慌乱情绪，降低他们的消极心境总分。但这一锻炼项目在短期之内未能有效地减轻锻炼者的疲劳感和抑郁情绪，也无助于增加锻炼者的精力感和自尊感。建议在向公众推广有氧健康舞的同时，对其心理健康效益做进一步的研究。

资料来源：毛志雄，伦藻妮.有氧健康舞改善锻炼者心境状态效能的研究[J].山西大学学报（哲学社会科学版），2009，6：112-117.

（二）激情

激情是一种爆发强烈而持续时间短暂的情绪状态。人们在生活中的狂喜、狂怒、深重的悲痛和异常的恐惧等都是激情的表现。和心境相比，激情在强度上更大，但维持的时间一般较短暂。激情具有爆发性和冲动性，同时伴随有明显的身体变化和行为表现。当激情到来的时候，大量心理能量在短时间内积聚而出，如疾风骤雨，使得当事人失去了对自己行为的控制力。例如《儒林外史》中的范进听到自己中了举人的消息，狂喜之下竟然意识混乱、手舞足蹈、疯疯癫癫。有些人在暴怒之下双目圆睁、咬牙切齿，甚至拳脚相加。有些人在激情宣泄之后，又很快平息下来，甚至出现精力衰竭的状态。

体育锻炼可以激发人的激情，使人情绪高涨，提高个体的自信心和积极性。对个体身心健康来说，激情是宣泄情感的重要渠道。当个体在情感上遇到问题时，通过适当合理的体育锻炼，可以有效的缓解情绪，降低压力，使个体处于相对稳定的状态，从而可以减少因情感问题而导致的一些问题的发生。贺丽娜（2013）指出在健美操练习中，不同的动作和风格配上适宜的音乐，节奏鲜明、情绪激奋的音乐，能够振奋练习者的精神，产生跃跃欲试的动感和美感，同时运动伴随着血流量和吸氧量的增加，对中枢神经系统有良好的刺激，从而对人的情绪产生积极的影响。

二、积极体验的测量

在锻炼心理学研究中，对于积极体验的测量，研究者常采用的测量工具有生理仪器和问卷量表。在锻炼心理领域内研究者经常使用的量表，主要包括：

（一）BFS心境量表：BFS量表最初由德国学者Abele和Brehm于1984年研制，修订后的量表于1986年问世并使用至今。Abele和Brehm（1984，1985）认为心境状态可以分为评价性（良好/愉快和恶劣/不快）和激活性（积极/和消极）两个维度，不同的心境可定位于由这2个维度构成的直角坐标系中,而心境的心理变化过程可以用心境的动力平衡模型来描述。该量表包括8个分量表,分别为活跃性量表、愉悦性量表、思虑性量表、平静性量表、愤怒性量表、激动性量表、抑郁性量表和无活力性量表。黄志剑(1997)以大学生为被试,对中文版的BFS心境量表进行了修订,表明该量表具有良好的信度、效度。

表5-1　BFS心境量表(样题)

	一点也不	有一点	中等	较多	完全如此
1. 压抑的	1	2	3	4	5
2. 心神不定的	1	2	3	4	5
3. 无忧无虑的	1	2	3	4	5
4. 深思的	1	2	3	4	5
5. 生气勃勃的	1	2	3	4	5
6. 消极被动的	1	2	3	4	5
7. 闷闷不乐的	1	2	3	4	5
8. 松弛的	1	2	3	4	5

资料来源:张力为,毛志雄.体育科学常用心理量表评定手册[M].北京:北京体育大学出版社,2009.

(二)心境状态量表(POMS):心境状态量表是由美国学者McNair、Lorr和Droppleman于1971编制的一种心境状态自评量表。它包括紧张、愤怒、抑郁、精力、疲劳和慌张6个分量表,该量表最初是为心理疾病患者设计的,后来发现也可以有效地测量正常人的心理状态。1992年Grove和Prapavessis对POMS进行了优化和完善,增加了"自尊心"分量表。1995年祝蓓里教授对简式POMS进行了修订并建立了中国常模,并指出POMS问卷是测量情绪状态的有效工具。

表5-2　心境状态量表(样题)

请根据下列单词表达您在上一周(包括今天)的感受。对每一个形容词只能在五种选择中选出一项最符合您的实际情况感受,并在相应的小方块内打"√"。

	几乎没有	有一点	适中	相当多	非常地
1. 紧张的	□	□	□	□	□
2. 生气的	□	□	□	□	□
3. 无精打采的	□	□	□	□	□
4. 不快活的	□	□	□	□	□
5. 轻松愉快的	□	□	□	□	□
6. 慌乱的	□	□	□	□	□
7. 为难地	□	□	□	□	□

	几乎没有	有一点	适中	相当多	非常地
8. 自信的	☐	☐	☐	☐	☐
9. 有能力感的	☐	☐	☐	☐	☐
10. 满意的	☐	☐	☐	☐	☐
11. 自豪的	☐	☐	☐	☐	☐

资料来源：张力为,毛志雄.体育科学常用心理量表评定手册[M].北京：北京体育大学出版社,2009.

（三）主观锻炼体验量表（SEES）：主观锻炼体验量表最初是由 McAuley 和 Courneya (1994)修订而成。共有 12 个条目组成,是测量被测者在锻炼后对于量表中每种情绪体验到的程度。该量表分为 3 个分量表：第 1 个是积极幸福感,其描述的是个体的积极感觉或理想状态程度；第 2 个是心理应激,描述的是个体感觉不舒适或气馁程度；第 3 个分量表是疲劳,其描述的是个体感觉劳累或筋疲力尽程度。

表 5-3　主观锻炼体验量表（样题）

	非常不符合——→非常符合						
1. 我感到伟大	1	2	3	4	5	6	7
2. 我感到糟糕	1	2	3	4	5	6	7
3. 我感到耗尽了	1	2	3	4	5	6	7
4. 我感到积极向上	1	2	3	4	5	6	7
5. 我感到不愉快	1	2	3	4	5	6	7
6. 我感到疲惫	1	2	3	4	5	6	7
7. 我感到强壮	1	2	3	4	5	6	7
8. 我感到沮丧	1	2	3	4	5	6	7
9. 我感到疲乏	1	2	3	4	5	6	7
10. 我感到非常棒	1	2	3	4	5	6	7
11. 我感到痛苦	1	2	3	4	5	6	7
12. 我感到累	1	2	3	4	5	6	7

资料来源：张力为,毛志雄.体育科学常用心理量表评定手册[M].北京：北京体育大学出版社,2009.

第二节　锻炼产生的积极体验

一、高峰体验

"高峰体验论"是马斯洛人本主义心理学中最具特色的部分,而且是自我实现的重要途径。它与马斯洛心理学体系中的另外两大概念体系——"需要层次系统"和"自我实现"

有着十分密切的联系。马斯洛认为,高峰体验是一种近乎神秘的体验,是人在进入自我实现和自我超越状态时所感受到的一种豁达与极乐的瞬间体验。

在体育锻炼中,当锻炼者成功地完成某项锻炼任务,并在某次锻炼中产生这些特殊的情绪体验后,就会诱发积极的情绪体验和再次尝试的欲望,进而改善心理状态。王斌、马红宇(2002)对张健成功横渡渤海海峡进行访谈后发现,高峰体验呈现以下四个特征:希望倍增、心情愉悦、信念更加坚定、体验更舒适。同时对张健本人的意义主要表现为自信心的提高,对人的认识、对待生活的态度等都发生了积极性的变化。游茂林(2012)在基于珠峰火炬手口语报告的研究发现,珠峰火炬手在完成任务的2个阶段后产生了高峰体验,分别是登顶珠峰和完成火炬传递时集体庆祝。在峰顶集体庆祝时,珠峰火炬手团队胜利完成了一项举世瞩目的伟绩,多年的努力和付出终于获得成功,这份成功既包括个人任务的完成,还包括集体目标的实现,此时,团队成员一起产生了高峰体验,这种积极的情绪体验还催生了行为表达——喊、拥抱和祝贺。

案例 5 - 3

张健横渡渤海海峡时的积极体验

横渡渤海海峡是一种非常状态,需要有敢于向生理极限挑战的勇气,而且这种体验是一般人无法体会到的。我在初下水时,心态非常平静,还想尽快下去,一下水就做好了打持久战的准备,想在水里泡个10天、8天的。但是从下水到第2天早上8点,这24小时我感觉非常艰难,水流急,又加上呕吐等。第1天晚上九十点钟的样子,真的很难受,想吐没吐,头晕,跟人喝醉酒了一样,特别难受,想着这才刚开始,怕以后一直是这样,又吃不下东西,没能量,就肯定不行了,想上船。之后我心态开始逐渐好起来,一直到上岸,比第1天好多了。

第2天下午,游泳衣就开始磨了,身体感觉到火辣辣的疼痛,越来越疼。口腔里先是起红疮,泡久以后,舌头变厚变白,还长了有机物,吞咽都很困难,固体东西根本吃不下,只能吃液体东西。到夜里十分困乏,一开始还明白,游着游着就糊涂了,最严重的时候就已经睡着了,但手还在动,人家拼命吹哨又醒了,第1夜有一两次困劲就顶过去了。第2天夜里,睡觉次数更多,从凌晨一两点钟到三四点钟,这2小时之间时而糊涂时而明白,所以会不由自主地产生一种恐惧感,生怕晚上一时迷糊游丢了。而且在游泳的过程中会产生一种困惑,总感觉军舰带错路了,应该往那面走,但大队长让我相信他,说肯定没错,从下午两点钟看到这个岛,到晚上十一二点钟还在这儿转悠。于是我就准备往那边游,但渔船老压我,大队长仍然很动情地说让我相信他。游着游着走神了,想一些其他的事情,已经与游泳无关了,等思绪一拉回来,半个小时已经过去了⋯⋯

第3天早上，我看到太阳了，到6点钟，我已经能看到岸了，心情特别好，给吃的也不吃了，体力也不留了，一阵猛冲，水也越来越暖和，在水里呆着也不难受了，看到对岸的建筑都跟仙境似的，隐隐约约，心情非常好，高兴，兴奋，我感觉已经成功了。完成横渡的那一刻，我完全放松、解脱了，感觉明天不用再练了。

这一次的横渡经历，我收获了很多：首先，自信心有了很大的提高，以前做事信心不够，往往关键时刻掉链子，这次横渡后做任何事情都感觉自己能够完成。其次，对人能力的认识有所提高，人的能力虽然有所退化，但人的体能还是可以恢复的。最后，对待生活的态度也比以前更积极，我现在更注重生活的细节，享受生活带给我的快乐。

资料来源：王斌，马红宇，侯斌. 对张健成功横渡渤海海峡顶峰体验的研究[J]. 体育科学，2002，1：15—17.

二、流畅感体验

流畅感体验（Flow）是一种理想的内部体验状态，它来源于人们的生理需要或心理需要的满足。在这种体验状态中，人忘我地全身心投入到所从事的活动之中，从活动过程本身体验到乐趣和享受，并产生对活动过程的控制感（张力为等，2003）。当产生流畅感体验时，个体似乎表现出不惜一切代价地从事某项活动，并且完全是出于所从事的活动过程本身（Csikszentmihalyi，1991）。Jackson（1995）等人认为，流畅状态是一种积极的情绪体验，主要发生在锻炼者完全地投入到运动情境中，并且个人的能力能够胜任挑战时。这是优秀运动员欲求的状态，也是任何水平的锻炼参与者所追求的状态。

Csikszentimihalyi 在提出流畅感体验概念之后，又系统地构建了流畅感体验理论模型（Novak，1997），经过深入的研究，在2008年提出了流畅感体验的八通道模型。八通道模型把心理状态分为八种不同的心理状态（见图5-2），并用同心圆对它们各自的程度进

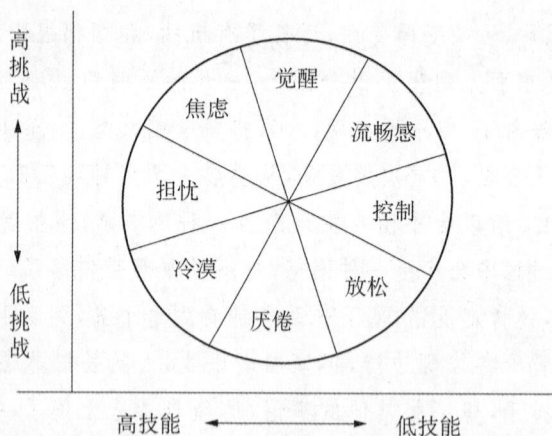

图5-2　流畅感体验的八通道模型

资料来源：Csikszentmihalyi，M.，Abuhamdeh，S.，& Jeanne，N. Flow. (2005).

锻炼心理学

行了区分。按照 Csikszentimihalyi 研究小组的最新观点，当外在挑战过高时，它有可能不会对个体造成焦虑，个体反而会出现一种无所谓的觉醒状态；同样当外在挑战只是稍大于个体的能力时，个体也可能不会产生焦虑，只是出现担忧等心理体验；当个体的能力远远高于他所面临的挑战时，个体能毫不费力地应对挑战，就可能不会产生厌烦体验，而是产生轻松感和控制感等心理体验。因此，八通道模型在某种程度上比三通道模型、四通道模型更科学，也更符合人的实际状况。

Privette 和 Bundrick(1987)的研究表明，体育运动是人们流畅感的主要来源，它是体育锻炼的心理健康效应达到最大值的一个重要因素。符明秋、王洪(2006)指出，对于大学生而言，愉快的体验本身就是一种内部奖励，通过流畅体验使运动锻炼成为驱动力，可以促进大学生参加体育锻炼。在体育锻炼过程中流畅感无处不在，人们在享受流畅感体验的同时，也不断使自身的运动美感得到了升华。L. M. Wankel 认为，锻炼的愉快感和流畅感将使身体锻炼产生更显著的积极效应，首先可能使参加者更容易坚持锻炼，从而使更多的参加者得到健康；其次，流畅感本身具有直接的健康效应，使参加者获得积极的心理健康状态和建立良好的体育运动美感。徐彩云(2015)指出，女大学生在不同技能体育活动中流畅体验的表现特征存在差异，女大学生在闭锁性技能体育活动中流畅感水平高于开放性技能，而且不同年龄女大学生在体育活动中的流畅体验特征也存在显著性差异。

知识窗 5-1

登山中的积极体验

我们来设想，你是一个徒步登山者，费尽千辛万苦，克服许多的艰难险阻，每一步都挣扎在生死边缘。开始的时候，你还有很好的现实感，知道山知道水，攀登中还会有幽默和笑语。慢慢地，躯体的痛苦、情绪的沉抑、心身的耗竭让你忘却了行为的意义，甚至怀疑攀登的价值和现实性，你的内心挤满了渴望与逃避、冒险与胆怯、放弃与坚持的双向冲突，知觉变得凝重而迟缓，现实感消隐，意识逐步的缩窄。再后来，你的思想似乎停滞，感觉麻木，忘了自己是谁，在做什么和为什么要做，只是机械地向上走。你的意识界沉静而虚无，只有心灵那一丝光亮，仍在坚持和闪耀着。终于，你到达了那高耸卓绝的山顶，按理说积压太长的期待会给你带来像爆炸一般的狂喜，但却没有发生。你似乎忘却了自我，忘却了存在，时间和空间消融在一起，没有边界，四周只有一片纯净的虚空，深邃而神秘。你甚至会有一瞬的迷茫，不知道你接下来要做什么？这时，一种像海潮般的愉悦和满足感从遥远的心灵深处释放、溢出、扩展，伴随着高峰上的洁净、安详、和谐席卷了你，你似乎听见了心灵的笑声，品尝到生命融入那种永恒与无限的感觉。慢慢地，海潮过去，你的内心仍充满着充沛的活力和美妙无比的欣喜，灵感激荡，思想饱满而充实。在以后很长的日子里，你对自我的态度和对世界的感觉已经完全的不同。每当遇到困难的时候，回忆那不平凡的一刻，你的内心依然会荡漾出坚毅、活力和创造力，成为你自由、自信、自强不息的精神源泉。

资料来源：巅峰体验［OL］.（2012－5－4）［2016－4－23］. https：//www.douban.com/group/topic/29377131/? cid＝342141147.

三、跑步者高潮

简耀辉（2002）指出跑步者高潮表现为兴奋、灵性、觉醒、力量、优美、容易行动、完美与晕眩等。在跑步中出现一次性高潮是锻炼者通常经历的一种共同的体验，也称"体育锻炼快感"，有时在其他体育锻项目中也会出现。这种状态是在跑步中瞬间体验到的一种欣快感，通常是不可预料地突然出现。当出现时，跑步者会体验到一种良好的身心状态，感觉到自身与情境融为一体，身心轻松，忘却自我，充满活力，超越时空的障碍（Sachs，1984）。当锻炼者成功地完成某项锻炼任务，并在某次锻炼中产生这些特殊的情绪体验后，就会诱发积极的情感和再次尝试的欲望，并能抵消一部分抑郁、焦虑等情绪的影响，并进而改善心理状态。这些在跑步过程中体验到的身体放松、忘却自我，感觉与外界情境融为一体的身心状态，我们称之为"跑步者高潮"。

在跑步者高潮状态的体验中，跑步者的幸福感会增加，感觉充满活力，有强烈的时空障碍超越感，与外界环境的每种事物都高度和谐，有时一些难以解决的问题也会在此时因获得灵感而被解决。迟化（2014）认为，跑步是使人们感觉到痛苦和快乐两极情绪差异最大的项目，这样一种痛并快乐的体验一般是在通过极点、第二次呼吸以后才能产生，是在经历长时间的艰辛努力后才能达到的状态。锻炼者在体验跑步者高潮时往往忘却自我、充满活力、体验乐趣、激励自我更好的锻炼。此外，跑步高潮还在游泳、骑自行车以及其他锻炼项目中得到了观察和验证。

案例5－4

跑步是一种体验经历

跑步能让自己放松，也能让自己快活。对于向往跑马拉松的人来说，跑步是一种升华。如果不希望身体不舒服，就得有一段时间训练和跑量，更需要有坚强的意志。跑马是需要长期的跑步习惯，积累跑量，充足强悍的体能。

2015年1月3日，阳光灿烂而略带寒意，在人山人海中，我终于成为几万号人中的一名马拉松跑者。随着人群的涌动，我的步伐也随着这节奏移动着，迈开了全马的第一步。人潮的跑动，5 000米，10 000米……到处都是跑者们在我身边穿梭。每个人都在认真地跑着,路上不时听到当地群众的加油呐喊声,一抬头就能看见那些健壮的步伐向前冲,跑马原来是多么简单,多么舒畅的享受过程。跑着跑着,随着距离的增加,在18 000米的时候,突然感到老地方疼痛。剩下的路程变得极其艰难。此时,我的心理念叨着再放慢速度,看到半马的终点就此退出吧。心里这样想着,沿路上看到有人抽筋,也看到很多人正在半跑半走着去完成后面路程,路边加油的群众喊得更大声:"坚持!坚持!"怎么办?还有一半的路程要跑,如何挺过去?这时,我的意识明确告诉我,不能放弃,慢走一段再看看情况。走着走着,看到赛道牌标25 000米,神奇的是,不知从哪一秒开始我的膝盖痛楚突然消失。觉得自己可以慢跑,我不再看远方,只把目标放在前面跑动的人群。天空、海景、观众……所有的一切都被我排除在外。35 000米了,整个人仿佛进入机械自动运行状态。我开始不断超越那些步行的、慢跑的人。在这35 000到40 000米的路上热闹的人终会变成独跑者,而在孤独的跑中为自己的孤独感到骄傲。40 000米的时候,我看到有摄影师在拍摄,我突然间感到,在这艰难的步伐跑到这里,我要用轻柔的微笑,自然的动作记录我这极美好的璀璨首全马。终于在五个多小时到达终点,我整个人都放松下来,脚痛得特别厉害,走路一瘸一拐的,幸好有先到的队友燕子扶着。看到那些跑完的人们欢声笑语,听到他们谈论着这一路跑完的快乐。我意识到,终点线只是一个记号而已,其实并没有什么意义,关键是这一路你是如何战胜自己跑下来!

当我跑完这一次全马之后,我已经深深爱上跑步,制定了更多的跑步计划。清新幽静的早晨,宁谧凉爽的夜晚,不论是操场上的反复绕圈,还是在山林间的一路奔跑,都是在享受这简单的运动,跑步已经成为我生活中不可缺少的一部分。

跑步对我而言,是一种享受,是一种精神,更是一种体验经历。

资料来源:×叉.跑步是一种体验经历[OL].(2015-8-22)[2016-4-23].http://www.doyouhike.net/forum/running/physical/2316736,0,0,0.html.

第三节 锻 炼 依 赖

众所周知,适当的、有规律的体育锻炼有利于个体的身心健康。但为什么有的人能够通过锻炼达到健康的目的,而有的人却不能呢?有研究发现,体育锻炼产生消极效应的可能性正在增加,有一些锻炼者尤其是跑步者产生了一种强烈的、特殊的感觉,如依赖、着迷、成瘾等。当锻炼成为每天必须要做的事情,就有可能产生锻炼依赖,随着依赖程度的增加,锻炼依赖可能会转变成锻炼依赖症,对个体的身心健康造成危害,严重影响个体正常的生活和工作。因此,学会选择适宜的体育锻炼活动,掌握恰当的体育锻炼方法对预防锻炼依赖症具有重要的作用。

唐恩是一名健身运动爱好者,酷爱肌肉训练。长期的健身运动使他拥有让人羡慕的身材,他自己对此十分满意。为了保持这种健美的身型,他坚持每天运动,不仅风雨无阻,而且病痛也不能打击他参与运动的热情。有一次,他生病发烧,全身虚软无力,甚至走路都提不上力气。在这种情况下他仍然坚持要去运动,家人苦劝都没有办法阻止。其实他自己也知道,在这种状态下去运动是不好的,可是他就是无法控制地想去,不去活动一下,全身似乎都不自在,脑袋里总在想这个事。

你认为他的情况正常吗? 如果不正常,那他究竟怎么了?

一、锻炼依赖

依赖是指外来物质进入人体引起的一种心理生理过程的依赖性。1987 年,Veale 首次提出了锻炼依赖这一概念,指出有一些人因为沉迷于运动中,进而严重地影响到他们的日常生活,这一群人被通称为锻炼依赖者。在后来的研究过程中,研究者将锻炼依赖定义为:由于个体热衷于并过度地参与锻炼而产生的一种生理和心理症状,能导致生理(如戒断和忍受)和心理(如沮丧和焦虑)的不适应症状,从而影响个体的身心健康与社会生活。

锻炼依赖可以分为积极锻炼依赖和消极锻炼依赖。具有积极锻炼依赖的人能够控制自己的锻炼行为,达到促进身心健康的目的。具有消极锻炼依赖的人会反过来受到锻炼行为的控制,他们可能会为错过一次锻炼机会而感到焦虑、不安,即使在身体疼痛受伤的情况下,也不愿意停止锻炼,对朋友和家人的劝说置之不理。消极锻炼依赖对锻炼者的生活具有很大的破坏性,消极锻炼依赖发展到一定程度就会变成锻炼依赖症,严重影响锻炼者的身心健康和社会生活。

二、锻炼依赖的成因

有关锻炼依赖的成因,主要从生理、心理和社会因素等方面进行了深入的研究。David Copperfield(1998)发现,体育运动中产生的内啡肽能给人带来愉悦和渴望的感觉,一旦运动中止,健身运动者就会由于内啡肽含量下降而烦躁不安。于是有的健身者出于身体生理的需求,不断参加体育锻炼获取内啡肽来满足自己的愉悦感,以此来减少不安的心情,抗拒生理机能的衰退,从而导致自己锻炼依赖的不断积累。

章罗庚(2010)以 220 名普通健身者为研究对象,进行调查研究发现,自我呈现、社会体格焦虑对锻炼依赖有显著的正向影响作用,即自我呈现越高,体格焦虑越严重出现依赖的可能性就越大。另外,自我呈现会经过高的运动强度对锻炼依赖产生间接效应,自我呈现还会通过体格焦虑的中介作用对锻炼依赖产生显著的间接效应,即高的自我呈现通过高体型焦虑对锻炼依赖产生正向影响作用。任宇(2011)对烟台市 4 个区 30 个中老年人活动场所的锻炼者进行随机调查。结果表明锻炼成瘾者在抑郁、躯体化、开放性、主观支持对心理健康具有预测作用，是影响锻炼成瘾的重要因素。

随着生活质量的提高、社会节奏的加快，人们受到的社会压力也越来越大。正是这种原因使体育运动成为他们释放压力最好的选择，大家在体育锻炼中可以获得一种归属感、愉悦感和满足感。所以锻炼者都十分珍惜在体育活动中建立的人际关系，以此来忘记压力、逃避孤单、寂寞、厌倦等思想，但是这种做法的结果是许多人在体育锻炼的过程中经常没有了时间观念，全身心地投入到体育锻炼中，即使是生病也不让自己闲下来，此种行为就会使锻炼没有节制，最终导致锻炼依赖。

三、锻炼依赖的行为特征

一般来说，有锻炼依赖行为的个体，对体育锻炼的重视程度和投入程度远远超过其他活动。德国著名长跑选手 Cierpinski（1980）曾经说过："我从婴儿时期就已经开始跑步了，这是我所酷爱的生活，运动是我生命中的一部分，没有跑步我将无法生活下去。"有关锻炼依赖性的研究表明，体育活动对某些人而言的确可能成为一种强迫行为，由于这种行为可能包含身体疲劳与心理病态，所以通常这种不健康的行为称为锻炼依赖症。

Anshel 等的研究发现，锻炼依赖个体的行为特征主要有四个方面：第一，锻炼依赖者锻炼后更难以休息，并产生更多的应激；第二，参加体育锻炼后才可以体验到高度积极的情感；第三，当错过一次锻炼机会后产生高度的抑郁、焦虑和愤怒等情绪体验；第四，为完成某项锻炼计划更倾向于忽视身体的不适、疼痛或伤病。章罗庚、李颂（2010）指出锻炼依赖的行为特征主要有以下几点：锻炼者需要增加更多的运动频率、时间和强度才能达到之前锻炼的效果；不参加锻炼就可能会出现焦虑、抑郁、紧张、暴力、不自信等心理反应；许多重要的社交、休闲等活动因参加体育活动而被迫取消等。

四、锻炼依赖的预防

锻炼依赖在各种体育活动中都有可能存在，当停止锻炼时，锻炼依赖者会产生焦虑、烦躁等不良情绪，在这种情况下，不参与锻炼对个体产生的心理折磨要远大于参与锻炼所产生的积极效益。因此，对于潜在的锻炼依赖者而言，学习并掌握预防锻炼依赖的知识至关重要。

（一）明确体育锻炼的目标，制定合理的锻炼计划

从事体育锻炼可以增强体质，增进健康，愉悦身心，提高生活质量，但不要走向极端，导致锻炼依赖。制定锻炼计划时，要注意根据自身的兴趣爱好、体质健康情况，科学、合理地掌握负荷量、运动强度和持续时间。此外，锻炼要选择在空气良好、照明充足、温度和湿度适中的环境下进行。同时要注意合理安排内容，注意练习内容的交替，使身体各个部位活动负荷得到合理交换。锻炼要适可而止，如果感到不适应立即停止锻炼，以免造成不必要的损伤。

（二）积极参与形式多样、灵活多变的群体活动

经常选择单独锻炼或锻炼项目方式单一，容易引发锻炼依赖。因此，锻炼形式的选择要考虑多种形式的锻炼项目，不要过分依赖一种锻炼。锻炼者最好可以根据自己的兴趣爱好和体质状况选择自己喜欢的群体性锻炼项目。如球类和竞技类项目可以使人获得的锻炼心理效应与运动愉快感更大一些，可以达到加强交流、相互沟通、增进友谊的效果。此外，要经常参加灵活多变的集体性锻炼项目，这样可以调动积极性，使其更具趣味性。形式多样灵活多变的锻炼项目可以集健身、娱乐于一身，达到缓解焦虑，调节情绪的目的。

（三）在体育锻炼中进行自我监督

在锻炼的过程中，锻炼者要经常观察自己的生理功能、心理健康状况并把观察的结果记录下来，以便合理安排锻炼负荷和时间，防止过度疲劳，提高锻炼的效果。自我监督主要包括：

（1）观察自己在锻炼中是否出现心情不好、厌倦、头痛、头晕、胸痛和上腹部疼痛。

（2）注意锻炼后睡眠质量是否良好。

（3）注意观察自己的体重、脉率、损伤程度等。

（4）锻炼后发现身体不适，应该暂停锻炼或到医院进行检查。

（四）养成良好的生活方式和饮食习惯

对于锻炼带来的许多不良问题，最经济有效的恢复途径之一是积极睡眠，睡眠时整个中枢神经系统抑制过程占优势，全身骨骼肌放松，各器官系统的机能都能得到相应的休息，是减少不良情绪、消除疲劳最有效的途径。预防锻炼依赖还需摒弃生活中诸如吸烟、酗酒等不良嗜好，保持良好的生理机能。体育锻炼外还应该有其他的文化和精神追求，避免产生锻炼依赖，以达到调节身心状态、恢复疲劳的目的。另外，平衡膳食可以补充由运动消耗掉的能量，加速机体的代偿，避免身心俱疲。

（五）心理和物理疗法

心理和物理疗法是心理医生和相关专业人员针对一些锻炼依赖较严重者而采取的一种治疗手段。心理专家通过语言暗示进行肌肉和神经的放松，还可以配合一些轻松悠扬的音乐进行锻炼，调节呼吸，使肌肉得到充分的放松，并最终调节中枢神经系统的兴奋性。物理疗法则运用按摩法，借助科学仪器来促进血液循环，加快疲劳消除及机能的恢复。

本章小结

积极体验是指所有能激发个体产生接近积极行为或具备积极行为倾向的情绪体验。在锻炼心理学领域积极体验研究主要表现在心境状态和激情方面。体育锻炼对锻炼前后心境状态和激情都具有积极的影响。具体而言，体育锻炼可以产生一系列的积极体验，如高峰体验、流畅感体验、跑步者高潮等，这些积极体验能让人生活、学习、工作比较顺利，与

自然环境以及周围的人际关系较为和谐融洽。但是,锻炼在带给人们积极情绪效应的同时也会产生锻炼依赖。具有积极锻炼依赖的人能够控制自己的锻炼行为,达到促进身心健康的目的,具有消极锻炼依赖的人反过来会受到锻炼行为的控制,消极锻炼依赖发展到一定程度就会变成锻炼依赖症,严重影响锻炼者的身心健康和社会生活。因此,在体育锻炼过程中我们要保持积极的锻炼依赖,防止锻炼依赖症的发生,使个体获得更多的积极体验。

思考、理解、探究

1. 积极体验、心境、高峰体验、流畅感以及锻炼依赖的概念?
2. 积极体验有哪些? 体育锻炼与这些积极体验之间又有怎样的联系?

讨论问题

1. 如何区别积极锻炼依赖和消极锻炼依赖,预防消极锻炼依赖的措施有哪些?

推荐阅读文献

1. 杨剑.身体锻炼与心理健康[M].上海:华东师范大学出版社,2014.

2. 梁宁建,吴明证,杨轶冰,奚珣.大学生网络成瘾与幸福感关系研究[J].心理科学,2006,29(2):294-296.

3. 姒刚彦,黄志剑.BFS 两次检验的介绍与结果对比分析[J].西安体育学院学报,1997,14(1):76-79.

4. Biddle, Mutrie. Psychology of physical activity: Determinants, well-being and intervention [M]. New York: Routledge, 2001.

5. Reed, Ones. The effect of acute aerobic exercise on positive activated affect: A meta-analysis [J]. Psychology of Sport & Exercise, 2006,7:477-514.

6. Wankel, Sefton. A season-long investigation of fun in youth sports [J]. Journal of Sports and Exercise Psychology, 2009,11(4):355-366.

7. 毛志雄,王则珊.北京城区中老年人身体锻炼与心理健康的关系:情绪维度的研究[J].北京体育大学学报(增刊),1996,19:5-10.

8. Jackson, Csikszentmihalyi. Flow in sports[M]. Champaign, Illinois: Human Kinetics Publishers, 1999.

9. 季浏.体育锻炼与心理健康[M].上海:华东师范大学出版社,2006.

10. 季浏.体育心理学[M].北京:高等教育出版社,2010.

11. 章罗庚,李颂.对运动依赖影响因素的分析[J].武汉体育学院学报,2010,5:43-46.

12. 吕慧.大众健身人群"运动成瘾"现象的成因及对策分析[J].搏击(体育论坛),2015,2：13-15.

13. 宁业梅,李昌颂,唐祖燕.体育锻炼的消极心理效应及其应对措施[J].体育科技,2010,3：89-91.

14. 毛志雄,伦藻妮.有氧健康舞改善锻炼者心境状态效能的研究[J].山西大学学报(哲学社会科学版),2009,6：112-117.

15. 王斌,马红宇,侯斌.对张健成功横渡渤海海峡顶峰体验的研究[J].体育科学,2002,1：15-17.

锻炼心理学

第六章　锻炼与应激

本章学习要点

◎ 掌握应激的概念

◎ 区分良性应激和不良应激

◎ 了解应激理论及测量方式

◎ 掌握体育锻炼与应激之间的关系

关键概念

应激　应激反应　应激源　应激管理

　　应激是我们在生活中遭遇挑战时所经历的状态,几乎遍布了家庭生活、工作职场、休闲娱乐活动等各个方面。面临同样的应激困境,有人好似在风雨中飘摇,不堪一击,而有的人却如破茧之蛹,虽历经万难却终能得以成蝶。临床医学和心理学研究表明,长期处于应激状态会使人血压和血糖升高,机体免疫力下降,而且应激还是引起紧张性头痛、冠心病等的主要原因之一。那么,体育锻炼是如何改善应激挑战,以保持身心健康、社会和谐的呢?

第一节　应激概述

一、应激

　　应激(stress)起源于拉丁语"stringere",意为"费力地抽取"、"紧紧地捆扎"。应激的研究最早可追溯到古希腊时代。20世纪三四十年代,汉斯·塞利认为应激是人或动物有机体对环境刺激产生的一种非特异性生物学反应现象。生理学家坎农(Cannon)最先将应激引入到社会领域,他认为应激是在外部因素影响下的一种人体内部平衡的紊乱,在应激程度未减弱的情况下,机体处于持续的唤醒状态,最终会损害健康。20世纪五六十年代,美国心理学家理查德·拉扎罗斯认为,应激是个体试图适应、解决破坏其日常生活节奏的威胁性环境刺激而产生消极情感的过程。

　　随着研究的发展,应激受到越来越多国内学者的重视,不同学科的研究者均以其特定的方式和方法对应激进行研究,提出了各种不同的观点,主要有以下几点:第一种观点认为应激是一种使人感到紧张的事件或环境刺激物，从这种含义上讲，应激等同于应激源。第二种观点认为应激是一种内部心理状态的主观反映，它是一种解释性的、情感性的、防御性的应对过程。个体对应激情境的觉察、评估、认知等是应激反应水平的关键影响因素，它可以解释对应激源做出不同反应的个体差异。第三种观点认为应激是由于环境要求和个体特征相互作用引起的个体焦虑性反应，它体现出发生在个体身上的事件、对事件的评价和个体与这种反应方式之间的关系。

综合国内外学者的观点，可以把应激定义为个体对作用于自身的情境刺激做出觉察、认知、评价后，产生的生理和心理反应过程。它既是引起个体反应的外部刺激，也是外部刺激在个体生理和心理上引起的反应。

案例 6-1

<h3 style="text-align:center">摄影师的智慧</h3>

有个七口人的大家庭，来到一家照相馆，要照一张全家福。摄影师给七口人按长幼男女顺序排好了位置，等要照时却发现他们都板着脸，摄影师要求他们笑一笑，但这家人似乎不会笑，勉强笑出来比哭还难看。摄影师说一个常用的笑话，但也无济于事，这家人看来有些紧张。

摄影师看着有一位约六岁的小男孩站在一位老太太的身边，于是，有了主意。他对那位小男孩说："你能不能再靠近你妈妈那边一点儿？"

小男孩马上嚷道："她不是我妈，她是我奶奶！"话一出口，他们七口人全笑了，摄影师立刻摁下了快门，拍出了一张很好的全家福。

人们在出乎意外的紧张情况下所产生的情感状态，心理学上叫做"应激"。这七口之家照相的紧张表现就是一种应激状态。摄影师的本事就在于随机应变，创造一个自然情境，使这家人摆脱心里紧张，放松神经，松弛表情，就在大家笑得自然时，拍下一张成功的照片。

资料来源：燕山村夫926.摄影师的本事[OL].（2012-3-4）[2016-4-23]. http://www.360doc.com/content/12/0304/16/8552337_191615084.shtml.

二、应激的分类

日常生活中，应激事件无处不在，如丢了办公室的钥匙、开车过程中突然爆胎、没赶上末班车等都是生活中常发生的应激事件。长时应激会降低人体抵抗疾病的免疫力,引起焦虑、抑郁、失眠及头痛等不良病症。因此,很多人不希望自己的生活中出现应激事件。然而,心理学研究表明一定程度的应激能给生活增添乐趣,提高生活质量。相反,责任太少、挑战不足反而会让我们的生活变得无趣,生活质量降低。H. Selye(1950)指出,生活中适度的应激更有利于人们生活满意感的提高,有益于身体健康,没有应激的生活质量通常比较低。但如果应激源持续存在,而个体又寻找不到解决问题的方法时,就会导致其进入超负荷或力竭状态。据此,可以将应激分为良性应激(eustress)和不良应激(distress)。

(一) 良性应激

良性应激是指能够有效唤醒个体动员各种生理、心理能量,以应对外界环境要求的应激,主要包括与兴奋、高兴或有挑战性活动有关的内容。例如,在攀岩、深海潜水、蹦极等刺激性锻炼中出现的应激,或是有利于工作效率提高的工作应激。H. Selye(1950)研究发现,每个人其实都有一个最佳应激水平,在这个最佳应激水平的一侧,随着良性应激水平的提高,人们的日常表现、幸福感以及生活质量等都会有所提高;而在另一侧,如果不良应激水平持续上升,人们的日常表现、幸福感以及生活质量等则会出现下降趋势(见图6-1)。

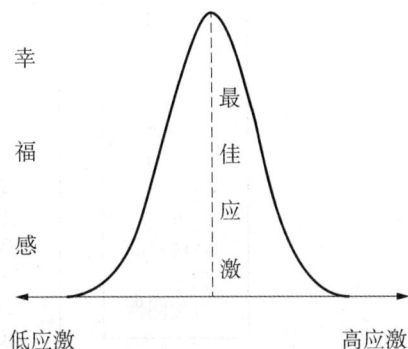

图6-1 应激与幸福感

(二) 不良应激

不良应激主要是指抑制个体动员各种生理、心理能量的应激。这种应激往往具有破坏性,会对个体造成不利影响,也是个体力图避免的。张忠霞(2014)指出不良应激可以导致认知功能的下降,可能与不良应激能够引发一系列的神经内分泌、代谢等方面的改变、导致脑结构的异常有关。因此,过量的应激不仅会对个体产生不良影响,严重时还会引发相关疾病。

表6-1 应激:症状与疾病

症状	疾病	症状	疾病
愤怒	长期疲劳综合征	肌肉紧张	睡眠紊乱
焦虑	临床焦虑	神经紧张	溃疡
长期疼痛	临床抑郁	注意力集中能力差	上呼吸道感染
健忘	结肠炎	失眠	各种传染病
高血压	心脏病	生气	癌症
易怒	恐惧症		

三、应激过程

应激包括应激源、对应激源认知评价和应激反应三部分组成。应激源是指能引起个体产生生理或心理应激反应的内外环境刺激物,任何与机体原有的生理和心理状态不一致的因素都可能形成应激源。根据应激源来源可以将应激源分为躯体性应激源、心理性应激源、社会性应激源、文化性应激源。应激源可以是积极的或消极的生活事件,可以是短时的或长时的生活事件,也可以是外部客观事件或个体内在主观的想法、归因及想象。

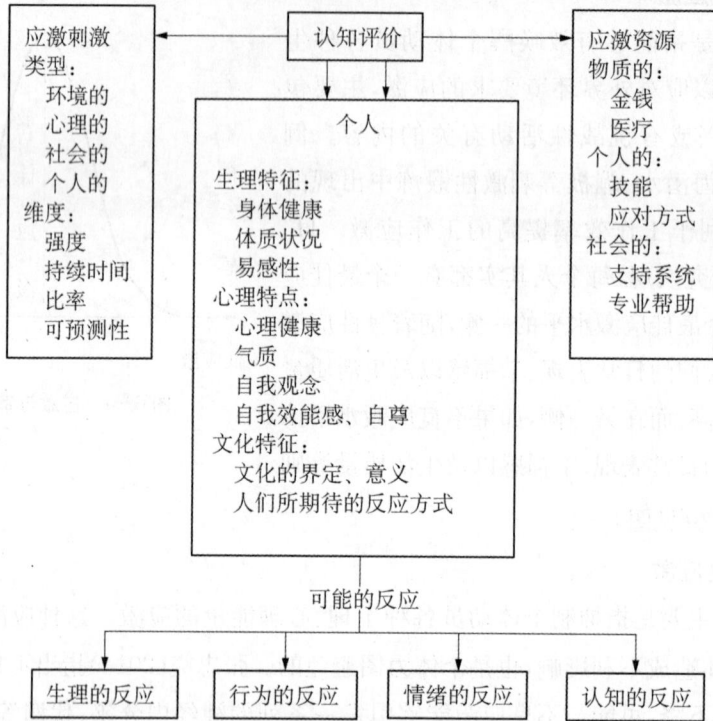

```
应激刺激              认知评价              应激资源
类型:                                        物质的:
  环境的                                        金钱
  心理的           个人                         医疗
  社会的                                      个人的:
  个人的         生理特征:                       技能
维度:             身体健康                       应对方式
  强度            体质状况                     社会的:
  持续时间         易感性                        支持系统
  比率          心理特点:                       专业帮助
  可预测性         心理健康
                 气质
                 自我观念
                 自我效能感、自尊
               文化特征:
                 文化的界定、意义
                 人们所期待的反应方式

                 可能的反应

生理的反应      行为的反应      情绪的反应      认知的反应
```

图6-2 应激的前因后果

认知评价是指个体对自己与他人之间关系或自己与环境之间的关系作出的判断。不论是积极的应激源,还是消极的应激源,其关键在于个体如何应对。当个体以积极的心态去面对时,事情就会得到好的处理;当个体以消极的情绪去应对时,就会产生消极的影响。对应激资源的认知评价受个人生理、心理和社会文化特征的影响。应激反应是指有机体对应激源做出的适应性变化,包括生理的反应、行为的反应、情绪的反应和认知的反应。应激过程是一种以中介变量为核心的多因素相互作用的过程,各中介变量的变化对应激源的相对强度和性质都将产生影响,因而也会引发不同的生理或心理应激反应。例如,锻炼强度过大导致的头晕、与同伴发生的争执、先前的伤病对后来参加锻炼产生的心理阴影等都是应激反应的表现。

案例 6-2

面对逆境：你是胡萝卜、鸡蛋，还是咖啡豆？

女儿对父亲抱怨她的生活，抱怨事事都那么艰难。她不知该如何应付生活，想要自暴自弃。她已厌倦抗争和奋斗，好像一个问题刚解决，新的问题又出现了。

她的父亲是位厨师，他把她带进厨房。他先往三只锅里倒入一些水，然后把它们放在旺火上烧，不久锅里的水烧开了，他往一只锅里放些胡萝卜，第二只锅里放入鸡蛋，最后一只锅里放入如碾成粉末状的咖啡豆。他将它们浸入开水中煮，一句话也没有说。

女儿咂咂嘴，不耐烦地等待着，纳闷父亲在做什么。大约 20 分钟后，他把火闭了，把胡萝卜捞出来放入一个碗内，把鸡蛋捞出来放入另一个碗内，然后又把咖啡舀到一个杯子里。做完这些后，他才转过身问女儿："亲爱的，你看到什么了？""胡萝卜，鸡蛋，咖啡。"她回答。

他让她靠近些并让她用手摸摸胡萝卜，她摸了摸，注意到他们变软了，父亲又让女儿拿一只鸡蛋并打破它，将壳剥掉后，她看到的是只煮熟的鸡蛋，最后他让女儿喝了咖啡。品尝到香浓的咖啡，女儿笑了，她怯生生地问道："父亲，这意味着什么？"他解释说，这三样东西面临同样的逆境——煮沸的开水，但其反应各不相同。胡萝卜入锅之前是强壮的，结实的，毫不示弱，但进入开水之后，它变软了，变弱了。鸡蛋原来是易碎的，它薄薄的外壳保护着它呈液体的内脏。但是经开水一煮，她的内脏变硬了。而粉状咖啡豆则很独特，进入沸水之后，它们反倒改变了水。"哪个是你呢？"他问女儿。

当逆境找上门来时，你该如何应对？你是胡萝卜，是鸡蛋，还是咖啡豆？

资料来源：谢雨枫. 面对逆境：你是胡萝卜、鸡蛋，还是咖啡豆？[OL]. (2011-3-8)[2016-4-23]. http：//blog. csdn. net/sknice/article/details/6231935.

第二节　应　激　理　论

自应激研究开创以来，研究者已经对应激的过程、原因，应激的影响因素以及应激反应结果有了较为深入的认识，提出了多种应激理论及模型，主要包括：应激的刺激理论模型、应激的反应理论模型、应激 CPT（Cognitive-Phenomenological-Transactional）模型等。

一、应激的刺激理论模型

应激的刺激理论模型（见图 6-3）把应激定义为能够引起个体产生紧张反应的外部环

境刺激,如失业、失恋、天灾、战争、贫困等。它在研究中往往把应激看作自变量,重点分析什么样的环境刺激可使人产生紧张反应,试图寻求刺激和紧张反应之间的关系。

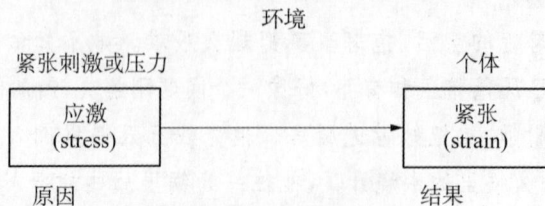

环境

紧张刺激或压力   个体

```
┌──────────┐                    ┌──────────┐
│  应激     │ ─────────────→    │  紧张     │
│ (stress) │                    │ (strain) │
└──────────┘                    └──────────┘
```

原因   结果

图6-3　应激的刺激模型

这种理论模型来源于物理学中 Hooke 的弹性定律。虽然把一个能活动、有理智的人比作一块没有活力的金属并不明智,但这种应激理论却在某些方面大大促进了应激的研究。这类研究能使我们认识到日常生活中什么样的环境刺激会引起人们的不良身心反应,尤其是生活事件的定量化研究促进了人们对社会心理刺激和疾病关系的认识,从而加速了身心医学的发展。随着研究的深入,人们认识到这种源于物理学定律的应激模型忽视了人类的主观能动性和心理行为的复杂性,它不可能确定对所有个体都产生紧张反应的刺激因素,也不可能确定同一个体在所有场合中产生紧张的刺激因素,更不可能像物理学定律那样建立紧张刺激强度和紧张反应水平的数量化关系。由此,发展了应激的反应理论模型。

二、应激的反应理论模型

应激的反应模型来源于生理学和医学,代表人物塞里被称为"应激综合征之父"。他把应激看作是人或动物有机体对环境刺激的一种生物学反应现象,可由加在机体上的许多不同非特异性的需求而引起,塞里称之为"一般性适应综合征"(见图6-4),包括警戒期、抵抗期、耗竭期三阶段。塞里的应激理论虽然并不完善,但比刺激理论模型前进了一步,在生物学反应对应激进行研究方面做出了重要贡献。

(1)警戒期:在短暂的生理唤醒期中,交感神经系统出现"全或无现象",个体要么感

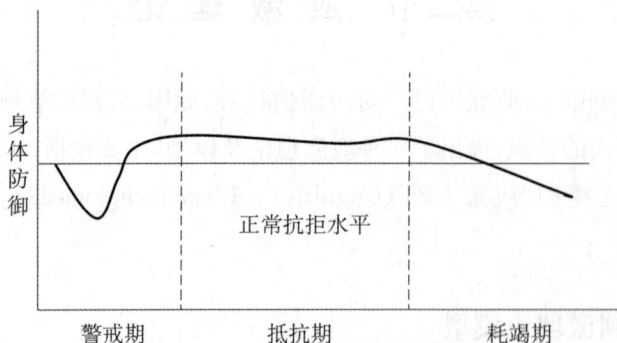

图6-4　一般适应性综合征理论模型(H. Selye. 1956)

锻炼心理学

受到应激,要么感受不到应激。若是感受到应激,机体会为应对应激源而动员自身能量,如果应激源仍然继续存在,机体则会进入抵抗期。

（2）抵抗期:在神经内分泌系统协调下,个体对应激源做长时对抗,并可能产生各种衰弱现象。

（3）耗竭期:如果应激源持续时间或持续强度超过一定界限,机体会因为生理、心理能量的耗竭而进入疲劳期。这时机体通常需要休息或补充能量。

三、应激 CPT 模型

应激 CPT 模型（Cognitive - Phenomenological - Transactional,CPT）最初是由 Lazarus 和 Forkman 提出,是认知与现象学相互作用的理论模型。在应激 CPT 模型提出之前,应用较多的应激模型有物理学的应激刺激模型,生理学和医学的应激反应模型。与这些模型与应激 CPT 模型的不同之处是应激 CPT 模型更多地涉及应激中的心理及行为过程,是研究者从心理学视角提出的应激模型。这种心理学应激模型主要强调人面对应激时的应对方式。

应激 CPT 模型认为,四个基本环节构成了应激过程,即潜在应激源、对应激刺激的认知与评价、应对、应激反应（见图 6 - 5）。

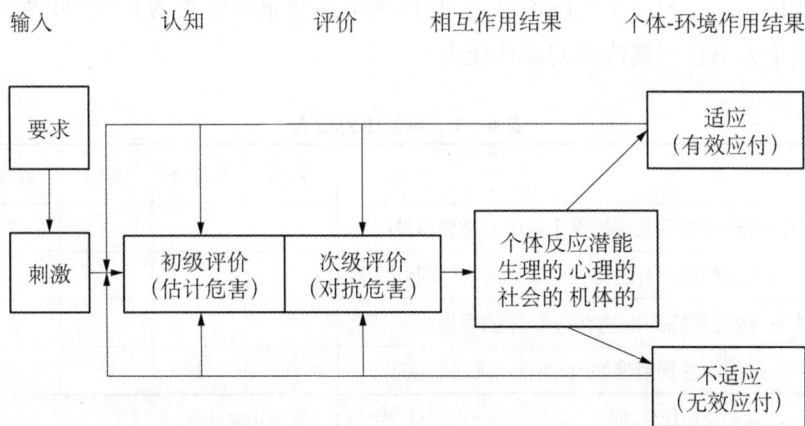

图 6 - 5　应激 CPT 模型(Lazarus & Forkman, 1984)

在这四个环节中,Lazarus 特别强调认知评价在心理应激反应过程中的作用。当应激源产生刺激时,个体首先会对刺激做出认知与评价,认知与评价具有两个层面,初级评价和次级评价。初级评价是个体内部对情境意义的解释,包括对情境与个体自身的关联程度以及情境的威胁程度的评价;次级评价是考虑如何做出应对的选择、方法的可行性以及成功的机率问题,与个体自身的应对资源和具有的选择相关联,包括对应激情境的责任归属、应对的潜在可能性和未来的期望评定和判断。做出次级评价之后,个体的生理、心理、社会属性会与应激刺激相互作用,进而影响最终的应激反应。个体的应激反应一般有两种形式：一种是适应性的，个体常表现出良性反应；另一种是非适应性的，个体常表现出消极反应。

第三节　应激的测量

自应激引入心理学之后，学者们就开始根据心理测量学标准，尝试编制测量应激体验的量表和问卷。用于应激研究的测量工具有：日常生活琐事问卷、知觉压力量表（Perceived Stress Scale，PSS）；青少年生活事件量表（Adolescent Self-Rating Life Event Check List，ASLEC）；中国大学生心理应激量表（China College Student Psychological Stress Scale，CCSPSS）等。此外，还可以利用一些生理指标对应激水平进行测量。

一、知觉压力量表

在锻炼心理学界使用较为广泛的一个自陈式量表是知觉压力量表（Perceived Stress Scale，PSS）。知觉压力量表是由 Cohen、Kamarck 和 Mermelstein 于 1983 年编制而成，主要用于测量个体对生活各情景所感知到的压力程度（见表 6-2）。知觉压力量表可以检测生活中普遍存在的压力，是一种自我察觉的程度，就目前生活环境需求，个人因应能力的状况做评估。这一测评工具的优点是，它预测早期健康问题更为有效；另外 PSS 测量，还可以评估个人不良习惯造成的慢性压力。

表 6-2　知觉压力量表

	从不	几乎不	有时	经常	总是
1. 在上个月中，你经常感到无法控制生活中的重要事件吗？	0	1	2	3	4
2. 在上个月中，你经常感到有能力去应对你的个体问题吗？	0	1	2	3	4
3. 在上个月中，你经常感到事物在按照你的意愿发展吗？	0	1	2	3	4
4. 在上个月中，你经常感到困难如山，而自己无法超越吗？	0	1	2	3	4

注：其中 1,4 题为反向计分，即 0=4,1=3,2=2,3=1,4=0；2,3 题为正向计分。

资料来源：Cohen, Kamarck, Mermelstein. A global measure of perceived stress [J]. Journal of Health and Social Behavior, 1983,24(4)：385-396.

二、青少年自评生活事件量表（ASLEC）

青少年生活事件量表（ASLEC）适用于评定青少年，尤其是中学生和大学生生活事件发生的频度和应激强度。该量表为自评问卷，由 27 项可能给青少年带来心理反应的负性生活事件构成。青少年生活事件量表包括人际关系因子、学习压力因子、受惩罚因子、丧失因子、健康适应因子和其他 6 个因子组成。受测者根据自己的实际情况进行自评，对每个条目进行 6 级评分，如果该事件没有发生，选择"A"；如果该事件发生了，则根据其对于个体的影响选择"B"（无影响）—"F"（极重度）。青少年自评生活事件量表简单易行，可以自评也可以访谈评定，评定期限依据研究目的而定，而且量表考虑到了个体应对方式上的差异。研究证明青少年自评生活事件量表具有良好的信效度。

表6-3　青少年自评生活事件量表

	A 未发生	B 未影响	C 轻度	D 中度	E 重度	F 极重度
1. 被人误会或错怪						
2. 受人歧视冷遇						
3. 考试失败或不理想						
4. 与同学或好友发生纠纷						
5. 生活习惯（饮食、休息等）明显变化						
6. 不喜欢上学						
7. 恋爱不顺利或失恋						
8. 长期远离家人不能团聚						
9. 学习负担重						
10. 与老师关系紧张						
11. 本人患急重病						
12. 亲友患急重病						
13. 亲友死亡						
14. 被盗或丢失东西						
15. 当众丢面子						
16. 家庭经济困难						
17. 家庭内部有矛盾						
18. 预期的评选（如三好学生）落空						
19. 受批评或处分						
20. 转学或休学						
21. 被罚款						
22. 升学压力						
23. 与人打架						
24. 遭父母打骂						
25. 家庭给你施加学习压力						
26. 意外惊吓，事故						
27. 如有其他事件请说明						

资料来源：Cheng C. Assessment of major life events for Hong Kong adolescent: The Chinese Adolescent Life Event Scale [J]. Am J Community Psychol, 1997,25(1): 17 - 33.

二、生理测量

在应激测量中使用最为普遍的生理指标有心率、血压等。Crews 等(1987)在一项对34 个研究成果进行的综述中指出，有 88％的研究发现，与正常状态下的个体相比，应激状态下的个体的心率和血压显著升高。对于心率的变化，或者心率变化规律的监测可以为深入了解应激反应提供更有效的信息，特别是心率在副交感神经影响下的变化范围。绝大多数的心率变化是因为交感神经的强烈影响造成的，因此控制副交感神经活动有利于控制应激反应。

与此同时，对儿茶酚胺和皮质醇的测量，也可以为我们进一步了解应激反应提供重要信息。通过血液、尿液或唾液等，我们可以测得以上两种激素的变化。值得注意的是以上两种激素含量在人体内的变化每日会存在峰值和峰谷。例如，皮质醇在早晨散步之前会出现一次峰值，而另一次峰值会出现在中午或第二天早上。此外，我们还可以通过一些具体的生物、化学、生理、心理、行为、认知等方面的特定指标来进行应激反应的测量。

表6-4　生理生化指标测量

测 量 类 型	特 定 指 标
生物化学测量	交感神经系统—肾上腺脊髓唤醒；肾上腺素 垂体—肾上腺—皮质唤醒；皮质醇 其他：胆固醇，脑内啡，免疫系统功能，尿酸
生理测量	血压 肌电图测量 皮肤电反应 心率
心理测量	愤怒 焦虑 抑郁 不耐心 易怒 注意力无法集中 忍耐力 心境 神经质 主观控制
行为测量	面部表情 说话语速 坐立不安 睡眠紊乱 战栗 任务表现；注意力集中和学习 其他特定行为，咬甲癖，饮食问题

锻炼心理学

测 量 类 型	特 定 指 标
认知测量	态度 自主神经系统活动 信念 健忘 主观控制

资料来源：张力为，毛志雄. 体育科学常用心理量表评定手册[M]. 北京：北京体育大学出版社，2004.

第四节　体育锻炼与应激

随着全民健身活动的广泛推广，普通人群的身心健康也日益受到关注，研究普通锻炼人群中的应激及应激应对等问题也逐渐成为锻炼心理学界研究的热点。锻炼心理学研究表明，体育锻炼可以作为一种积极有效的应对资源、应对策略和方式，直接或间接地影响应对应激的过程，消除心理障碍，促进锻炼者的身心健康发展。那么，体育锻炼是如何减缓应激反应症状的呢？

一、锻炼持续时间、频率与应激反应

单次短时和长期体育锻炼均有助于缓解心理应激状况，其中长期体育锻炼效果更好。持续 6 周和 12 周的体育锻炼对心理应激的减缓效果显著，尤其是 12 周的锻炼效果最佳。

（一）长期锻炼与应激反应

Long（2001）研究认为，坚持 8 至 10 周的体育锻炼是减缓应激反应的最佳时间段。Leith（1994）对 56 项长期锻炼与应激关系研究进行了综述，研究发现 73％的研究表明长期锻炼能够有效减缓应激引起的生理和心理反应。丁雪琴等（1998）以初一到高三学生为研究对象，将除了必修体育课之外，又保证每星期参加 2 次以上体育活动，每次活动 30 分钟以上的学生设定为锻炼群体，其他学生为非锻炼群体。研究发现，无论北京还是香港青少年学生，锻炼群体在受心理应激刺激侵扰程度上明显低于非锻炼群体。张俊利（2011）研究也发现，长期参加体育锻炼人群减缓心理应激反应的能力比不经常参加体育锻炼人群强。尹剑春、季浏（2014）纵向研究设计，追踪测量持续 1 年时间，每 3 个月测量一次，采用层次线性模型分析评估数据。结果表明：体育锻炼和心理应激具有交互作用，较高水平的体育锻炼能够减缓心理应激对健康的负面作用。

体育锻炼调节大学生心理应激

为探讨体育锻炼与心理应激的交互作用对大学生健康水平的影响,采用纵向研究设计,以上海市某2所大学抽取的405名大学生为研究对象,其中男生284人,女生121人。采用《中国大学生心理应激量表》测量心理应激、《疾病严重性等级量表》测量健康状况、《青少年身体活动记忆问卷》测量体育锻炼水平。

在进行研究过程中,研究者在参与学校的课堂、班级进行宣讲,由学校统一组织所有被试签订同意知情书。在施测时,参与者首先填写基本资料,随后完成所有施测问卷的填写,为了保证匿名性,对每个人进行编码并记录每个人的生日,在以后追踪数据时,首先确定编码和生日相匹配以保证是同一被试,问卷填写程序与第1次相同。每次施测都由专业人员解答参与者问题,每隔3个月追踪1次,共追踪4次,为期1年。

结果发现:心理应激、体育锻炼对疾病发生状况具有明显的预测作用;此外,大学生体育锻炼水平较低组、较高组和疾病状况之间关系均随心理应激水平的提高而明显增强,但是,随心理应激水平的提高,锻炼水平低者的疾病状况严重于锻炼水平高者。

资料来源:尹剑春,季浏,王坤,孙开宏.体育锻炼对大学生心理应激的调节作用:来自纵向研究的证据[J].天津体育学院学报,2014,1:38-41,46.

(二) 单次短时锻炼与应激反应

就单次短时锻炼而言,Berger 等(1993)研究认为,每次持续时间 20—60 分钟的体育锻炼有助于减缓应激生理心理反应。刘彦(2011)研究发现,不同锻炼时间在心理应激反应层面上的差异具有显著性,其中以每次参加体育锻炼时间在 31—60 分钟对减缓心理应激的作用最佳;不同锻炼频率在心理应激反应层面上的差异具有显著性,其中以每周体育锻炼频率为 3—4 次最能减缓心理应激反应。牟小小(2008)通过对东莞市 827 名护士参加体育锻炼后的心理应激减缓情况进行了调查。研究结果发现,锻炼目的和频度对心理应激反应有显著影响,参加体育运动的护士心理应激水平低于非锻炼护士,而每周参加体育运动 1—2 次能显著减轻护士心理应激水平。赵祖强(2008)等通过对部分学校初中毕业班学生运动锻炼状况和心理压力水平的调查分析,研究发现,长期有规律地进行体育锻炼的初中生总体心理应激水平低于无规律体育锻炼的初中生,每次锻炼时间在 30—60 分钟之内,每周锻炼 2—3 次对于减缓初中生的心理应激反应具有明显的积极作用。

案例6-4

体育运动缓解护士心理压力

护士在社会生活中扮演高压群体的角色,而压力会导致各种疾病,适当的体育运动能舒缓压力、促进身心健康。但如果运动不当,反而会增加压力,导致身心疲惫。采用多阶分层整群抽样选取的东莞市827名护士来分析体育运动对护士心理压力的影响,并寻求相应对策,从而指导护士更好地进行体育锻炼,促进身心健康。通过问卷的形式对护士们运动目的、运动频度、心理健康状况进行调查。

调查结果发现,健身美体是护士参加体育运动的主要目的,其次是娱乐、缓解压力、减肥、治病保健、陪伴家人、工作需要、社交等,而且体育作为一种健心功能的运动正被人们运用和认可,同时也显出护士在现代社会中面临的心理压力问题。未参加体育运动的心理压力最大,每周运动1—2次的心理压力最小,每周大于等于3次或偶尔参加体育运动的心理压力也比较大。

由于护理人员每天处于高压力、高应激、高疲劳状态下,应根据自身职业特点进行科学的体育锻炼,才能真正强健身心,运动次数增多并不能有效缓解护士心理压力。科学的体育运动才能真正缓解压力、促进健康。

资料来源:牟小小.体育运动对缓解护士心理压力的调查研究[J].卫生职业教育,2008,17:123-124.

二、锻炼强度与应激反应

锻炼强度与应激关系研究中,通常采用心率作为锻炼强度的监控指标。有氧锻炼强度的设定大多依据美国运动医学会针对健康成人的有氧锻炼强度分级标准:小强度为35%—54%最大心率(最大心率=220-年龄),中等强度为55%—69%最大心率,大强度70%—89%最大心率。部分研究采用遥测心率结合的方式被试的锻炼反应进行观察,确定小、中、大有氧锻炼强度的心率区间依次为:105—120次/每分钟、130—150次/每分钟和155次/每分钟以上。

(一)小强度的体育锻炼能够减缓应激反应

马申等(2005)采用青少年生活事件自评量表和体育活动等级量表,对大学生参加体育锻炼情况和应激关系进行了调查研究。研究结果发现,男大学生的应激水平明显低于女大学生,但运动量要高于女大学生。男女大学生各自不同运动量学生之间的应激水平也有明显差异,表现为大、中运动量的学生应激水平比较低,小运动量的学生应激水平较高。男女大学生各自不同运动量指标与其应激水平得分呈不同程度负相关,即运动量处在大、中等的学生,他们的生活事件应激得分相对低些,运动量越小,其生活事件应激水平越高。

邓雷、马兆富(2009)以大学生为研究对象,研究发现12周小强度锻炼对缓解大学一年级女生心理应激的积极影响优于 6 周小强度和 12 周中强度，12 周小强度锻炼对心理应激有积极作用。由此可见，大学生积极参与持续时间较长且小强度锻炼对心理应激有积极影响，尤其对提高社会交往、改善人际关系方面。刘彦（2011）研究发现，不同锻炼强度在心理应激水平层面上的差异具有显著性，其中小强度和中等强度最能减缓研究生的心理应激。

（二）中等强度的体育锻炼可以减缓应激反应

Berger（1993）研究表明有规律地从事中等强度（最大心率的 60%—70%）锻炼的体育人群应激水平较低。王萍丽（2002）对参加半年以上不同锻炼项目、不同锻炼强度锻炼的大学生的应激水平进行了对比研究。调查结果显示，健美操锻炼的大学生应激水平比其他项目组学生水平低，进行中等强度锻炼的女大学生的应激水平显著低于进行小锻炼强度量和大锻炼强度锻炼者心理应激水平。刘翠娟、慕昉（2003）研究也发现，中等运动量的体育锻炼最能减缓应激水平，增进心理健康。刘翠娟等（2009）调查结果显示：中等运动量的体育锻炼最能减缓应激水平，优于小运动量和大运动量体育锻炼。

案例 6-5

高校硕士研究生如何通过体育锻炼调节心理压力

研究目的：探讨乌鲁木齐市高校硕士研究生的课余体育锻炼状况、心理压力水平，以及二者之间存在的相互影响和关系，分析哪些锻炼因素与心理压力关系最为密切，从而提出最佳的体育锻炼方法，使研究生对自己的心理状态有个客观的认识，并有意识地通过各种自己喜欢的体育锻炼项目和科学的体育锻炼手段来缓解自己的心理压力，培养他们的终身锻炼意识，使自己保持良好的心理状况来迎接将来的工作与生活，为乌鲁木齐市高校硕士研究生心理保健的理论研究和实践提供基本的统计资料。

研究对象：选取了新疆大学、新疆师范大学、新疆医科大学、新疆财经大学、新疆农业大学研究生 714 人。

研究方法：文献资料法、问卷调查法、数理统计法等。

测量工具：研究生体育锻炼状况及个人基本情况的调查表、心理压力水平测量量表。

结果发现：如今约有三分之一的研究生在日常生活中普遍承受着过大的心理压力，研究生已成为心理高压人群，较突出的两大压力源是学习压力和就业前途压力。女研究生的就业压力和婚恋压力较为突出，而男研究生的经济压力和人际关系压力较为明显。不同强度的体育锻炼与研究生心理压力水平之间有着显著性的关系，其中，轻微运动的研究生心理压力过大；参与小强度运动的研究生心理压力处于适中水平,大强度运动时心理压力也比较大。因此,小强度和中等强度最能缓解研究生的心理压力。

资料来源:刘彦.乌鲁木齐市高校硕士研究生体育锻炼与心理压力的关系研究[D].乌鲁木齐:新疆师范大学,2011.

(三) 大强度体育锻炼与应激反应

尽管绝大多数研究发现,大强度的体育锻炼并不利于减缓应激反应,但是仍有少部分研究结果表明,大强度体育锻炼也可能减缓应激反应。Morgan 等研究发现,80%的最大摄氧量强度的体育锻炼(大强度)也可以减缓应激反应。Tomporowski(2003)通过实验研究探究了大强度体育锻炼减缓应激反应的效果。研究结果表明,虽然比中等强度减缓应激反应的效果量小,但大强度体育锻炼仍可以减缓研究对象的应激反应水平。

综合研究表明,小、中、大强度的有氧锻炼都会对心理应激反应有着减缓作用。其中绝大多数研究认为,效果最佳的是中等锻炼强度的有氧锻炼。虽然大强度体育锻炼对应激反应的减缓作用结论存在不一致,但大强度锻炼伴随着高风险损伤。因此,为减缓应激水平,锻炼者应尽量选择中、小等强度的体育锻炼。

三、锻炼方式、项目与应激反应

体育锻炼的方式和项目多种多样,锻炼方式主要划分为有氧锻炼和无氧抗阻锻炼。为了能够将锻炼心理研究成果应用于实践指导,学者们探究了不同锻炼方式和项目对减缓应激反应的效果。

刘彦(2011)研究发现,不同锻炼项目在心理应激水平层面上的差异具有显著性,其中以跑步、散步和网球为锻炼项目最能减缓研究生心理应激。不同锻炼目的在心理应激水平层面上的差异具有显著性,其中以消遣娱乐和缓解压力为体育锻炼目的而进行的体育锻炼可以更好地起到减缓心理应激的作用。不同锻炼形式在心理应激水平层面上的差异具有显著性,其中以和同学结伴参加体育锻炼对减缓学生心理应激最好。

邓雷、孙海艳等(2009)探讨不同持续时间和强度的健美操、羽毛球和篮球身体锻炼对大学新生人格和心理应激的干预效益。研究结果表明,不同持续时间、强度和项目的体育锻炼对心理应激影响不同。其中,以 12 周小强度健美操锻炼的效果最明显。Spalding 等(2004)通过实验研究验证了不同持续时间与不同方式的体育锻炼与应激反应之间的关系。研究结果表明,有氧锻炼实验组被试在应激时的心率、血压生理指标反应较锻炼前出现显著的下降,而这种现象并没有出现抗阻力量锻炼实验组和对照组被试中。因此,Spalding 认为有氧锻炼能够有效减缓应激反应症状,无氧抗阻锻炼不能作为减缓应激反应的有效手段。

处理应激的基本途径

处理应激的基本途径可以归为三大类：(1)环境方面的管理措施,或者称为"控制周围情况"的方法;(2)精神方面的管理措施,或称"精神超越事物"的方法;(3)躯体方面的管理措施,或称"应激适应"的方法。这三种解决应激的基本方法可以单独应用,也可以联合应用,不同的方法可以针对不同的应激源。

应对应激事件的有效方法：　　　　　　　应激管理中的五个转变：

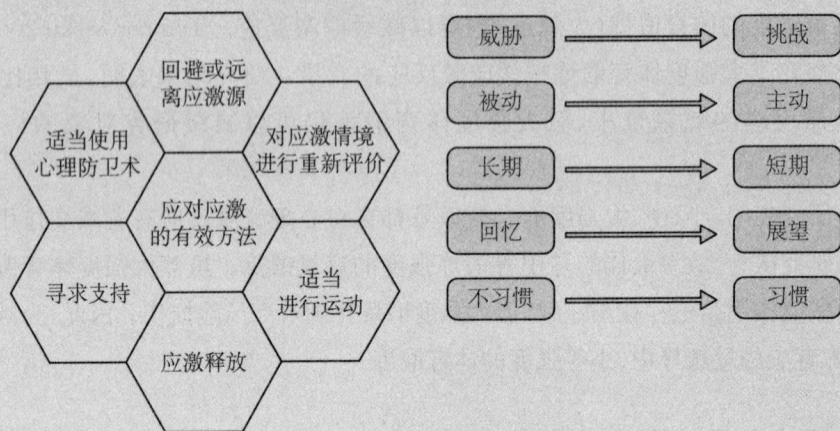

资料来源：庄清.应激、健康与应激管理[J].中国运动医学杂志,2004,2：226 - 228.

本章小结

应激是个体对作用于自身的情境刺激做出觉察、认知、评价后,产生的生理和心理反应过程。它包括应激源刺激、觉察认知评价、应激反应三个环节,所引起的应激反应可以是个体适应的或适应不良的反应。应激源是指能引起个体产生生理和心理应激反应的内外环境刺激物。任何与机体原有的生理及心理状态不一致的因素都能构成应激源。学界提出了多种应激理论模型：应激的刺激理论模型、应激的反应理论模型(一般适应性综合症模型)、应激CPT模型等。同时,体育锻炼因素中,个体可以通过参加低到中等强度的身体活动来有效的改善其不良的应激反应,特别是通过自我谈话、设置合理目标等方式对个体应激水平进行有效的控制。

总之,在体育锻炼中,应激可以是积极的,也可以是消极的,积极的应激源使人精力旺盛,思维敏捷,反应迅速,相反,如果个体长期处于不良应激源的环境,会使他的注意或知觉范围缩小,行为动作紊乱,智力活动受到抑制。因此,学习和掌握上述与锻炼和应激相关的知识,将有助于我们更加科学地认识体育锻炼在降低个体不良心理应激状态方面的效益。

思考、理解、探究

1. 何谓应激？日常生活中都有哪些应激源？
2. 不良应激与良性应激的区别。
3. 体育锻炼如何改善应激？

讨论问题

1. 最近有哪些生活事件和麻烦使你感觉处于应激状态？将朋友的内部应激反应和你自己的内部应激感受做个比较，你们两人之间的最主要的应激反应差异有哪些？

2. 寻找一份应激量表，测量你目前的应激感受基线水平。在可能的情况下，停止锻炼2周或4周，再用上述量表测量你的应激感受水平。通过统计计算分析，比较他们之间是否存在差异？你的其他同学都出现了什么样的变化？请展开讨论。

推荐阅读文献

1. Spalding, Lyon, Steel, Hatfield. Aerobic exercise training and cardiovascular reactivity to psychological stress in sedentary young normotensive men and women[J]. Psychophysiology, 2004,41：552 - 562.

2. 曲雪梅,陈开梅,杨剑.青少年心理应激的运动干预效应研究[J].南京体育学院学报.2011,25(6)：125 - 128.

3. Barrett, Campos. A diacritical function approach to emotions and coping [M]// Cummings, Greene, Karraker. Life-span development psychology：Perspective on stress and coping. Hillsdale, NJ：Lawrence Eribaum, 2001：21 - 41.

4. 尹剑春,季浏,王坤,孙开宏.体育锻炼对大学生心理应激的调节作用：来自纵向研究的证据[J].天津体育学院学报,2014,1：38 - 41,46.

5. 牟小小.体育运动对缓解护士心理压力的调查研究[J].卫生职业教育,2008,17：123 - 124.

6. 刘彦.乌鲁木齐市高校硕士研究生体育锻炼与心理压力的关系研究[D].乌鲁木齐：新疆师范大学,2011.

第六章　锻炼与应激

第七章　锻炼与焦虑、抑郁

本章学习要点

◎ 掌握焦虑、抑郁概念

◎ 了解焦虑、抑郁的测量

◎ 掌握体育锻炼对焦虑、抑郁的影响

关键概念

焦虑　抑郁　特质焦虑　状态焦虑　抑郁症

现代文明使人类愈发脱离自然属性,加之生活节奏快、社会关系复杂、就业压力倍增、环境污染等因素,导致人类心理疾病的发生率呈逐年上升趋势。焦虑和抑郁已成为 21 世纪最为严重的健康问题之一。从某种角度上看,适当的焦虑有助人们鼓起勇气面对生活中的困难和挑战,但焦虑处理不好,则会使人感到无所适从,长期陷入沉重的心理负担,甚至因焦虑而导致抑郁症。基于这一背景,了解体育锻炼与焦虑和抑郁的关系显得尤为重要。对于大多数人来说,科学的体育锻炼能够对个体的心理健康产生积极的影响,因此本章通过介绍体育锻炼与焦虑和抑郁的相关知识,使锻炼者了解体育锻炼与焦虑和抑郁的关系,促使其通过积极地参与体育锻炼,达到预防和改善焦虑、抑郁的目的。

第一节　锻炼与焦虑

焦虑是一种常见的情绪状态,生活中充满着很多可能产生焦虑的情境,比如临近考试,你会因为没复习好而感到紧张不安,这就是焦虑。通常,适当的焦虑在一定程度上能激发人们的潜力,激活人们的生活动力,起到鞭策的作用。但过度焦虑则会使个体担心忧虑,降低人们的工作和学习效率及生活质量。锻炼心理学研究表明,与其他传统的治疗手段相比,体育锻炼不仅可以起到预防和缓解焦虑的作用,而且改善效果的持续时间更为长久。

一、焦虑定义

弗洛伊德(S. Freud)比较早的对焦虑进行了研究,他认为焦虑是一种在自我知觉和应对威胁时做出的反应,是一种不愉悦的感情状态,伴随有生理症状的现象。Horwitz 等认为焦虑是神经系统的一种不自觉反应,是紧张、担忧、着急等的主观感受。Lang、Davis 和Öhman(2000)指出焦虑是对未来威胁和不幸的忧虑预期,并伴随着紧张的烦躁不安或一定的身体症状。朱智贤主编的《心理学大词典》指出焦虑是指人由于不能达到目标或不能克服障碍的威胁,致使自尊心和自信心受挫,或使失败感和内疚感增加,形成一种紧张不安并带有恐惧的情绪状态。

总而言之,焦虑是个体在担忧自己不能达到目标或不能克服障碍而感到自尊心受到持续威胁下形成的一种紧张不安、惧怕,并伴有明显生理反应的一种情绪状态。焦虑状态含三种主要成分,分别为情绪体验、威胁、不确定性,担心的认知表征,以及生理唤醒。当焦虑程度不断加深、持续时间延长、出现频率增多时,焦虑就可能会衍变成病理性焦虑,临床称为焦虑症。焦虑症是一种严重损害人们生活质量的心理疾病。

二、焦虑的分类

焦虑的分类方法有很多,根据焦虑表现的内容可以分为现实性焦虑、神经过敏性焦虑和道德性焦虑。现实性焦虑是由客观现实对自尊心的威胁引起的。如学生面临升学、就业前的考试,运动员面临比赛所产生的焦虑。神经过敏性焦虑是指不仅对于特殊事物或情境产生的焦虑反应,而且对于任何情况都可能产生的焦虑反应,它是由心理社会因素诱发的忧心忡忡、挫折感、失败感和自尊心的严重损伤引起的。道德性焦虑是指由于违背社会道德标准,在社会要求与自我表现发生冲突时,产生内疚感而引起的焦虑反应。

根据焦虑的稳定性可以分为特质性焦虑和状态焦虑。特质焦虑是指不同个体在焦虑倾向方面所表现出来的相对稳定的差异。例如,焦躁不安的个体不论是参加锻炼还是在日常生活中,都会表现出情绪紧张、忧心忡忡的倾向。状态焦虑则是一种在强度上有变化,随时间而波动的短暂情绪反应(季浏,符明秋,1994)。例如,某个人平时性格开朗大方,但若参加大型活动或比赛的时候就会感到紧张不安、不能发挥其正常的水平。

根据反应特征又可以将焦虑分为认知性焦虑和躯体性焦虑。认知性焦虑是指某人负面思考或担忧的程度,它是对不愉快情绪的意识感知;躯体性焦虑是有关焦虑体验的生理与情绪因素,直接由自发的唤醒引起的,通过心跳加快、呼吸急促、手心出汗、胃肠痉挛以及肌肉紧张表现出来。

三、焦虑的测量

测量焦虑的工具主要分为两类:一是自陈量表,二是与焦虑有关的生理指标,研究者们一般只能采用间接的方式来评估焦虑状态的现象学和生理学特征。在锻炼心理学领域的长时锻炼研究中,研究者采用自陈量表主要测量被试的特质焦虑,辅助测量被试的状态焦虑;而在单次锻炼前后通常使用自陈量表测量被试的状态焦虑,辅助测量特质焦虑。常见的自陈量表有 Spielberger(1983)编制的状态—特质焦虑量表(State Trait Anxiety

Inventory，STAI）（见表 7 - 1），心境状态量表中的紧张分量表（Profile of Mood States，POMS）以及多维情绪形容词量表中的焦虑分量表（Multiple Affect Adjective Check List，MAACL）。

表 7 - 1　状态—特质焦虑问卷（样题）

	完全没有	有些	中等程度	非常明显
1. 我感到心情平静	①	②	③	④
2. 我感到安全	①	②	③	④
3. 我是紧张的	①	②	③	④
4. 我感到紧张束缚	①	②	③	④
5. 我感到安逸	①	②	③	④
6. 我感到烦乱	①	②	③	④
7. 我感到满意	①	②	③	④
8. 我感到害怕	①	②	③	④
9. 我感到舒适	①	②	③	④
10. 我有自信心	①	②	③	④

资料来源：戴晓阳.常用心理评估量表手册［M］.北京：人民军医出版社，2010.

　　此外，生理测量也备受一些学者的青睐，在目前的锻炼与焦虑的研究中，常用的测量手段有肌肉紧张程度、肌电等类似的生理指标测量，血压、心率等心血管生理指标测量。同时，也有学者对焦虑所引发的神经内分泌系统活动产物，如儿茶酚胺或皮质醇等，进行测量。

四、体育锻炼与焦虑

　　随着锻炼心理学的发展，科学的体育锻炼已成为一种有效的改善焦虑的方法。通过锻炼，一方面可以将各种生活应激引发的烦恼、焦虑、不安等情绪发泄出去，另一方面也可以通过相互交往形成良好的人际关系，从而有效地增进人们的心理健康。当前关于体育锻炼与焦虑的研究，主要体现在体育锻炼与特质焦虑及状态焦虑方面。

知识窗 7 - 1

焦虑的内在过程

　　Spielberger 等（1972）较为详尽地阐述了焦虑的内在过程。如图 7 - 1 所示，在遇到外部刺激（锻炼）时，因为不同水平的特质焦虑，不同个体也表现出不同程度的焦虑反应，进而对刺激作出相应的认知评价，由此引起不同的认知预期、生理反应和主观感受,促使不同个体表现出不同的避免焦虑的适应性行为,最终产生焦虑下降的预期效果。接着通过感觉、认知和防御机制的反馈,个体会根据生理需要、内部刺激、防御机制的反馈等再度做出认知评价,进而影响个体的预期和生理反应,从而再次引起与认知和情感反应相适应的行为,如此循环不止。

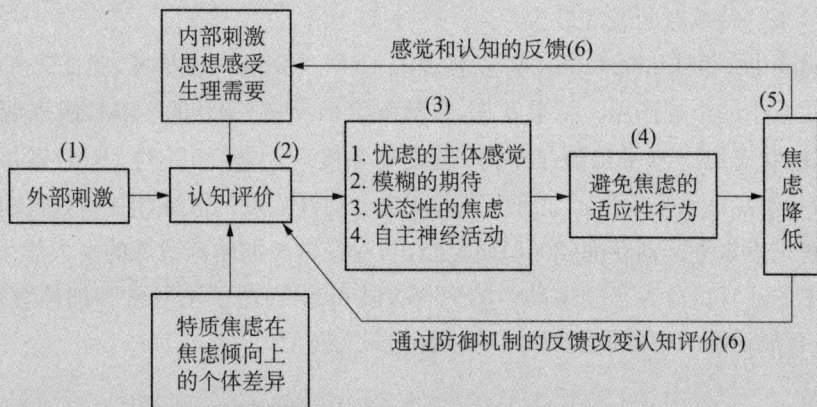

图 7-1　焦虑的内在过程

资料来源:郭永玉,贺金波.人格心理学[M].北京:高等教育出版社,2011:205.

(一)体育锻炼与特质焦虑

锻炼对焦虑具有良好的改善效果,长期保持锻炼可有效降低特质焦虑和状态焦虑。与其他缓解焦虑的方式相比,长期锻炼降低特质焦虑的效果最为明显。对特质焦虑水平较高的人群而言,锻炼缓解焦虑的效果更好。研究长期锻炼缓解焦虑的心理效益时,一般实验设计要求每周锻炼 2 到 4 次,至少持续 2 到 4 个月。

一项以荷兰青少年、成人同卵双生子及其家人为调查对象,被试人数超过 19 000 人的大样本研究结果发现,与不锻炼或偶尔锻炼的人群相比,长期保持锻炼的人群报告出更少的特质焦虑症状(DeMoor,Beem,Stubbe,2006)。鲁雷、季浏(2012)研究表明:经常参与体育锻炼的大学生与很少参加运动的大学生在特质焦虑水平上有显著性差异。通过体育锻炼来降低大学生的特质焦虑水平是有效的。其中,中低频率长时间的技能主导类个人隔网对抗项目对特质焦虑的改善最为明显。范红霞、王潇(2015)探讨时间管理倾向训练对择业期女硕士焦虑、抑郁和幸福感的影响。将 60 例择业期女硕士随机分为实验组和对照组,实验组采用时间管理方法(Get Things Done,GTD)进行半年训练后发现,通过训练可以显著提高女硕士生的时间管理倾向水平,进而可以显著提高女硕士生的主观幸福感,减少焦虑。

(二)体育锻炼与状态焦虑

一次性锻炼对缓解状态焦虑的效果更好。Petruzzello(1991)指出,对于没有临床焦虑症的人群，锻炼能有效降低其状态焦虑的水平，进行20到30分钟的持续锻炼后，状态焦虑水平能在锻炼后5到30分钟内出现显著的下降。Arent(2005)进行了一项关于锻炼缓解状态焦虑效果的准实验研究，发现被试的状态焦虑程度在锻炼后即刻有轻微的上升趋势，但在锻炼后20到30分钟，焦虑程度与锻炼前相比有了显著的下降趋势。也有研究表明，锻炼缓解状态焦虑的效果与冥想、安静休息、生物反馈等改善方法的效果相似，然而锻炼改善效果的持续时间通常最为长久。

Bartholomew和Linder(1998)曾以客观的1RM为锻炼强度指标，验证锻炼强度在锻炼与焦虑关系中的影响作用。结果发现，在低强度(40%—50%的1RM)锻炼后15到30分钟，被试的状态焦虑水平出现了下降；但在高强度(75%—85%的1RM)锻炼后15分钟，被试的状态焦虑水平发生了显著上升的现象。与高强度的锻炼相比，低强度的锻炼更有利于缓解焦虑水平。刘春梅(2008)研究指出，对经常参加体育锻炼的女大学生而言，降低状态焦虑的适宜负荷为有氧运动中的75%VO_2max，而对于不经常参加体育锻炼的大学生而言，有氧运动的中低强度(30%VO_2max)最为适宜。

知识窗7－2

巧锻炼，降压力

近年来，发生猝死的人有"年轻化"趋势，在意外死亡者之中，甚至还有十八九岁的大学生，压力已经变成了隐形杀手，潜伏于我们的生活之中。压力就像我们身体会得病一样，要想彻底摆脱是不可能的，抵制疾病的最好办法是保持良好的身心状态，通过合理运动有效缓解压力。

太极、八段锦——既修心养性又锻练肢体

以前很多人觉得，太极拳和八段锦是公园里老人晨练的项目，但现在越来越多的白领已经成了太极拳和八段锦忠实的"粉丝"。36岁的李先生是一名都市白领，巨大的工作压力让他近年来出现了失眠、厌食等亚健康症状，最后他选择了练太极拳健身，症状减轻了很多。以松静自然、舒缓自如而又动如迅雷为特点的太极拳，特别有利于调节气血、修养身心，是缓解压力的一种好方法。太极拳和八段锦都要配合呼吸，可以认为属于"气功"中的"动功"范畴。

经常从事太极拳和八段锦锻炼者血管绊异常率和瘀血超标率均明显低于对照组，这表明太极拳和八段锦还具有调节血液供应的作用。此外，不少研究表明，练习太极拳和八段锦对降低血脂、增大肺活量、增强心肌营养、预防和延缓心脑疾病等方面均有良好效果。

瑜伽——健身新时尚

30岁的康小姐是北京外国语大学的研三学生，她说："虽然我曾经在美国工作一年，但是在国内还是很难找到合适的工作。我想要移民，可老公的工作稳定，不愿意离开。我真不知道该怎么办，感觉压力很大。"在朋友的介绍下，她开始修炼瑜伽，几个月下来，她感觉心情愉悦，精神振奋。她说："在练习瑜伽的过程中，我想通了很多人生道理，现在我已经不再为生活中的各种压力发愁了。压力也是动力，只要我努力过，奋斗过，就没有什么可遗憾的了。"

我们的心灵和身体一样容易受到外来因素的侵袭，在心灵遭受的各种伤害中，最可怕的莫过于自我污染。我们要做一名心灵环保工程师，及时清除那些生长在心灵的污浊，抵御外来侵扰，让身心充满活力。瑜伽的本意是"结合"，即自身的心绪与肢体运动恰当结合，实现消除紧张，平静内心，修心养性，缓解压力。瑜伽强调身体是一个大系统，这一系统由若干部分组成，使各个部分保持良好的状态才能有健康的身体。瑜伽通过体位法、调息法等方法，调整各个器官的生理机能，从而调节情志，使精神神经系统消除紧张。此外，瑜伽对减肥、失眠、焦虑和关节炎等症状也有很好的疗效。

资料来源：巧用中医养生运动缓解压力［OL］.［2016－4－24］. http：//www.zhzyw.org/zybj/ydys/1214128462K632G9FCB5L5.html.

（三）体育锻炼与焦虑症

对于普通人而言，体育锻炼调节焦虑的作用固然重要，但对于临床焦虑人群而言，锻炼缓解焦虑的效果又如何呢？大量的研究表明，体育锻炼也能有效地改善焦虑症患者的不良情绪状态。

Martinsen（1989）对 79 名焦虑症临床患者实施了持续 8 周，每周 3 次，每次 60 分钟的锻炼干预，不论是有氧锻炼（步行、慢跑）还是无氧锻炼（力量锻炼、柔韧锻炼）都可以达到改善焦虑的效果。Sexton 对 52 名临床焦虑症患者在 8 周锻炼干预后的未来 6 个月焦虑程度变化情况展开研究，发现步行和慢跑能显著降低被试的焦虑程度，在锻炼干预后 6 个月，体适能水平越高，被试的焦虑症状出现的频率和强度越低。此外，他的研究还发现与心理治疗和冥想治疗相比，被试更愿意选择锻炼作为降低焦虑症状的手段。Callahan（2004）将确诊为患有焦虑症的被试随机分配到锻炼组、药物治疗组和控制组，锻炼组被试执行的干预计划是在连续 10 周内，每周进行 3 次长 45 到 60 分钟的跑步锻炼。药物治疗组被试接受相关的药物治疗，控制组不做任何干预。研究发现，与控制组相比，锻炼组和药物治疗组被试的焦虑症状水平在 10 周干预之后都显著下降。

第二节　锻炼与抑郁

抑郁也是一种常见的情绪状态，它不仅能导致人类产生明显的外部情绪与躯体的负性表现，而且还可能导致人体内部出现某些微妙的消极变化。随着人们锻炼意识的不断增强，越来越多的人选择用运动的方式来缓解压力，而且充分的体育锻炼有治疗抑郁症的功效。

一、抑郁概念

抑郁一词，起源于拉丁文"Deprimere"，意指"下压"，它是一种由多种原因引起的混合的，更为复杂的情绪体验。基于这一特殊的情绪体验通常包含多种情感成分，可以将抑郁分为抑郁情绪、抑郁综合症和抑郁症三个方面。

抑郁情绪单指心境低落、闷闷不乐、不开心。即使是普通人也会有抑郁的情绪体验，如高考落榜，下岗失业、疾病缠身，天灾人祸、生离死别、家庭困难等，但是绝多数人都能很快从抑郁中解脱出来。因此，这类抑郁属于一般的情绪波动。抑郁综合征则是指个体在出现抑郁情绪的基础上，同时伴有生理、行为、认知等方面的异常表现，如说话迟缓、缺乏兴趣、反应迟钝、食欲下降等，这种特殊的情绪体验通过短期的心理干预或科学的体育锻炼能够得到改善。抑郁症则属于精神障碍的一种，表现为疲乏无力、避免社交、性欲减退等，在抑郁症患者的眼中，五彩缤纷的世界反而如度日如年的人间地狱。若抑郁患者抑郁程度加重，他们对任何事情都不感兴趣，就连早上起床、刷牙洗脸等日常习惯活动都感到很困难，这将严重影响人们的生活、工作及社交，甚至相当多的抑郁症患者有自杀行为。因此，这种抑郁是一种比较严重的心理疾病。

总之，抑郁情绪如同"云迷雾锁"；抑郁综合征则稍微严重一些，如同"乌云密布"，但此时需要寻求心理医生的帮助来缓解此症状；抑郁症就更严重仿佛"倾盆大雨"，必须接受相应治疗。

二、抑郁的特点

（一）情绪低落

抑郁的核心症状被称为"缺乏快乐"，意指丧失体验快乐的能力，如果处于抑郁状态，那将会感到生活变得异常空虚，毫无快乐可言。抑郁的时候，我们会变得脆弱，过去我们容易应对的事情现在却莫名其妙地令人恐惧。此外，与抑郁相关的其他消极情绪还有悲伤、内疚、羞耻、嫉妒等。

（二）丧失兴趣和快乐

抑郁影响我们做事的动机，抑郁的人会感到自己态度冷淡，无精打采，对许多事情都缺乏兴趣，曾一度热衷的项目现在也变得枯燥乏味。似乎没有什么事情值得去做，甚至觉得连尝试的必要都没有。

（三）思维模式消极

抑郁通过两种途径影响我们的思维。首先，抑郁影响注意力的集中程度和记忆力。抑郁的时候，我们会发现自己无法集中精力去做任何事情，包括看书和看电视。我们的记忆力也变得很差，容易遗忘，即使回忆一些事情，也多半是消极和不愉快的。第二，抑郁影

锻炼心理学

响我们对自己、未来乃至整个世界的看法。对抑郁者而言,他们通常觉得自己没有长处,满身缺点,毫无价值,未来也充满了迷茫。

(四)活动水平受限

抑郁的时候,行为方式也会发生变化。比如,许多以前乐于从事的活动,现在却变得令人难以忍受;任何事情做起来都感觉很费劲,对待他人的方式也因此发生了变化。抑郁的人与他人的交往减少,冲突不断增加,丧失对交往的信心,变得紧张不安,难以放松,感觉自己如同困兽,四处走动,想做点什么,却又不知道该做什么。有时候,也会变得反应迟钝,走路缓慢,时走时停,思维变得迟滞,对任何事情都感到沉重。

(五)生理水平下降

任何状态如快乐、兴奋、激动、焦虑或抑郁等都与大脑生理变化有密切联系。最近的研究表明,上述心理状态中有些与应激激素的分泌有关,这表明抑郁反应包含了应激活动的成分。此外,抑郁还会影响单胺类神经递质的分泌活动。一般来说,在抑郁状态下,大脑中这些化学物质的分泌水平会下降。上述生理变化可能是造成抑郁症状的原因。

(六)睡眠和饮食紊乱

抑郁不仅影响了我们的精力,也影响到我们的睡眠。抑郁者总是很早醒来,难以入睡,极度疲倦。饮食紊乱也是抑郁的常见症状,抑郁的人吃饭时会感到味同嚼蜡,体重随之减轻,患上厌食症,但也有抑郁者暴饮暴食,导致体重增加,并患上贪食症。

三、抑郁的测量

在锻炼防治抑郁的研究中,研究者通常采用两类手段来测量被试的抑郁水平:(1)诊断标准测量:如使用该领域公认的诊断标准(如 CCMD - 3、DSM - Ⅳ),判断受试者在多大程度上符合这些标准,最终决定受试者的抑郁水平;(2)使用自陈报告问卷测量。

(一)诊断标准测量

DSM - Ⅳ(精神疾病诊断与统计手册第 4 版)是由美国精神医学学会出版的用以诊断精神疾病的指导手册。CCMD - 3(中国精神障碍分类与诊断标准第 3 版)经常被我国研究人员使用,以诊断包括抑郁症等各种精神疾病的指导手册。通常抑郁症需要专业的精神疾病专家进行确诊,一般人群应在怀疑患有抑郁症的情况下参阅此类标准,切不可妄作诊断。除此之外,其他的诊断标准还包括 RDC、ICD - 10 等。在使用这类标准测量抑郁症状时,研究者通常会采用询问、观察及访谈等方式来判断受测者符合这些标准中的哪几项,以确定受测者的抑郁程度。

知识窗 7-3

CCMD-3 抑郁诊断标准

以心境低落为主,并至少有下列 4 项:

(1) 兴趣丧失、无愉快感;

(2) 精力减退或有疲乏感;

(3) 精神运动性迟滞或激越;

(4) 自我评价过低、自责,或有内疚感;

(5) 联想困难或自觉思考能力下降;

(6) 反复出现想死的念头或有自杀、自伤行为;

(7) 睡眠障碍,如失眠、早醒,或睡眠过多;

(8) 食欲降低或体重明显减轻;

(9) 性欲减退。

【严重标准】

社会功能受损,给本人造成痛苦或不良后果。

【病程标准】

(1) 符合症状标准和严重标准至少已持续 2 周。

(2) 可存在某些分裂性症状,但不符合分裂症的诊断。若同时符合分裂症的症状标准,在分裂症状缓解后,满足抑郁发作标准至少 2 周。

【排除标准】

排除器质性精神障碍,或精神活性物质和非成瘾物质所致抑郁。

【说明】

本抑郁发作标准仅适用于单次发作的诊断。

资料来源:中华医学会精神科分会.中国精神障碍分类与诊断标准(第3版)[M].济南:山东科学技术出版社,2001:28-35.

(二) 自陈报告问卷测量

在锻炼心理学研究中,测量抑郁较为常用的方式是使用自我报告形式的问卷。目前,最常使用的两个测量工具是贝克抑郁问卷(Beck Depression Inventory,BDI)和 Zung 抑郁自评量表(Zung self-rating Depression Scale,SDS)。抑郁自评量表在国内外的研究中比较通用,该量表由 20 个条目组成,按 1—4 级评分,得分越高表示抑郁程度越高。此外,常用的量表还包括汉密尔顿抑郁自评量表、心境状态量表抑郁分量表(POMS)、病人健康问卷-9 及症状自评问卷等。在锻炼缓解抑郁的急性效应研究中,研究者通常会在一次性锻炼前后对被试的抑郁程度进行测量。若是考察长期锻炼缓解抑郁的效果,研究者不仅要在每次锻炼前后对被试的抑郁进行测量,还要在锻炼干预开始前、锻炼干预中期、锻炼

干预结束后一段时间测量被试的抑郁变化情况。

表 7 - 2　抑郁自评量表

A：没有该症状　B：小部分时间　C：相当多的时间有该症状　D：绝大部分时间或全部时间

1. 我觉得闷闷不乐,情绪低沉	A	B	C	D
2. 我觉得一天之中早晨最好	A	B	C	D
3. 我一阵阵哭出来或觉得想哭	A	B	C	D
4. 我晚上睡眠不好	A	B	C	D
5. 我吃得跟平常一样多	A	B	C	D
6. 我与异性密切接触时和以往一样感到愉快	A	B	C	D
7. 我发觉我的体重在下降	A	B	C	D
8. 我有便秘的苦恼	A	B	C	D
9. 我心跳比平时快	A	B	C	D
10. 我无缘无故的感到疲乏	A	B	C	D
11. 我的头脑跟平常一样清楚	A	B	C	D
12. 我觉得经常做的事情并没有困难	A	B	C	D
13. 我觉得不安而平静不下来	A	B	C	D
14. 我对将来抱有希望	A	B	C	D
15. 我比平常容易生气激动	A	B	C	D
16. 我觉得作出决定是容易的	A	B	C	D
17. 我觉得自己是个有用的人,有人需要我	A	B	C	D
18. 我的生活过的很有意思	A	B	C	D
19. 我认为如果我死了别人会生活得好些	A	B	C	D
20. 平常感兴趣的事我仍然照样感兴趣	A	B	C	D

资料来源：戴晓阳.常用心理评估量表手册[M].济南：人民军医出版社,2010.

四、体育锻炼与抑郁

20 世纪 60 年代,有研究者就体育锻炼缓解抑郁水平的效果进行了系统的研究。体育锻炼不仅是一种促进身体健康的有效手段,还是一种增进心理健康的有效方式,对抑郁的预防和改善发挥着积极的作用。目前,研究者较为全面地探究了抑郁情绪、抑郁综合征及抑郁症与体育锻炼的关系。

(一) 锻炼与抑郁的预防

体育锻炼作为一种增进身体健康的手段可以有效地预防抑郁,在一些发达国家,锻炼预防、调节、改善抑郁的研究已达到相对较高的水准。国外研究者大多是通过分析调查的数据来初步探究锻炼与抑郁的关系。国内的相关研究虽起步较晚,发展稍缓慢,但近年来在此方面的研究也明显增多。

积极参加体育锻炼的人群极少出现抑郁症状,而且患有抑郁症的人在一定程度上也得到了缓解。Farmer(1988)发现,静坐不锻炼或锻炼较少的人群在未来8年中患上抑郁症的可能性是经常参加锻炼人群的2倍。Lampinen(2000)使用贝克抑郁问卷对663名芬兰青少年在1988年到1996年之间的锻炼水平和抑郁状况进行了跟踪调查,其研究指出与保持锻炼的人群相比,在8年的跟踪调查中停止锻炼或锻炼水平下降的人群出现抑郁或抑郁程度加深的人数比例更高。Motl(2004)对4 594名青少年进行了两年的纵向研究,以探究体育锻炼与抑郁之间的关系,研究发现,跟踪前高锻炼水平者具有较低的抑郁程度,在跟踪期间不再保持长期锻炼的个体抑郁程度加深,而在跟踪期间锻炼水平升高者,其抑郁程度出现减轻现象,这就为锻炼预防抑郁提供了强有力的支持。

何颖(2003)对大学生体育锻炼与抑郁水平的研究表明,平时不积极参加体育锻炼的大学生的抑郁水平显著高于积极参加体育锻炼的大学生。Goodwin(2003)曾借用美国疾病调查中心的6 000名青少年健康状况相关数据进行了一项研究,发现忧郁症、心境恶劣症及躁郁症与锻炼水平存在相关关系,且表现出一定程度的剂量反应。此外,锻炼水平与抑郁程度也存在负相关关系,锻炼水平较高者往往显示出较低的抑郁程度。体力活动的参与同抑郁之间存在逆线性关系,积极进行体育锻炼个体呈现更低的抑郁程度,偶尔锻炼的个体显示较高抑郁水平,而不锻炼的个体则显示最高的抑郁水平。

锻炼心理学的众多研究表明,体育锻炼具有预防抑郁的效果,且并不存在年龄或性别上的差异。积极参与锻炼的人群患抑郁症或出现抑郁症状的可能性更小,因此,体育锻炼似乎为人类抵抗抑郁提供了"防御武器"。

(二)锻炼与抑郁的改善

1. 体育锻炼与轻度抑郁

锻炼心理学研究者不断将研究焦点聚焦于锻炼对轻度抑郁的治疗功效上。通常认为,轻度抑郁包含抑郁情绪和抑郁综合征。不同的锻炼强度和方式对轻度抑郁的改善效果也不一样。

锻炼强度是锻炼干预计划的重要构成要素。Chu(2009)探究了10周不同锻炼强度对抑郁症状的影响,他将女性被试随机分配到四个组中,即控制组、低强度锻炼组(40%—55%最大吸氧量)、中等强度锻炼组(56%—60%最大吸氧量)及高等强度锻炼组(65%—75%最大吸氧量)。研究指出,3个锻炼组被试的抑郁水平在锻炼后都出现了下降,相比较而言,高等锻炼强度组抑郁水平的下降效果最好。余文斌(2006)对大学生进行中等强度的体育锻炼研究,让其进行每周3次,每次60分钟的篮球组和长跑组运动,在连续进行12周的锻炼行为干预后,通过测试实验对象的抑郁水平,并与不参加任何体育锻炼的控制组进行差异比较。实验结果表明,中等强度锻炼能够降低焦虑和抑郁水平。

李樑(2013)在对976名在校大学生进行问卷研究中指出,以中等强度进行一段时间的身体锻炼,不论是自主情景还是合作情景都能有效地降低焦虑和抑郁情绪。张冬雪等

(2001)通过对老年人体育锻炼行为进行实验研究,结果表明,持之以恒地参加缓慢、舒展的体育锻炼能够有效地降低抑郁程度。不参加体育锻炼的老年人的抑郁程度较参加体育锻炼的严重。

此外,不同的锻炼项目对抑郁的改善效果也不一样。余文斌(2008)通过篮球组和长跑组的对比实验,发现这两组在抑郁方面具有显著性差异,篮球比长跑更有利于降低大学生的抑郁水平,进而改善心理健康。李秋利(2009)研究发现,有氧运动可以很好地改善抑郁情绪,还可以作为保持或促进心理健康,消除心理疾病的一个有效途径;有氧运动还可以使被试的不良情绪得到合理的发泄,保持情绪稳定,缓解抑郁情绪。张忍法等(2012)在不同运动项目对大学生抑郁症状干预效果的研究中指出,体育舞蹈比篮球和乒乓球更有利于降低抑郁水平。很多研究者通过研究发现,篮球、羽毛球等集体性锻炼方式对大学生抑郁也有改善作用。

2. 体育锻炼与抑郁症

抑郁症的传统治疗方法通常需要抑郁症患者付出极高的代价,不仅治疗费用较高,而且治疗周期较长,寻找一种省时省财且无负面效果的治疗手段已经迫在眉睫。锻炼治疗抑郁症的效果正逐渐成为锻炼心理学研究的热点。

Doyne(1987)以 40 名 18—35 岁的抑郁女性为研究对象,通过对其实施 8 周的运动干预后发现,无论是有氧运动还是抗阻性力量训练都能有效地缓解研究对象的抑郁症水平。Singh、Clements 和 Fiatarone(1997)使用 DSM - IV 诊断筛选出 36 名老年抑郁症患者,并将所有被试随机分配到力量锻炼干预组和控制组中,实验持续 10 周。在该研究中,锻炼干预组被试每周进行 3 次有指导的抗阻力量锻炼。为了避免控制组被试形成社会期待效应,研究者对控制组被试进行了注意力干预,每周进行 2 次健康教育讲座或观看视频。实验结果表明,通过贝克抑郁问卷和汉密尔顿抑郁自评量表的测量,与控制组被试相比,力量锻炼组病人的抑郁水平出现了显著的下降。Brenda(2002)将 439 名实验对象随机分成健康教育、抗阻训练和有氧运动组,实验时间 18 个月。实验结果发现,同对照组的结果相比,有氧运动能随着时间显著降低抑郁症程度,但未在抗阻训练中观察到此类效果,这项研究说明,有氧运动比抗阻训练对重度抑郁症人群的影响更显著。James(2007)通过16 周的运动干预,发现患有重度抑郁症的中年女性参加体育锻炼和服用抗抑郁药物效果相似。

此外,布鲁门索等对 156 名 50 岁以上患有严重精神抑郁的男子进行了研究,将他们分为 3 组进行试验,第 1 组每周运动 3 次,每次半小时;第 2 组只靠药物治疗;第 3 组药物治疗与健身运动治疗兼顾。16 周后,3 组病人的病情均有显著改善,这表明 3 种治疗方法均产生了效果。再过 6 个月后发现,运动组抑郁症复发的比例最低,只有 8%,药物组抑郁症复发率为 38%,药物和健身运动治疗兼顾的小组抑郁症复发率为 31%。

敬继红等(2013)通过分析大量抑郁症患者案例,并且从参与治疗抑郁症患者的活动过程中发现太极拳由于其松、静、圆、缓、柔的独特运动方式,以及融汇了中国传统哲学、医学等于一体,阴阳辨证、自然和谐的认知方式对大学生的抑郁状况具有明显的改善作用,它可以从健身和健心两方面同时对患者起到治疗作用。赵永峰(2014)在体育锻炼抗抑郁的研究进展中指出,锻炼对抑郁症状尤其是老年抑郁人群具有一定的疗效,有氧运动能够作为一个临床治疗抑郁症患者方法,它具有药物和其他心理疗法不可替代的作用。

知识窗 7 - 4

运动健身 防治抑郁

有专家指出,抑郁症的发病并不仅是患者受了精神刺激,还有一定的生理病理基础,有可能是体质和环境共同作用的结果。抑郁既有遗传因素,更与经历和环境等后天因素相关。患者有条件时,首先应看心理医生,但不能将此症单纯理解为心理疾病,还受生物学因素影响,必须综合治疗。

药物治疗是必要的。笔者有两位老朋友曾患抑郁症,痊愈的主要经验就是按医嘱服药。另外,应辅以行为疗法,其中包括适量的体育运动。

理论研究和实践证明,运动对防治抑郁症具有多方面的功效。人在运动时,大脑皮层的兴奋点得以转移,使精神集中在从事的活动上,缓解工作和学习等造成的焦虑与疲劳。自我封闭是抑郁缘由之一,参与群体游戏性的体育活动,可加强彼此交流和消除紧张。同时,机体在运动过程中良性物质(例如内啡肽等)分泌增多,令人感到愉悦。

众所周知,人在患病时往往情绪也不好,长期处在病中则增加抑郁的可能。从这个角度来说,运动使体质增强,提高了免疫力,会减少因患各种疾病而导致抑郁。

运动不是防治抑郁的唯一手段,更不是万能的方法。必须注意选择适当的运动方式与负荷,不宜从事太剧烈或有较高危险性的项目,以免造成精神紧张和过于疲劳。运动时不要勉强完成什么动作,更不苛求姿势和技术的准确。其同伴则应宽容和善于用表情和语言适度鼓励,但千万别过火,否则由于患者敏感而适得其反。

资料来源:运动健身,防治抑郁[OL].(2011 - 1 - 12)[2016 - 4 - 24].http://blog.sina.com.cn/s/blog_6876494a0100olvt.html.

本章小结

焦虑是个体在担忧自己不能达到目标或不能克服障碍而感到自尊心受到持续威胁下形成的一种紧张不安、带有惧怕色彩并伴有明显生理反应的一种情绪状态。焦虑的以分为现实性焦虑、神经过敏性焦虑和道德性焦虑;特质性焦虑和状态焦虑;认知性焦虑和躯体性焦虑。测量焦虑的主要方法有自陈量表心理测量与焦虑有关的生理指标测量。体育锻炼具有预防和改善焦虑及焦虑症的作用。长期的体育锻炼能有效降低个体的特质焦虑水平,一次性的体育锻炼能够有效地改善个体的状态焦虑水平。此外,体育锻炼也能有效地改善焦虑症患者的不良情绪状态。

抑郁是一种由多种原因引起的混合的,更为复杂的情绪体验。通常将其分为抑郁情绪、抑郁综合征和抑郁症。具有抑郁症状的个体通常表现为情绪抑郁、丧失兴趣和快乐、消极的思维模式、睡眠和饮食紊乱等特征。通常采用诊断标准测量和自陈报告问卷测量个体的抑郁水平。作为一种促进身心健康的有效方法,体育锻炼能够有效地预防抑郁症状的出现,改善抑郁情绪和抑郁综合征,同时也能较好地缓解抑郁症。

思考、理解、探究

1. 焦虑和抑郁的概念?

2. 如何对焦虑进行分类?

3. 抑郁的特点有哪些?

4. 体育锻炼对不同的焦虑和抑郁症状有哪些影响?

讨论问题

1. 如果现在有一名被确诊为中等到严重程度之间的抑郁患者来向你咨询降低抑郁程度的策略,结合本章节学习的内容,你会建议他采用何种方式来降低抑郁程度? 为何选择或不选择锻炼作为其降低抑郁的干预手段? 如果选择锻炼,你将怎样说服该抑郁患者执行你的干预方案?

推荐阅读文献

1. 何颖,季浏.体育锻炼影响大学生抑郁水平的中介变量研究[J].天津体育学院学报,2005,20(1):6-8.

2. 符明秋,周喜华.大学生抑郁与体育锻炼、父母教养方式的相关研究[J].体育科学,2004,24(6):49-51.

3. Pinquart, Duberstein, Lyness. Effects of psychotherapy and other behavioral interventions on clinically depressed older adults: A meta-analysis. Aging & Mental Health, 2007,11:645-657.

4. Rethorst, Wipfli, Landers. The antidepressive effects of exercise: A meta-analysis of randomized trials. Sports Medicine, 2009,39:491-511.

5. Grisel, Bartels, Allen, etal. Influence of beta-Endor phinon anxious behavior in mice: interaction with EtOH [J]. Psychopharmacology. 2008,200(1):105-115.

6. 李樑.不同身体锻炼情境对大学生焦虑、抑郁情绪影响的实验研究[J].西南师范大学学报(自然科学版),2013,10:107-111.

7. 张忍法,李军,杨敏丽.不同运动项目对大学生抑郁症状干预效果的研究[J].昆明医科大学学报,2012(8):27-29.

第八章　锻炼与自尊

本章学习要点

◎ 理解自尊、身体自尊的概念

◎ 了解自尊的结构及测量

◎ 掌握影响自尊的因素

◎ 理解锻炼与自尊的关系

关键概念

自尊　身体自尊

　　近年来,研究者们发现一个人拥有名望、财富和权利,但他却未必是个幸福的人。Sheldon 等人(2001)认为,这些所谓的名望、财富和权利只是心理需要的最低层次,而根据马斯洛的需要层次论,尊重和自我实现的需要则处在需要的最高层次。尊重的需要包括自尊和受到他人的尊重,自尊需要的满足会使人相信自己的力量和价值,使他在生活中变得更加自信,更富有创造性。反之,缺乏自尊则会使人感到自卑,没有足够的自信去处理面临的问题。当前在锻炼心理学领域不断有成果显示锻炼对参与者最具潜力的影响可以从其自尊水平的变化上表现出来(司琦,2008)。

案例 8-1

怎样才能找到自尊自信?

　　张明自高中起就非常在意自己的形象,跟别人比起来,他总感觉自己太瘦了。在别人看来有魅力的外表和健康很重要,他也不例外。他渴望优美的肌肉线条和强有力的自尊。而这一切都没有想象中那么美好。偶然的机会,他从朋友王鹏那里了解到,王鹏会定期到当地镇上的健身俱乐部进行锻炼。在他看来,王鹏看起来既健壮又充满自信。所以张明决定跟着王鹏一起试一试,于是他就先在俱乐部里买了试用会员的卡,并且请王鹏帮助他开始锻炼。从此,张明养成了每周去俱乐部锻炼的习惯,随后他又将自己的会员资格延期到一年。经过努力,他的身体有了很大的改变。肌肉量的增加、肌肉线条的显现以及体重的改善使他更加自信。最重要的是,张明形成了对自己的体适能和身体吸引力的强烈自豪感,而且他的自尊水平也得到了明显的提高,对他的工作和生活都产生了积极的影响。

该案例中,张明一开始觉得自己的身体条件一般,跟别人相比有些自卑。在与经常参加锻炼的王鹏交流后,张明决定通过锻炼来改变自己。张明通过一段时间的锻炼发现自己有了很大的改变,锻炼产生的效果使他很自信,促使他更加积极地参与锻炼。锻炼不仅使他的外表发生了变化,也给他带来了自尊和自信。张明的经历表明,锻炼的确具有改善个体自尊的功效,通过锻炼能够使个体更加自信。

第一节 自尊概述

现代心理学中的自尊研究经历了起伏不定的发展。从一开始,美国著名心理学家威廉·詹姆斯就为自尊的兴起与发展铺垫了较好的基础,随后也形成了心理学研究的"自尊热"。自尊对解释人类行为具有重要的作用,被认为是最能影响情绪及调节生活状况的人格变量。从古希腊哲学家苏格拉底的"认识你自己"到当代哲学家萨特、卡西尔等人有关自我的观点中都能有所体现。

一、自尊概念

自尊(self-esteem)源于拉丁语"aestimare",意思是对人或对事的评价或评估,《朗曼现代英语词典(第三版)》对"self-esteem"的解释为个人对自己的好的意见和评价,有时也指自负、自大。自尊是自我的核心组成部分,与人的心理健康紧密相关,日益成为心理健康的重要评价指标之一,它对个体的认知、情绪和行为都产生着重要影响。当前,在生活满意感的研究中,自尊被认为是能最有效地预测生活满意感的变量,这使得有关自尊的研究在当今社会备受关注。但是,对于自尊概念的界定,心理学家们却是仁者见仁、智者见智,至今仍无定论。甚至当前有些研究认为,受集体主义和个人主义社会文化价值观的影响,东西方人群的自尊并不相同,存在差异性。

威廉·詹姆斯(1890)是最早给自尊下定义的学者,他认为自尊取决于实际情况与设想的可能性之比,即自尊=成功/抱负水平。Rosenberg(1965)认为自尊是个体对自己的总体态度,反映了个体知觉到的现实自我状态和理想或期望的自我状态之间的差异。Mruk(2006)将自尊定义为一个人的自我价值感、自我胜任感或二者的结合。Steffenhafen则指出自尊是个体对自我的知觉的总和,其中包括他的自我概念(心理的)、自我意象(身体的)和社会概念(文化的)。

我国学者也对自尊进行了深入的研究,不同学者对自尊的界定也有所差异。如心理学家朱智贤(1989)认为,自尊是社会评价与个人的自尊需要的关系的反映。林崇德

（1995）则认为，自尊是自我意识中具有评价意义的成分，是与自我需要相联系的、对自我的态度体验，也是心理健康的重要指标之一。顾明远指出自尊是指个体以自我意象和对自身社会价值的理解为基础，对个人的值得尊重程度或其重要性所作的评价。李京诚（2009）认为自尊是一个人对自己的重要品质所做的综合评价和整体感受，表现为一般的或具体的、积极的或消极的自我评价，以及对自我价值感、重要感和接受感的情绪体验。总的来说，自尊就是反应个体进行自我欣赏的程度。通常与感觉良好有关，同时也是衡量心理健康的关键因素。

二、自尊的结构

自尊的结构问题一直是自尊研究领域的热点问题。经过长期努力，心理学家对自尊结构的研究取得了很大进展，并从不同角度提出了许多观点和见解。20世纪90年代之前，自尊结构的研究主要集中在构成要素上，有单维结构、二维结构、三因素结构、四因素结构、六因素结构和八因素结构等几种不同的看法。到了20世纪90年代，Greenwald等人突破了以往对自尊结构意识层面的单一认识，提出了内隐和外显的双重自尊结构理论。进入21世纪，张向葵在已有研究的基础上建构了自尊的"倒立金字塔"结构。

（一）自尊的单因素结构

美国心理学家威廉·詹姆斯于1890年提出了自尊的单因素结构，他认为自尊就是个体的成就感，取决于个体在实现其所设定的目标过程中的成功或失败的感受，并提出著名公式：自尊＝成就感（成功/抱负水平）。由此可以看出，是个体所获得结果的认知而不是个体所获得实际结果对自尊有重要影响。

（二）自尊的二因素结构

由于自尊的单因素结构存在一定缺陷，1988年，Pope和McHale提出了自尊的二因素结构（见图8-1），认为自尊由知觉的自我和理想的自我构成。知觉的自我就是自我概念，是个体对自己具

图8-1　自尊的二因素结构

备或不具备的各种技能、特征和品质的客观认识。理想的自我是个体希望成为什么人的一种意象和一种想拥有某种特性的真诚愿望。当二者相一致时自尊就是积极的，而当二者不一致时，自尊就是消极的。自尊的二因素结构具有很强的操作性，但过于笼统。

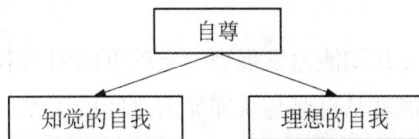

（三）自尊的多因素结构

自尊的多因素结构主要包括自尊的三因素结构、四因素结构、六因素结构及八因素结构。自尊的三因素结构是由Steffenhagen（1990）提出来的，他认为自尊是由三个相互联系的结构组成的，即物质/情境模型、超然/建构模型、自我力量意识/整合模型。自尊的四因素结构是由Coopersmith提出来的，他认为自尊包括重要性、能力、品德和权利四个因素。魏运华指出儿童的自尊由外表、体育、运动能力、成就感、纪律、公德与助人六个因素构成。1995年Mboya提出自尊由家庭关系、学校、生理能力、生理外貌、情绪稳定性、音乐

能力、同伴关系、健康八个因素构成。自尊的多因素结构涉及面较广，但缺少进一步的验证。

（四）自尊的内隐和外显结构

在内隐社会认知提出之后，Greenwald 和 Farnham 于 2000 年提出了自尊的内隐和外显结构。内隐自尊是指人自发的无意识的对自己评价倾向，外显自尊是指人们在意识中能够确认的一种自我评价。内隐自尊和外显自尊之间既相互联系，又相互独立，而且两种自尊分别作用于不同的心理与行为，内隐自尊影响个体对行为的自我评价，而外显自尊主要影响人们有意识的社会行为和判断，其中内隐自尊对自发的和情感驱动的行为有较好的预测作用。

（五）自尊的"倒金字塔"结构

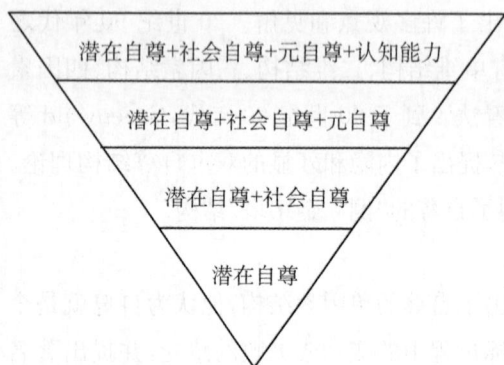

图8-2　自尊的"倒金字塔"结构
（张向葵，张林，赵义全，2004）

张向葵（2004）在已往自尊结构研究的基础上，提出了自尊的"倒金字塔"结构。"倒金字塔"结构包括潜在自尊、社会自尊和元自尊三部分。潜在自尊是人类进化化成中由人的求生本能形成的一种基本需要，处于结构的最底层，是人类自我发展和自我追求的驱动力；潜在自尊和社会自尊构成了该结构的第二层，是个体自尊结构的主体部分；第三层结构由潜在自尊、社会自尊和元自尊共同构成，元自尊是个体元认知发展的一种特殊表现形式，是个体在元认知能力发展到一定程度时对自我认识的认知、监控和调节活动。第四层或再往上发展就是自尊与认知能力之间的关系。自尊的"倒金字塔"结构充分体现了自尊结构的意义和特征。

总之，不论是自尊的各因素结构或者自尊的内隐外显结构，还是自尊的"倒金字塔"结构，都具有一定的合理性，在一定程度上揭示了自尊的本质，反应了自尊的某些侧面。但这些结构缺乏个体为追求自身价值实现的自尊驱动力研究，而且也缺乏将自尊作为一个系统进行综合的动态研究。

第二节　锻炼与自尊模型

心理学家在自尊结构的基础上提出了自尊模型，认为个体可以通过改善其具体领域的自尊进而达到改善个体整体自尊的效果。随着锻炼心理学的发展，锻炼心理学家提出了锻炼与自尊模型，并指出锻炼与自尊之间存在相关关系，个体可以通过锻炼改善自尊，自尊的提高也会进一步增加个体参与锻炼的积极性。锻炼与自尊模型从理论方面解释了锻炼与自尊之间的相关关系,为锻炼者进行体育锻炼活动提供了一定的理论基础。

一、自尊、身体自尊模型

(一) 自尊模型

1989 年,Fox 等在 Shavelson 提出的自我概念多维等级结构模型的基础上,提出了自尊模型(见图 8 - 3)。在该模型中处于最顶层的是整体自尊,整体自尊由学业自尊、社会自尊、情感自尊及身体自尊构成。身体自尊包括身体力量、身体状况、运动能力以及身体吸引力四个方面的自尊。Fox 等人还指出,随着处于低层次、具体领域的自尊水平的变化,高层次的整体自尊水平也可能随之发生变化。整体自尊水平一般比较稳定,但也并不是一旦形成就无法改变。若要改善个体的整体自尊水平,可以先采用某种干预手段改善该个体处于具体领域的次级自尊水平,这样才更有可能提高个体的整体自尊水平。

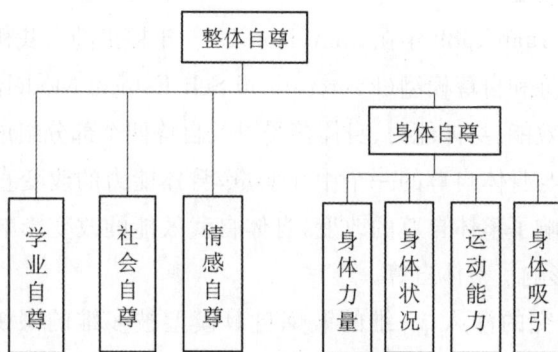

图 8 - 3　自尊多维模型

资料来源：Fox, Corbin. The physical self-perception profile: Development and preliminary validation [J]. Journal of Sport Exercise Psychology, 1989,11(4)：408 - 430.

(二) 身体自尊模型

为了进一步探究自尊中身体自尊维度,Fox 和 Corbin(1989)在自尊模型的基础上提出了身体自尊模型(见图 8 - 4)。身体自尊模型对身体自尊中各个子领域进行了深入的分析,指出运动能力可以通过具体的足球运动能力来体现,足球运动能力又可以通过具体的射门技能来体现;身体力量可以由举重能力决定,而举重水平又可以由卧推水平体现;5 英里跑可以预测长跑能力,长跑水平又可以反映身体耐力;身体吸引力可以从一个人的体形看出,而体形又可以从腰部曲线来观察,如果个体拥有苗条的身材,他的体形可能更具有吸引力,身体自尊水平也会有所提高,身体自尊水平的提高又会使个体整体自尊水平得到相应的提高。

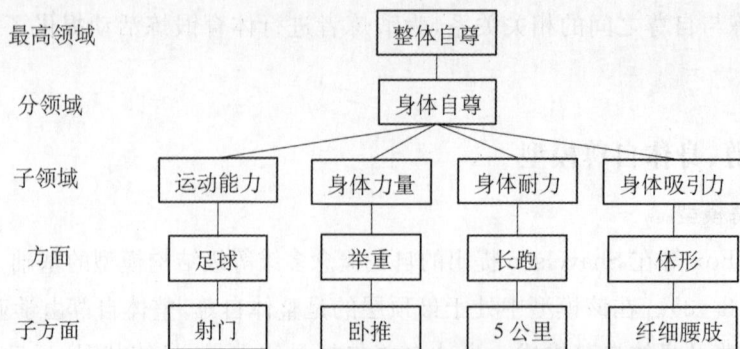

图8-4 身体自尊模型

资料来源：Fox, Corbin. The physical self-perception profile：Development and preliminary validation［J］. Journal of Sport Exercise Psychology，1989，11（4）：408-430.

二、锻炼与自尊、身体自尊模型

（一）锻炼与自尊模型

Sonstroem 和 Morgan 1989 年在 Shavelson 1976 年提出的自我概念多维等级结构模型的基础上提出了锻炼和自尊模型（Exercise and Self-Esteem Model，EXSEM）。锻炼和自尊模型由身体自我效能、身体能力、身体接受以及自尊四个部分组成，该模型指出，身体自我效能是锻炼行为与身体自尊的一个中介变量，身体能力的改变直接引起了身体自我效能的提高并间接影响了整体自尊的改变，身体自我效能的改变影响了身体能力和身体接受的变化，进一步影响了整体自尊。

随着身体自尊研究的深入，一维的锻炼自尊模型被多维的锻炼自尊模型所取代，Sonstroem、Harlow、Josephs 1994 年在原模型的基础上对锻炼和自尊模型进行了优化，提出了锻炼与自尊的改进模型（见图 8-5）。该模型把原来的身体能力扩展为四个子领域，即身体力量、身体状况、运动能力以及身体吸引力。改进后的模型认为：运动和锻炼的经历能够影响个体具体的自我效能，具体自我效能对身体能力的四个子领域也会产生一定影响，进而提高身体能力和身体自我价值。身体价值和身体能力既可以直接影响整体自尊，也可以通过身体接受间接影响整体自尊。锻炼与自尊的改进模型为锻炼引起自尊的改变提供了重要的理论指导（Spence 等，2005）。

（二）锻炼与身体自尊模型

为了对锻炼与自尊关系的内在机制进行深入探究，Lindwall（2004）提出了锻炼与身体自尊模型（见图 8-6），从宏观到微观上更好地解释了锻炼对身体自尊的影响。锻炼与身体自尊模型认为，当个体进行锻炼时，不同的反馈系统通过不同水平、不同方式对个体整体自尊产生影响，该模型从生理、心理以及社会三个方面对锻炼影响身体自尊进而影响整体自尊的内在机制进行了详细阐述，并指出在研究中应该将锻炼与身体自尊置于动态过程中进行研究，不能只考虑生理方面的因素。

```
                          ┌──────────┐
                          │ 整体自尊 │
                          └──────────┘
                          ↑        ↑
        ┌─────────────────────────┐  ┌──────────┐
        │ 身体能力、身体自我价值  │→ │ 身体接受 │
        └─────────────────────────┘  └──────────┘
                    ↑
     ┌────────┬──────────┬──────────┬──────────┐
     ↑        ↑          ↑          ↑
┌────────┐ ┌────────┐ ┌────────┐ ┌──────────┐
│运动能力│ │身体力量│ │身体状况│ │身体吸引力│
└────────┘ └────────┘ └────────┘ └──────────┘
     ↑        ↑          ↑          ↑
        ┌──────────────────────┐
        │ 具体的：身体自我效能 │
        └──────────────────────┘
                    ↑
        ┌──────────────────┐
        │ 运动和锻炼经历   │
        └──────────────────┘
```

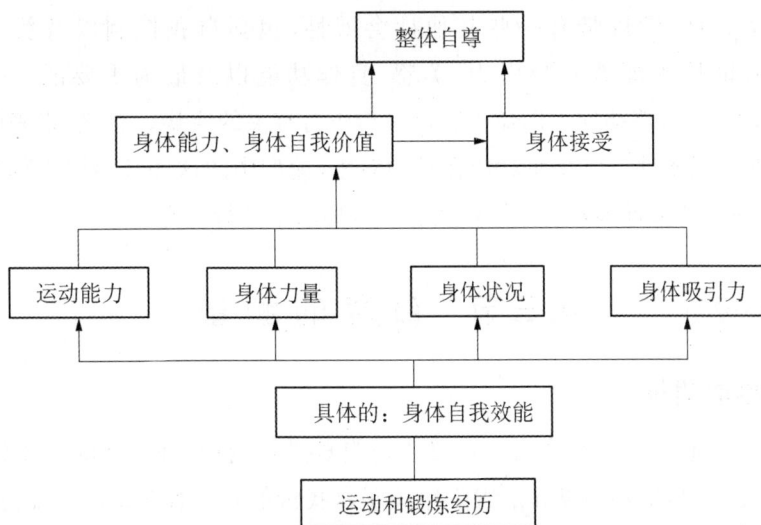

图 8-5　锻炼与自尊的改进模型

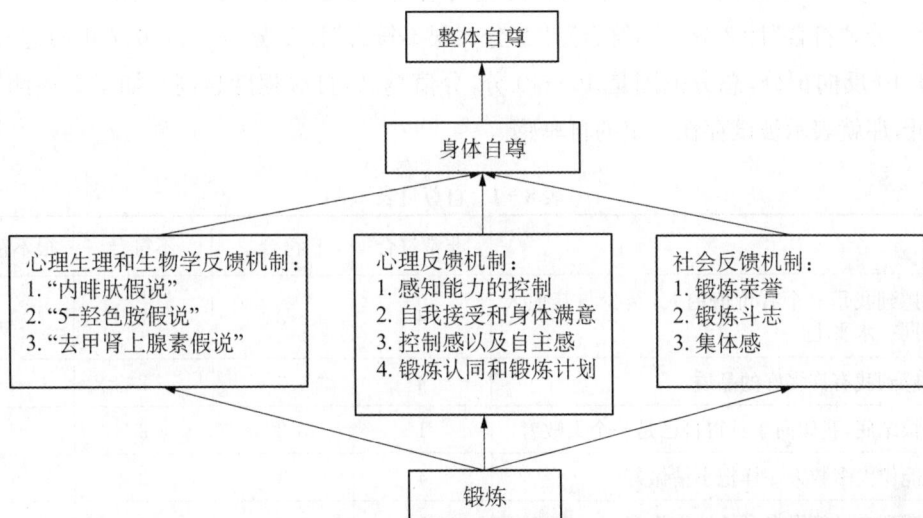

```
              ┌──────────┐
              │ 整体自尊 │
              └──────────┘
                   ↑
              ┌──────────┐
              │ 身体自尊 │
              └──────────┘
          ↑        ↑        ↑
┌──────────────────┐ ┌──────────────┐ ┌──────────────┐
│心理生理和生物学  │ │心理反馈机制： │ │社会反馈机制： │
│反馈机制：        │ │1.感知能力的控制│ │1.锻炼荣誉    │
│1."内啡肽假说"   │ │2.自我接受和身 │ │2.锻炼斗志    │
│2."5-羟色胺假说" │ │  体满意       │ │3.集体感      │
│3."去甲肾上腺素  │ │3.控制感以及自 │ │             │
│  假说"          │ │  主感         │ │             │
│                 │ │4.锻炼认同和锻 │ │             │
│                 │ │  炼计划       │ │             │
└──────────────────┘ └──────────────┘ └──────────────┘
          ↖        ↑        ↗
              ┌──────────┐
              │   锻炼   │
              └──────────┘
```

图 8-6　锻炼与身体自尊模型

　　在生理和生物学反馈方面,内啡肽、5-羟色胺假说、去甲肾上腺素三个假说最具有代表性,他们认为锻炼是通过减缓焦虑和提高情绪来影响自尊的(Boecker 等,2009;Chaouloff,1997;Dishman,1997;Hoffmann,1997;Wipfli,2011)。其中,内啡肽假说强调锻炼对内源性阿片肽系统的影响,而另两个假说则强调锻炼和 5-羟色胺以及去甲肾上腺素的相互作用。

　　在心理方面,身体能力感觉的增加,自我接受和身体满意的增加,控制感、自主感、锻炼认同感的增加,解释了锻炼对身体自我的积极作用。锻炼后的认知、情感和自我评价对自我身体的感觉以及整体自尊的提高有很大影响,尤其是对于那些锻炼前有心理问题的人,锻炼后从中获得的身体机能上的恢复感觉让他们自尊感的提升高于常人。

在社会学方面,锻炼带有一些其他社会属性,包括自我控制以及毅力(Cooper,1981)。此外,锻炼象征着有吸引力、美感、身体功能以及最为重要的一点——健康(Brownell,1991),锻炼能使人们免于感冒等与压力有关的疾病。总之,未来的研究者应该关注的是在什么条件下以及面对什么样的对象,模型中的这些社会因素哪些是起主要作用的,另外还需将多种因素的共同作用逐一分离出来进行研究。

第三节 自尊的测量

一、自尊的测量

一般而言,在心理学研究中常采用量表对自尊进行测量。Rosenberg 编制的自尊量表(SES)(见表 8-1)最初用以评定青少年关于自我价值和自我接纳的总体感受,目前是我国心理学界使用最多的自尊测量工具。这份量表为单维量表,共含有 10 个条目,由 5 个正向计分和 5 个反向计分组成,具有良好的信度、效度。该量表分四级评分,"非常符合"计 4 分,"符合"计 3 分,"不符合"计 2 分,"很不符合"计 1 分,1、2、4、6、7 正向记分,3、5、8、9、10 反向记分,总分范围是 10—40 分,分值越高,自尊程度越高。如果上述测验分值较低,那就表示被试存在一定的自卑感。

表 8-1 自尊量表

	非常符合	符合	不符合	很不符合
1. 我感到我是一个有价值的人,至少与其他人在同一水平上	4	3	2	1
2. 我感到我有许多好的品质	4	3	2	1
3. 归根结底,我倾向于觉得自己是一个失败者	1	2	3	4
4. 我能像大多数人一样把事情做好	4	3	2	1
5. 我感到自己值得自豪的地方不多	1	2	3	4
6. 我对自己持肯定态度	4	3	2	1
7. 总的来说,我对自己是满意的	4	3	2	1
8. 我希望我能为自己赢得更多尊重	4	3	2	1
9. 我确实时常感到自己毫无用处	1	2	3	4
10. 我时常认为自己一无是处	1	2	3	4

Coopersmith(1975)编制的自尊调查表(SEI)在自尊研究中也被多次应用。自尊调查表最初是针对青少年儿童编制,修订后也适用于成年人群。该量表测试个体在不同方面对自己的态度,由 5 个分量表组成:一般自我、社会自我、家庭自我、学校自我和测谎,共有 58 个题目,每一题目都以第一人称的口气叙述一种情况,要求受试者以"像我"或"不像我"来回答。其中,28 个题目为正向计分,30 个题目为反向计分。此外,Janis 和 Field

(1959)编制的自卑感量表(FIS)在自尊研究中也较为常见。自卑感量表用于测定一个人的缺陷感、自卑感、自我敏感和社会焦虑，后经 Fleming 和 Watts(1980)与 Fleming 和 Courtney 以 Shavelson 的"自尊多维等级结构模型"为理论基础进行修订。修订后的量表是多维量表，既可以测量整体自尊，也可以测量社交自信、学习能力、情感、体形外貌及身体能力等特定层面的自尊。

二、身体自尊的测量

（一）身体自我知觉剖面图

1989 年，Fox 和 Corbin 在 Shavelson 自我概念的多维度模型基础上，编制了身体自我知觉剖面图量表(PSPP)。该量表由五个分量表组成，分别测试运动能力、身体状态、外貌/吸引程度、身体/肌肉力量和整体身体自我价值，该量表具有良好的信度、效度。

徐霞(2001)在 Fox 的身体自我知觉剖面图的基础上通过对 498 名大学生进行大学生自尊问卷调查，发展和修订了大学生身体自尊量表。该量表包括一个身体自我价值感主量表和运动技能、身体素质、身体状况和身体吸引力四个分量表。主量表是身体自我方面的总体自豪感、满意感、自信心及愉悦感。运动技能的分量表包括专项运动能力、学习技能能力和对运动竞赛情景的自信心；身体状况的分量表包括身体健康状况、体力、保持锻炼的能力以及对锻炼情景的自信心；身体吸引力的分量表包括富有吸引力的体格、保持富有吸引力的身体能力和对身体外貌的自信心；身体素质分量表包括速度、耐力、柔韧、力量以及灵敏等素质。

表 8-2　身体自我知觉剖面图量表(样题)

	似乎符合我──►完全符合我						
运动能力　一些人觉得他们在运动时表现并不出色；然而，另一些人觉得他们恰恰善于每一项运动。	1	2	3	4	5	6	7
身体状态　一些人不常有高水平的体适能和体力；然而，另一些人总是能保持一定的体适能和体力。	1	2	3	4	5	6	7
身体吸引力　一些人对其身体和外貌绝对自信；然而，另一些人则对其身体和外毫无意识。	1	2	3	4	5	6	7
身体力量　一些人觉得他们比同性人群更强健有力；然而，另一些人则认为和同性的大多数人相比他们力量不足。	1	2	3	4	5	6	7
整体身体自我价值　一些人对他们的身体完全满意；然而，另一些人有时对他们的身体不太满意。	1	2	3	4	5	6	7

（二）身体自我描述问卷

Marsh 及其同事(1994)针对澳大利亚 12—15 岁的青少年学生编制了身体自我描述

问卷(PSDQ)。杨剑(2002)通过对我国 664 名中学生进行身体自我描述问卷的调查,修订了身体自我描述问卷,以考察身体自我描述问卷在我国中学生身体自我观念研究中的适用性及自我观念发展的特点。结果表明,身体自我描述问卷在信度整体上可以接受,同时也具有一定的结构效度。身体自我描述问卷 11 个维度分别为健康、协调、身体活动、身体肥胖、运动能力、整体身体、外表、力量、灵活、耐力和自尊。该问卷含 48 个正向题,22 个反向题,正向题按选项号 1—6 分评分;反向题目 7 减去该题原分,则为该题转换后得分;各题得分相加为该维度得分。

表8-3 身体自我描述问卷(样题)

			完全不符合——→完全符合			
1. 我生病时,感觉总是很差,以致于起不了床	1	2	3	4	5	6
2. 我做协调运动时,感到信心十足	1	2	3	4	5	6
3. 一周训练几次或训练得太辛苦时,我感到呼吸困难	1	2	3	4	5	6
4. 我太胖啦	1	2	3	4	5	6
5. 别人认为我很擅长运动	1	2	3	4	5	6
6. 我满意我的体型	1	2	3	4	5	6
7. 我这个年龄很吸引人	1	2	3	4	5	6
8. 我是个身体强壮的人	1	2	3	4	5	6
9. 我善于弯腰,扭胯,转身	1	2	3	4	5	6
10. 我能不停地跑很远的路	1	2	3	4	5	6
11. 许多事情我做得确实好	1	2	3	4	5	6

(三) 少年儿童身体自尊量表

近年来,为了编制一套适用于中国少年儿童身体自尊并具有良好信度、效度的测量工具,段艳平(2000)在参考澳大利亚学者 Marsh 编制的身体自我描述问卷和身体自我知觉剖面图量表的基础上,以 459 名武汉市中小学生为被试,研制了少年儿童身体自尊量表。量表含有 78 个条目,通过身体吸引力、运动技能、身体活动、力量、速度、柔韧、耐力、协调、外貌、健康、身体自我价值感、整体自尊 12 个分量表来测量少年儿童的身体自尊。结果表明,该量表具有一定结构效度,信度、效度指标基本符合测量学要求。

表8-4 少年儿童身体自尊量表(样题)

			完全不符合——→完全符合		
1. 当我生病时我感觉自己是如此糟糕,以致于无法起床	1	2	3	4	5
2. 与同伴相比,我的身体更有魅力	1	2	3	4	5
3. 我擅长大部分体育运动	1	2	3	4	5

	完全不符合——→完全符合				
4. 我长得丑	1	2	3	4	5
5. 我差不多每天都做体育锻炼或其他体育活动	1	2	3	4	5
6. 我比大多数同龄人都长得结实强壮	1	2	3	4	5
7. 我可以跑得很快	1	2	3	4	5
8. 我认为在测试柔韧性方面,我不如同伴们做得好	1	2	3	4	5
9. 我擅长耐力性运动,如骑车、游泳或长跑	1	2	3	4	5
10. 做体育活动时,我的动作优雅、协调	1	2	3	4	5
11. 我对自己的身体并不是十分自信	1	2	3	4	5
12. 总的来说,我不太出色	1	2	3	4	5

第四节　锻炼与自尊

　　体育锻炼的心理效益是锻炼心理学研究的热点问题之一,自尊、身体自尊是反映身体健康状况的重要指标,对研究人们参与体育锻炼的心理前因和心理效益都有重要作用。近些年,与自尊有关的研究表明体育锻炼能够增强身体自我价值和自尊,但不同人群、不同性别、不同年龄参与体育锻炼的状况不同,体育锻炼对其自尊水平的影响也会有所差异。

知识窗 8-1

锻炼是如何影响自尊的?

一、获得成就体验

　　经常参与体育锻炼能够增强机体的心脏和骨骼功能、降低慢性疾病的发病风险,同时也有助于控制体重、减少焦虑和抑郁等不良状态。当个体机能水平、有氧能力、肌肉张力和健康水平得到提高时,自尊同样也得到了提高。所以,通过制定有规律的锻炼计划并坚持下去会让我们从中获得一定的成就体验。Cleveland Clinic 的研究给我们的建议是若想要在锻炼中获得良好的感觉,我们应该选择自己喜欢的锻炼项目并每天坚持锻炼 20 到 30 分钟。同时,在锻炼时可以选择与朋友一起或自己单独

锻炼,但在单独锻炼时应注意选择娱乐性较强的体育活动,增强锻炼的乐趣,从而保持良好的身心状态。

二、控制锻炼强度

研究表明,低到中等强度的有氧运动在改善心境和心理健康方面具有积极作用。例如,30分钟中等强度的有氧运动能够促进β-内肽的释放和抑制皮质醇的分泌,进而使个体获得更多的幸福感。相反,在充满挑战和竞争的锻炼环境下,大强度运动不但对个体的压力和焦虑没有积极的影响,反而在一定程度上使个体的焦虑程度加深。这些证据表明,与大强度运动相比,低到中等强度的体育锻炼能够产生更加积极的心理效益。但是,在非竞争性环境下,经验丰富的锻炼者能够掌握大强度运动的间歇时间,这为提高其成就感提供了可能性。

三、调节不良状态

冥想、瑜伽、气功、太极等可以减少紧张、焦虑、抑郁和愤怒,并能够改善心境。《瑜伽杂志》有提到,由生理应激引起的"觅食"行为得不到控制会导致体重增加,腹部的脂肪堆积,通过瑜伽练习可以降低皮质醇和肾上腺素的释放,帮助调节血糖、血压、胰岛素。冥想能刺激前额叶皮层,控制兴奋传导以及影响身体免疫功能。例如,心平气和地坐在垫子上,专注于呼吸,上体向上伸展后弯,直至成婴儿式,调整呼吸慢慢平静下来。这样不仅能够释放压力、改善身心状态,而且对于协调性、平衡力、智商和记忆也有所提高。这些运动可以改善睡眠、调节情绪,从而提高个体的自尊。

资料来源:Benna Gawford How does exercise affect your self-esteem? [OL].[2015-6-5]. http//www.livestrong.com/article/438937-how-does-execise-affect-your-self-esteem/

一、青少年体育锻炼与自尊

青少年心理健康问题受到越来越多的关注,增强自尊心可能有助于促进心理健康。近年来,锻炼对青少年的心理健康方面的研究日益增多,研究者发现,不同的锻炼时间、锻炼方式和强度都会对青少年的自尊产生影响。

不同锻炼时间对青少年自尊、身体自尊的影响不同。例如,何颖等(2003)对男、女各60名大学生进行了16周的锻炼干预研究,以探讨体育锻炼的持续时间对大学生抑郁和身体自尊水平的影响。结果表明,4周的体育锻炼就能使大学生的抑郁水平显著降低、身体自尊水平显著提高;体育锻炼通过影响身体自尊,进而影响大学生的抑郁水平。Korkmaz(2014)采用Rosenberg量表和Beck Hopelessness量表对80名女大学生进行测量,结果表明,被试参加持续12周,每周3天,每天60分钟的运动,实验后被试的自尊水平发生了显著的变化。此外,还有研究发现,体育锻炼不仅能提高女生的自尊,对男生的自尊水平也会产生一定的影响。Majid Farahnia 等 2015 年进行了一项随机对照试验,结果表明,经常参加锻炼能够提高男大学生的自尊,促进身体健康发展。

王爱晶等(2012)采用问卷调查和实验研究等方法,研究了有氧健身运动对身体质量指数(Body Mass Index,BMI)异常大学生身体自尊的影响。结果表明:有氧健身锻炼对超体质量和肥胖大学生身体自尊改善作用较为显著,但对低体质量学生的影响不明显;15周的有氧健身锻炼对肥胖大学生"身体吸引力"的改善不显著。Norlena Salamuddin 等(2014)采用自尊量表对 120 名女大学生进行实验研究,探讨有氧运动对自尊的影响。研究结果表明,在提高学生自尊的过程中,踢踏舞和负重训练的效果是最有效的,认为这项研究的结果有助于发展有氧运动提高自尊的作用。

随着锻炼与自尊研究的发展,有研究指出自尊对于青少年锻炼具有预测作用。刘洋(2013)采用身体锻炼等级量表和身体自尊量表对河南省 5 地市 471 名中学生的体育锻炼量、身高、体重、克托莱指数、身体自尊水平和人口统计学变量进行问卷调查。结果显示体育锻炼量与中学生身体自尊呈显著正相关,体育锻炼持续时间对中学生身体形态有预测效果。体育锻炼频数、持续时间和锻炼强度对身体自尊均有良好的预测效果,结果表明体育锻炼有利于中学生良好身体形态的形成,并可以提高中学生的身体自尊水平。陈啟(2015)采用 Rosenberg 自尊量表和 Ryan 身体活动动机量表对 433 名女大学生进行的调查研究中指出,整体自尊和锻炼动机呈显著正相关,整体自尊对锻炼动机预测效应显著,而且尤其对外貌动机、乐趣动机的预测力较强。Philip M. Wlison 研究也指出,高自尊女性锻炼者与自主性锻炼动机相关,并能有效预测锻炼者未来体育锻炼的参与水平。

二、中老年人体育锻炼与自尊

随着我国人口结构老龄化进程的加速,人口老龄化问题已经成为全社会关注的焦点。加拿大学者进行的一项最新研究表明:老年人在晚年保持和提升自尊心颇为重要,因为自尊心有助于缓冲他们将遭遇的潜在健康威胁。体育锻炼作为一种健身方式,对提高中老年人自尊心具有一定的作用。

Elavsky(2010)运用自尊的层级多维模型来研究体育锻炼对中年妇女的整体自尊和身体自我价值各因素的相关性,研究结果发现:体育锻炼、锻炼自我效能和身体质量指数(BMI)对身体状态各方面有积极直接的影响,身体质量指数(BMI)对身体吸引力各方面存在同样作用。反过来,与身体自我价值密切相关的身体状态、身体吸引力和力量对整体自尊同样存在直接影响。杨波等(2011)从心理学角度探讨体育锻炼在老年人整体自尊与心理幸福感关系中的影响,研究结果表明:由于体育锻炼的介入,使得整体自尊对老年人心理幸福感的影响增强,因而体育锻炼在老年人整体自尊与其心理幸福感的关系中起到了调节作用。徐涛、毛志雄(2013)研究结果表明,参加东北秧歌锻炼的老年人的整体自尊、身体自尊和心境状态比不锻炼者更好;低锻炼负荷对身体自尊的提高和对紧张情绪的缓解显著优于中高锻炼负荷;低和高锻炼负荷对愤怒情绪的缓解效果更好;高锻炼负荷对提高精力感具有更好的效果。

Mc Auley 等人（2000）对 174 名老年人进行持续 6 个月的跟踪研究发现，参与体育锻炼的频率、锻炼水平、身体素质、自我效能感、体脂与身体吸引力、身体状况、力量、运动技能等方面的自尊知觉的提高相关。Li 等人（2002）运用随机对照试验研究 6 个月的太极锻炼是否影响老年人整体自尊和身体自我价值，结果表明参与太极锻炼的老年人在整体自尊和身体自我价值方面有所提高。徐涛（2013）研究认为老年人的自尊仅与是否参与锻炼有关，与锻炼负荷无关。但该结果也提示，与中高等锻炼负荷相比，低锻炼负荷对身体自尊的影响更好。其原因可能是老年人在参与锻炼的初期，锻炼负荷较低，心理效益见效快，改善身体自尊的作用原理也许不是锻炼负荷本身，而是集体锻炼的形式即社会交往，这在一定程度上支持了锻炼心理效益产生原因的"社会交往假说"。老年人的身心特点决定了其人生观和世界观的稳定性，整体自尊可能是相对稳定的心理结构，因此，仅凭体育锻炼很难使其发生重大改变。

三、特殊人群体育锻炼与自尊

体育锻炼不仅对普通人群的自尊水平具有积极的影响，而且在改善特殊人群的低自尊水平方面也具有积极的影响。缺乏锻炼是导致肥胖的一个重要因素，肥胖青少年对他们的身体形象更容易产生不满，更容易产生心理障碍。Baccouche、Arous、Trabelsi 等 2013 年通过对肥胖青少年的实验研究，发现在肥胖者训练计划后，自尊和焦虑水平得到了明显的改善，研究表明体育锻炼对于肥胖青少年的身体发育和情绪控制都具有明显的改善作用。

残疾人的心理特点及其影响因素与健全人相比具有较大的差异，研究锻炼如何提高残疾人个体自尊水平具有重要意义。陈荔、张力为（2008）在对锻炼参与影响残障者身体自我的积极效应进行综述时指出："不能否定身体活动会对身心产生积极的影响，但运动锻炼对残障者的身体自我的作用确实堪称神奇，参与运动对残障者身体自我的影响的研究结果相当地一致：参与运动提高了身体意象、身体自我效能、身体表现、促进了与适应行为有关的自我观念的改变。"Tozoglu 等（2014）采用自尊量表对 371 名残疾人进行实验研究，探讨运动习惯和不同变量对残疾人自尊水平的影响。结果发现，残疾个体的平均自尊水平与性别之间无显著性差异，而经常运动的残疾人士往往比那些不经常锻炼的人拥有更高的自尊心，而且体育活动的持续时间和自尊水平之间呈正相关。所以，研究认为有必要探究不同锻炼效果对残疾人自尊水平的影响，以促使他们在社会生活中更加活跃，鼓励他们参加更多的体育活动。

Courneya 和 Friedenreich（1999）的调查显示，体育锻炼在改善癌症患者的不良心理状态方面也具有积极的影响，且这种积极的影响也包括促进自尊水平的提升。Driver 等（2006）将 18 名脑部遭受创伤的成年人被试随机分配到实验组与控制组，在锻炼干预前后测量了所有被试的身体自我概念与整体自尊。实验组被试参与 8 周，每周 3 次，每次 60 分钟的锻炼。锻炼方式包括有氧锻炼和抗阻锻炼。控制组被试参与持续 8 周的阅读和写作技能学习活动。研究结果表明，仅有实验组的被试在体脂、灵活性、力量、耐力，以及整体自尊的感知觉在锻炼前后出现显著的差异，表现出积极的变化。总之，这些研究已经为体育锻炼促进特殊人群的自尊水平的提高提供了参考依据，但在实际生活中，我们一定要注重锻炼处方的科学性，尤其是癌症、高度抑郁等个体。

总的来说，大多数的研究结果支持了体育锻炼有助于提高自尊的结论，但我们也不能忽视，仍有一部分研究结果并没有对这种结论予以支持，甚至有的研究反驳了这种结论。例如，Roark(1999)研究结果发现，不同锻炼项目对提高自尊、身体自尊几乎没有差异。娄虎(2007)探究了不同频率的中等强度篮球、健美操锻炼对大学新生身体自尊的影响。研究发现，无论是每周锻炼 3 次还是锻炼 1 次，男女大学新生的身体自尊水平和心境状态在 6 周之后均未出现显著的变化。锻炼对自尊的影响涉及生理、心理以及社会文化等多方面因素。我们应该进一步研究锻炼对于自尊、身体自尊影响的深层机制。体育锻炼与自尊之间的关系还有待进一步进行研究。

本章小结

自尊是反应个体进行自我欣赏的程度，通常与感觉良好有关，同时也是衡量心理健康的重要指标。经过长期的努力，心理学家对自尊结构的研究也取得了很大的进步，从开始的单因素结构、二因素结构到多因素结构、内隐外显结构以及现在的"倒金字塔结构"，都在一定程度上揭示了自尊的本质。同时锻炼与自尊的模型也得到了不断的发展。在锻炼心理学研究中通常使用自尊量表、身体自我知觉剖面图、身体自我描述问卷等来了解个体的身体自尊以及整体自尊水平。体育锻炼可以提高自尊、身体自尊水平，而自尊、身体自尊水平的提高又可以增强人们参与锻炼的积极性，实现双赢的效果。大量研究表明，体育锻炼对青少年、中老年以及特殊人群的自尊、身体自尊水平有不同程度的促进作用。基于目前的研究现状，未来的研究应该关注不同人群在何种外界条件下，锻炼对其自尊、身体自尊的影响最大，而且应该进一步研究锻炼对于自尊、身体自尊影响的深层机制，进而帮助人们树立科学的锻炼意识。

思考、理解、探究

1. 何谓自尊、身体自尊？
2. 当前研究中，自尊、身体自尊的测量工具有哪些？
3. 你所知道的体育锻炼与自尊、身体自尊关系都有哪些模型？
4. 体育锻炼与自尊、身体自尊之间存在何种关系？

讨论问题

1. 假设某位具有自卑心理的同学或亲朋好友向你寻求帮助，你会采取哪些措施帮助他？如果请你建议他进行体育锻炼活动，你会给予哪些建议？

推荐阅读文献

1. 张文新. 初中学生自尊特点的初步研究[J]. 心理科学. 1997,20(6)：504 - 508.

2. 张力为. 体育科学研究方法[M]. 北京：高等教育出版社. 2006：513 - 519.

3. 何玲,张力为. 抽象及其具体身体自尊评价方式与生活满意感的关系[J]. 北京体育大学学报. 2002(3)：320 - 323.

4. Lemmon, Ludwig, Howe, Ferguson, Barbeau. Correlates of adherence to a physical activity program in young African-American girls [J]. Obesity, 2007,15：695 - 703.

5. Spence, McGannon, Poon. The effect of exercise on global self-esteem：A quantitative review [J]. Journal of Sport & Exercise Psychology, 2005,27：311 - 334.

6. 黄希庭,尹天子. 从自尊的文化差异说起. 心理科学[J]. 2012,35(1)：2 - 8.

7. 乔纳森·布朗. 自我[M]. 北京：人民邮电出版社,2004.

8. Biddle, Fox, Boutcher. Physical activity and psychological well-being [M]. London：Routledge,2000.

9. 殷晓旺,邱达明,黄斌. 体育锻炼对中老年人一般自尊、生活满意感的影响[J]. 体育学刊,2008,3：27 - 30.

10. 魏运华. 自尊的概念与结构[J]. 社会心理科学,1997,1：35 - 39.

11. 张向葵,张林,赵义泉. 关于自尊结构模型的理论建构[J]. 心理科学,2004,4：791 - 795.

12. 尹红霞,陈旭. 自尊结构研究的回顾与展望[J]. 中国临床康复,2006,34：126 - 128.

锻炼心理学

第九章　锻炼与身体意象

本章学习要点

◎ 理解身体意象概念及结构
◎ 了解身体意象的测量工具
◎ 理解锻炼改善身体意象的机制及影响因素
◎ 掌握锻炼与身体意象的相互作用

关键概念

身体意象　社会性体格焦虑　身体能力

　　俗话说："爱美之心，人皆有之。"不论在西方文化还是东方文化中，身体形态都是我们衡量美的一种标准。每个人都会关注自己的身体，例如评价自己近期的身体状况，同时还会留意他人的身体形态。若一个人常常抱怨自己的身姿、体态，畏惧公共场合，或以某种方式遮盖自己不满意的身体部位，那他则表现出了身体意象紊乱的特征。什么是身体意象，影响身体意象的因素有哪些，如何塑造良好的身体意象，体育锻炼能否矫正身体意象紊乱？本章将从身体意象概念、影响因素、测量工具、身体意象与心理健康、锻炼与身体意象的相互作用等方面进行具体学习。通过学习，同学们能够对身体意象有一个正确的认知，能够更加积极主动地参与锻炼。

第一节　身体意象概述

　　日常生活中我们对自己的身体是否有着充分的认识呢？人们在头脑中能否准确呈现出自己的身体图形呢？请想想你身边的亲人朋友们，他们中有多少实际体形体重都很正常的人，却还在采取各种方式去追求他们自认为理想的体形体重。原来，人们在自己的头脑中会对自己的身体呈现出身体图形，也可以说是对自己身体的一种心理表征，当表征出来的身体图形与个体追求的理想身体图形不一致或相差甚远时，他们对身体的不满意感便油然而生，人们在自己头脑中呈现出来的这种图形就是心理学研究中称作的身体意象。

一、身体意象

身体意象的概念应用在许多学科,包括心理学、医学、精神病学、精神分析学、哲学、文化和女性主义研究等。这个词虽然经常在媒体中出现,但相关的学科和媒体并没有对定义达成共识。Schilder(1950)认为身体意象是指人们在头脑中对自己身体所形成的图像,是大脑感觉神经系统等生理因素、个体心理因素和社会因素共同作用的结果,是一种能够发生转变的动态过程。Slade(1994)认为,身体意象是"受历史、社会、文化、个体因素以及生物因素影响的身体形态、大小以及形式的心理表征,它可以随着时间的变化而变化"。Muth(1997)将身体意象定义为:与身体有关的自我知觉、认知、情绪以及行为。目前国外研究者普遍认同身体意象是泛指一个人对自己身体产生的知觉、情绪以及各种想法(Grogan,2006)。还有观点认为身体意象是一个多维度的概念,它反映了我们是如何看待我们的身体,如何认为、感觉和对待它,随着研究者对身体意象不断深入地研究,对其认识也逐步深刻。总的来说,身体意象就是个体对自己身体的一种主观认知与评价。

身体意象可分为积极身体意象和消极身体意象。具有积极身体意象的人,对他们自己的身体大小和体型会有一个正确的认知,庆幸并感激自己拥有自然的身体体型,明白一个人的外表与他们的性格和价值之间的关联性并不大,因此他们不必花大把的时间来担心体重、每天要吃什么东西和摄入的卡路里等,对自己的身体感到舒适和自信。具有消极身体意象的人,对他们的体型和身体大小会产生错误的认知,易于拿自己的身体和别人的做比较,对自己的身体感到羞愧、尴尬和焦虑。他们只认可自己身体的某一部位,认为别人都很有魅力,而对自己的身体感到失望。

知识窗 9-1

如何争取积极的身体意象

● 避免拿朋友、广告和电视上看到的身体和你的身体做比较。

● 在生活中要学会融会贯通,而不是只关注你的身体、体重或外表,集中注意力做你擅长并喜欢做的事情。

● 要自信地面对那些对你身体进行评价的人,不论评价是积极的还是消极的,都不要影响自我欣赏。

● 专注于那些你喜欢的,同时和你的外表没有关联的东西来提升你的身体意象。

● 要明白身体的大小、体型或者体重并不是决定你人生价值的因素。换句话说,你有的不只是你的身体。

● 找一些对饮食、体重和他们的身体外表都有一个积极健康的看法的人做朋友。

- 学会欣赏你的身体能力而不是痴迷于自己的外表。
- 积极运动可以帮助你更好地了解自己的身体，给你更多的能量。
- 用积极的思想来代替你消极的思想。
- 列出关于你优势的清单。比如你喜欢做什么？什么使你与众不同？

资料来源：BG Berger，D Pargman，R S Weinberg. Foundations of Exercise Psychology［M］. Fitness Information Technology，Inc，2006.

二、身体意象的结构

心理学研究认为，身体意象是一个多维的心理构念。当前关于身体意象结构的观点主要有三种：

第一种观点将身体意象结构划分成两个部分：知觉成分和主观成分。知觉成分主要指对身体形象大小估计的准确性；主观成分主要指对身体的满意度、关注程度以及认知评价。

第二种观点将身体意象区分为对身体大小知觉的准确程度和认知评价满意程度两种特性。也就是说，身体意象是由知觉和态度成分组成（McArthur、Holbert 和 Pena，2005）。

第三种观点认为身体意象是一个多维度的概念，它反映了我们是如何看待自己的身体，如何认为、感觉和对待它。身体意象一般是按照四个维度进行定义即对身体大小、形态的总体感知，认知评价，情绪情感体验及相关行为反应。

以上三种观点都认为身体意象的结构中包括感知维度。第一种观点中的主观成分在一定程度上类似于第二种观点中的态度成分，两者皆为个体对自身身体满意程度的认知评价，进而也就都与第三种观点中的认知维度较为相似。最后，从已有的研究中可以看出人们评价身体意象时通常会伴随着情绪情感体验，并做出相应的行为反应（Brewer、Diehl、Cornelius 等，2004；Raedeke、Focht 和 Scales，2007）。总体来看，身体意象的结构有感知、认知、情绪情感体验三个方面。

知识窗 9－2

身体意象的维度

身体意象一般是按照四个维度进行定义，即对身体大小、形态的总体感知，认知评价，情绪情感体验及相关行为反应。

1. 感知维度，主要反映的是人们在头脑中对自己身体所呈现出的影像。例如，在头脑中想象身体或照镜子看到身体时，我们感觉自己身体如何，是胖是瘦，是高是矮，是肌肉发达还是瘦骨嶙峋？需要特别指出的一点是，我们感知到的身体影像可能与我们实际的身体情况并不相一致或吻合。有的人体重正常，甚至已经偏瘦，但他们在照镜子或想象自己身体时依旧觉得自己超重。

2. 认知维度，主要反映的是人们对自己的身体体形、能力等多方面的认识与评价。这种认知与评价是对身体多方面进行的认知与评价，包括身体肌肉力量、耐力、身体吸引力、身体体能等。

3. 情绪情感维度，主要反映的是人们在感知或评价身体体形、能力等方面时的情绪情感体验。当人们对自己的身体感到满意时，通常体验到积极的情绪情感，如自豪、舒适等。但当人们对自己的身体体形、体重或身体能力不满意时，往往产生焦虑、羞愧，甚至抑郁等。

4. 行为维度，其主要反映的是人们在对身体感知、评价或体验到情绪情感之后的行为反应。例如，我们会选择穿什么类型的服装，会选择参加什么类型的活动，是静坐的还是动态的活动，是公共场合的活动还是参加人数较少的活动等。

资料来源：司琦.锻炼心理学[M].杭州：浙江大学出版社，2008.

三、身体意象的影响因素

身体意象反映了人们真实体形与理想体形之间的差距。真实体形是指人们的真实身体特征，如身高、体重、体脂、瘦体重、体适能、力量等。理想体形主要是指人们认为他们的身体特征应该成为符合人们心愿的类型。当真实体形与理想体形相差不远或较为相似时，个体通常会有积极、健康的身体意象。但当个体实际身体体形与理想体形相差甚远时（如认为自己的体形比想要的胖了许多），往往会产生消极的身体意象，表现出消极的情绪和负性行为。现有的研究成果指出，身体意象的影响因素主要有人口统计学因素、个体心理因素、社会文化因素等。

（一）人口统计学因素

1. 性别

性别是身体意象研究中常被探讨的变量之一。在性别与身体意象关系的相关研究中发现，性别变量对身体意象有影响，也有研究认为身体意象不满意现象在男性和女性群体中都较为普遍，并不存在性别差异。Benjet 等（1990）研究发现，大部分女性比男性更注重外表和体重，且比男性对自己的身体意象更为不满，女性的实际与知觉体重不一的差异性也比男性高。但McCabe 和 Ricchiardelli（2004）研究表明，身体意象紊乱现象在男女性中都存在，并无显著的差异。

2. 年龄

Hill（1992）和 Park（2003）研究发现，身体意象的发展是一种动态过程，会随着人们的生长发育而有所变化。人的身体意象常形成于幼儿期，儿童期对身体意象的关注度较明显，青春期最重视，到成年期仍十分关心。Park 等人（2003）的研究结果表明，各年龄层群体之间的身体意象存在差异，其中高中学生群体是最为关心身体外表与体重变化的人群。

身体意象不满意感在各个年龄段内都有所存在,只是与其他年龄段人群相比,老年人对身体意象的不满意感呈现出下降趋势(Tiggemann,2004)。

3. 种族

不同种族人群对身体意象有着不同的认知评价,其中以黑人和白人之间的差异最为显著。Neff(1997)的研究结果发现,黑人与白人青少年同龄女性的身体意象存在差异,与同年龄黑人女性相比,白人青少年女性感觉自己体重过重的比例更高,且白人青少年女性实际体形与知觉体形差异更大,并常用一些不健康的行为方式来控制或降低体重,如使用类固醇、催吐剂或泻药等。Roberts等(2006)研究结果表明,尽管黑人女性的平均体重要比白人女性重,但黑人女性对身体的满意度却比白人女性高。这些研究结果都反映了种族差异对身体意象的影响。

4. 身体质量指数(BMI)

身体质量指数也是影响个体身体意象的一个因素。Guinn和Semper(1997)研究发现,青少年身体质量指数与身体意象呈显著负相关,身体质量指数正常者常具有较佳的自我身体意象,身体质量指数异常者的身体意象往往较差。

(二) 个体心理因素

个体的性格特征在感知维度上会对身体意象产生影响。Davis等人(2000)探究发现女大学生的完美主义倾向与减肥行为、厌食症以及较差的身体意象存在显著正相关关系。此外,Altabe等人(2004)研究发现,与普通大学生相比,有更多不满意特质的大学生对自己的身体评价更消极,具有身体意象紊乱的比例更高。陈红等人(2005)对负面身体自我学生的阈下启动效应的研究发现,身体意象存在障碍的被试对与身体有关的信息尤为敏感,他们会优先选择加工这类信息。例如,有胖负面身体图式的学生会对含"胖"字或有胖意思的词汇(如臃肿、胖嘟嘟等),甚至含"肥"字但没有肥胖意思的词(如肥皂、肥料等)都存在优先选择性加工偏好。

(三) 社会文化因素

身体意象的社会文化观认为,社会文化价值观会影响个体的价值观与行为,并在理解个体是如何感知自己以及如何被他人感知中起着重要作用。如果文化崇尚外表魅力,那么个体就会看重自己与他人的外表魅力,反之亦然。Thompson在1999年提出了身体意象的社会文化理论模型(见图9-1)。

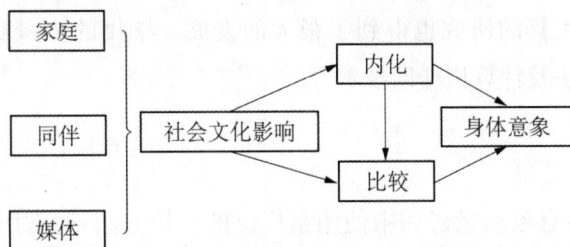

图9-1 身体意象的社会文化理论模型

在该模型中,Thompson 提出影响身体意象的社会文化影响源主要来自家庭、同伴及媒体。三者携带社会文化信息,是个体体验到社会文化压力的信息来源。其中,该理论模型的另一个核心假设认为社会文化因素可以通过外貌比较和理想瘦内化对身体意象产生影响。

1. 大众传媒

大众传媒一般包括传统的报纸、杂志、书籍、广播、电影、电视与新型网络。大众传媒普遍性和深入性的特点,对大众的身体意象产生了深刻的影响。研究发现,大众媒体是影响身体意象的因素之一,且社会比较在大众传媒与身体意象之间起调节作用(Joshi,2004;McCabe 等,2005)。可让人遗憾的是,当今社会大众传媒对理想体形进行了严格而苛刻的限定,这种所谓的“完美体形”已取代了绝大多数女性和男性心目中原本的理想体形。然而许多人并没有意识到大众传媒宣传的理想体形实际上是不真实的,大多数人也无法达到那种体形。这就使对自己身体不满意的人数比例越来越高,身体意象越来越差。

2. 家庭因素

家庭对个体身体意象的影响主要表现为父母对子女的影响。子女对自己身体意象的感知和满意程度往往与父母的身体意象的感知及满意程度相一致或相似。Rieves 和 Cash(1996)研究结果发现,大学生的身体意象障碍与父母的身体不满意程度有显著正相关。Kanakis 和 Thelen(1995)研究也发现,大学生对自己身体意象的消极态度及饮食障碍与其父母对他们身体体形的嘲笑之间存在显著正相关关系。

3. 同伴评价

所谓的“同伴”既包括朋友和同事等非家庭成员,也包括个体的亲人在内。同伴对个体体形的评价会潜意识中内化为他们对自己体形的看法,进而对自己的身体意象产生影响。Paxton(1999)的研究结果发现,团体同伴的评价、态度和价值观更能影响个体的身体意象,是影响个体身体意象的重要因素。

第二节　身体意象的测量

身体意象是锻炼心理学研究的热点,随着心理学家及其他研究者们对身体意象认识的不断深入,其测量工具的研究也得到了很大的发展。常用的测量身体意象的工具有:问卷量表调查、图像法及计算机辅助技术等。

一、问卷测量

问卷测量是身体意象测量研究中使用最广泛的一种方法,通常用于测量身体意象结构中的知觉成分、态度成分以及与身体意象有关的行为。

(一) 认知测量

认知测量主要是通过问卷的形式来测试个体对自身身体的认知情况,主要包括对个体身体外表满意度的测量(见表9-1)和身体部分满意度的测量(见表9-2)。

表9-1　MBSRQ 外表分量表(样题)

	完全不同意	不太同意	一般	基本同意	完全同意
1. 我喜欢我的长相	1	2	3	4	5
2. 我的身体健康,具有吸引力	1	2	3	4	5
3. 大多数人会认为我长得好看	1	2	3	4	5
4. 我喜欢无需衣物修饰的我	1	2	3	4	5
5. 我喜欢穿戴得体的我	1	2	3	4	5
6. 我讨厌我的外形	1	2	3	4	5
7. 我的身体完全不具吸引力	1	2	3	4	5

注:其中6、7题为反向计分题。分数越高,说明个体对自己外貌的评价越积极。

表9-2　MBSRQ 身体部分满意程度分量表(样题)

	完全不满意	不太满意	一般	基本满意	完全满意
1. 脸(脸型,肤色)	1	2	3	4	5
2. 头发(颜色,粗细,质地)	1	2	3	4	5
3. 下肢(小腿,臀部,大腿)	1	2	3	4	5
4. 躯干(腰,腹)	1	2	3	4	5
5. 上肢(胸部,肩膀,上臂)	1	2	3	4	5
6. 肌肉张力	1	2	3	4	5
7. 重量	1	2	3	4	5
8. 身高	1	2	3	4	5
9. 整体外貌	1	2	3	4	5

注:计算所有项目的分数,分数越高,说明个体对自己身体的满意程度越高。

(二) 行为测量

关于肌肉发达情况的问卷(见表9-3)(1. 总是　2. 常常　3. 经常　4. 有时　5. 很少　6. 从不)。

表9-3　肌肉力量测量

肌肉力量为导向的身体意象认知的项目评估:						
1. 我希望自己拥有更多的肌肉	1	2	3	4	5	6
2. 我认为自己能够因为拥有更多的肌肉力量而更加自信	1	2	3	4	5	6

肌肉力量为导向的身体意象认知的项目评估：						
3. 我认为如果自己能够重十磅的话会更好看	1	2	3	4	5	6
4. 我认为如果自己有更多的肌肉力量会感觉更强壮	1	2	3	4	5	6
5. 我认为自己的手臂力量不足	1	2	3	4	5	6
6. 我认为自己的胸肌不够大	1	2	3	4	5	6
7. 我认为自己的腿部力量不足	1	2	3	4	5	6
肌肉力量为导向的身体意象行为的项目评估：						
1. 我通过举重增强肌肉力量	1	2	3	4	5	6
2. 我食用蛋白质和能量补充品	1	2	3	4	5	6
3. 我饮用体重增重饮料及蛋白质奶昔	1	2	3	4	5	6
4. 我尽可能多地消耗每日摄入的卡路里	1	2	3	4	5	6
5. 我会因错过一节减肥训练课而羞愧	1	2	3	4	5	6
6. 别人认为我经常做减肥运动	1	2	3	4	5	6
7. 我认为我的减肥训练计划妨碍了我生活的其他方面	1	2	3	4	5	6

注：计算各认知题目和行为题目的总分，分数越高表明个体的肌肉满意度越高，越少用行为来增加肌肉量。

除了以上两种测量工具之外，身体意象常用的测量量表还有《多维度身体自我关系问卷》、《身体意象状态量表》以及《身体关注量表》等。

二、图像测量

图像测量常用的方法是体形轮廓图（见图9-2）选择与调节技术。这种方法比较直观且易控制干扰变量。利用体形轮廓图技术测量身体意象的主要操作方法是给被试呈现与其性别相同，且体形逐渐过渡变化的人体体形轮廓图（见图9-2），然后要求被试选择出最符合自己理想体形的一张图和符合自身实际身体体形的一张图，两张图片的差异程度可反映出被试对自身身体的满意程度及其身体意象，差异越大说明对现实身体越不满。这种测量方法也存在局限性，因为理想自我与现实自我之差并不能直接反映出主观感受（陈荔，2005）。

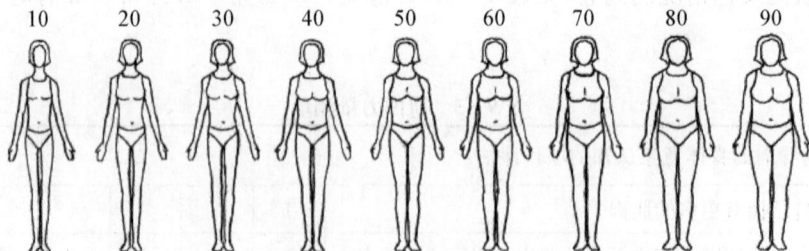

锻炼心理学

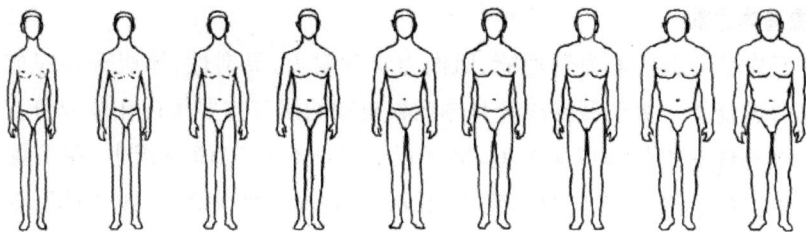

图 9-2 体形轮廓图

三、计算机辅助测量

随着计算机技术的发展,研究者们尝试通过利用计算机技术研发了一种比较新颖的身体意象测量方法,即计算机辅助体形测量技术。主要操作方法是:(1)给被试拍摄一张彩色照片;(2)使用照片编辑软件将此彩色照片变大和变小 50％,每隔 10％设立一个标准,最后得到 11 张照片;(3)将 11 张照片随机排列在计算机显示器上,让被试不限时间的仔细观看;(4)最后让被试从中选出五张分别代表最真实的、最理想的、最具吸引力、异性眼中最具吸引力及同性眼中最具吸引力的照片,图片可重复被选用。这项技术是对体形轮廓图技术的一种完善和进步,身体意象测量的准确度明显提高,且能使被试更有真实感,尤其是儿童或青少年被试(陈荔,2005)。

第三节 锻炼与身体意象

一、锻炼改善身体意象的机制

锻炼心理学研究表明,锻炼能改善不同人群的身体意象。那么,锻炼究竟是通过怎样的机制或路径来改变身体意象呢? 从已有研究成果来看,锻炼改善身体意象的机制主要有:提高体适能、增强对身体能力的积极感知及增强自我效能(如图 9-3)。

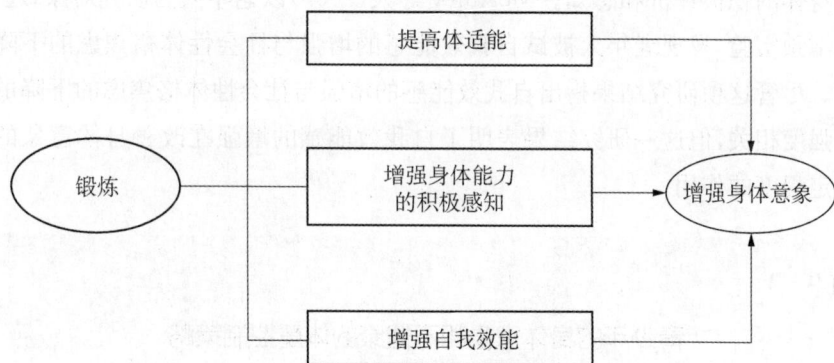

图 9-3 锻炼提高身体意象的机制

（一）提高体适能

体适能反映的是人的心血管功能、肌肉力量和耐力、灵活性、体成分及完成生活中各种活动或事件的能力。关于锻炼改善身体意象机制的研究主要体现在体成分与肌肉力量两个方面。在身体意象与体成分方面，McAuley 等人（1995）研究指出，在锻炼干预措施实施后，被试的体成分的转变与身体意象的改善存在显著的关系，表现为体脂含量和体重的下降引起身体意象的显著改善。

除探究体成分变化与身体意象改善的关系外，Lindwall 和 Lindgren（2005）等人还考察了肌肉力量与身体意象改善之间的关系。Tucker 和 Mortell（1993）进行了一项持续 12 周的实验研究，发现肌肉力量的增加只能引起身体意象较小幅度的改善。Martin 等人（2005）研究发现在力量锻炼干预措施实施之后，主观感知的和真实的肌肉力量增加共同作用引起女性身体意象的积极变化，而主观感知上的肌肉力量增加对男性身体意象的改善起着主要效应。

（二）增强对身体能力的积极感知

Martin 等人（2002）认为锻炼可通过增强人们对身体能力的积极感知来改善身体意象，同时降低了人们对其体形改善的要求。该研究表明绝大部分的女性锻炼者可以通过锻炼来增强身体能力，并可能产生对身体能力的积极感知。例如，女性在锻炼时往往更关注体形的变化，而并不是身体能力。因为她们参加锻炼的动机或目的通常是为了改善体形。然而，现实生活中绝大部分的女性锻炼者并不能通过锻炼达到广告媒体宣传的理想体形，当她们带着理想体形的目标进行锻炼时，其绝大多数人将不可避免地遭遇失败，对自己身体不断地产生不满意感。而与以改善体形为目标参加锻炼的女性相比，以增强身体能力为目标的女性锻炼者更可能体验到成功和满意感。

（三）增强自我效能

当锻炼者感知到自己身体能力有所增强时，其身体的自我效能感也会得到增强，进而身体意象也得到了改善。也就是说，锻炼通过增强锻炼者的自我效能感，进而引起了锻炼者对自己身体的积极评价和感知。McAuley 等人（2002）以老年人为研究对象，通过 12 个月的锻炼干预实验，发现老年人被试自我效能感的增强与社会性体格焦虑的下降存在正相关关系。尽管这项研究结果指出自我效能感的增强与社会性体格焦虑的下降的相关性仅是中等强度相关，但这一研究结果表明了自我效能感的增强在改善身体意象的机制中发挥了一定程度的作用。

知识窗 9 - 3

青少年的身体意象和不健康的体重控制策略

青春期，男孩女孩的身体开始成人化。对青少年来说，对青春期的感受以及青春期变化的最终结果将对个体的自我认知发展产生重要影响。对身体意象不满意，或者说对自身外表的实际评价与理想外表之间的差距,是青少年抑郁的一个很强的指标,也是饮食障碍、运动依赖症等最为有效的预测指标。决定青少年身体满意度的两个测量指标——身体意象和理想的身体意象都是主观的,大都来源与青少年有关外表及其重要性的主观信念。

青少年采取哪种体重控制策略,取决于他们属于哪种不满意类型。女孩会通过节食来减轻体重,让自己变苗条。大部分男孩会选择那些他们认为能够增强肌肉的策略,他们进行锻炼和参加体育活动。对自己的身体形象不满意不仅会引发青少年的消极情感,采取极端的体重控制方法也会损害他们的身体。不健康的体重控制策略导致的最明显的消极后果就是营养和成长状况出问题,尤其是那些持续节食的青春期女孩往往会处于这种风险之中。持续节食的女孩,她们的饮食,水果、蔬菜和谷物的摄入量少于正常水平,她们所摄取的钙、铁、锌和维生素的量也低于正常水平。不健康的体重控制策略所导致的不单单是营养问题,还可能导致神经性厌食症和神经性贪食症(如暴食、狂泻症)。

针对那些对身体形象极度不满意的采用不健康体重控制策略的青少年,需要家庭和学校共同参与干预。有研究表明,最有效的方法是青少年所在家庭的参与,家庭参与度越高,治疗效果越好。家庭成员经常在一起用餐、锻炼,可能会防止青少年不健康的体重控制行为的发生。研究证明,与那些很少与父母一起吃饭、锻炼的青春期女孩相比,每周与家人一起在家吃饭、锻炼3—4次的女孩出现不健康的体重控制行为的可能性要减少三分之一以上。

身体意象是青少年自我认知同一性发展的重要方面,影响青少年的生理和情感健康。如果家庭和学校都重视健康,而不是关注外表,帮助青少年破解媒体宣传及时尚流行因素的影响,超越社会评价所提倡的单一的外表美,提高自身的自尊水平,将有助于提高青少年的身体满意度水平,防止毁灭性的、容易导致严重饮食障碍的体重控制策略。

资料来源:谢弗.发展心理学:儿童与青少年(第8版)[M].邹泓,译.北京:中国轻工业出版社,2009.

二、锻炼与身体意象

锻炼能够减轻身体意象紊乱症状,从而帮助人们获得改善身体意象的心理效益。同时,身体意象还能反作用于人的锻炼行为,对锻炼环境的选择或要求也能产生影响。

锻炼有助于改善脊髓损伤、肥胖女性、青少年等人群的身体意象。Goldfield、Mallory、Parker 等(2007)研究发现,青少年儿童的身体意象在锻炼后出现了显著的改善。即使剔除体重的变化,锻炼后青少年儿童的身体意象也有所改善。在不考虑锻炼引起体重下降的影响下,锻炼仍能积极影响青少年儿童对自己身体的感知。Scarpa 等

（2011）研究结果表明，在单次短时锻炼之后 1 小时，锻炼组被试身体意象满意度得分显著高于锻炼前，控制组被试身体意象水平没有发生变化。相反，也有报道（Leary 和 O'Brien，2001）显示，身体意象不满意感可能是青少年躲避锻炼的原因，例如他们对不经常锻炼的青少年的进行调查后发现，青少年常因为其他人对自己的身体、体形、体重进行的消极评价，而成为退出锻炼的主要原因。

武旭锦、杨斌等（2006）以天津市四所高校的 600 名在校大学生为研究对象，量表测量和问卷调查为手段，探索了身体意象与自我效能对女大学生体育锻炼行为的影响。研究表明：女大学生的身体意象并不直接决定锻炼行为，而是要通过自我效能感对体育锻炼行为起作用。当身体意象高时，低的自我效能感将导致低的锻炼行为，高的自我效能感会带来高的锻炼行为；相反，当身体意象低时，低的自我效能感会带来高的锻炼行为，高的自我效能感会带来低的锻炼行为。身体意象除了影响人们的锻炼行为，也可能对人们锻炼场所或环境的选择产生一定的影响。与社会性体格焦虑水平低的锻炼者相比，社会性体格焦虑水平高的锻炼者更倾向于在离锻炼指导者远的地方进行锻炼，并且往往不会穿着醒目的服装，他们更愿意在穿着传统服装的队伍中锻炼，并表示在穿着醒目的队伍中锻炼会出现负性情绪。当前的研究主要以女性群体为被试，对男性的研究还有待进一步的探究。

案例 9-1

社会性体格焦虑

社会性体格焦虑可看作是社会性＋体格＋焦虑，社会性简单地说是个体与社会他人在某种情景中互动的过程，体格＋焦虑可以看作是与个体体格发生的某种作用而产生的焦虑。Hart、Leary 和 Rejeski（1989）认为，社会性体格焦虑（social physique anxiety）是指个体面临他人对自己的身体体格进行评价时所体验到的焦虑程度。在锻炼心理学领域，研究者普遍认为社会性体格焦虑与身体意象、身体自尊、自我效能等存在明显的联系。身体意象描述的是个体对自己身体的感知，并伴随着情绪体验。社会性体格焦虑是个体主观上认为体格不够理想，而担心他人评价的一种焦虑情绪体验。因此可以看出，社会性体格焦虑是个体认为自身身体意象的特定层面——体格不够理想，而又担心别人产生的焦虑情绪体验。

其实你不丑

小鹏今年 20 岁，因为不愿上学、不敢和人接触而被家人劝说前来求助。经过了解发现，原来小鹏在高中二年级时，经常抱怨自己的鼻尖大而鼻梁平，难看，反复照镜子，经常用手按压，为此不太愿意出门，很少与人交往。即使出门，必须戴鸭舌帽，以演饰其"丑陋"的鼻子。虽然之后考入大学，但小鹏却并不高兴，而且说不愿去学校,除非把"丑陋"的鼻子换掉才可以去上学。家人在万般无奈的情况下,同意他的要求,在一家医院进行整容手术,通过鼻子增高术,满足了他的要求,术后感觉很好。但到了第三天早上,起床后小鹏又突然发现鼻子不如以前自然,显得过大而有些夸张,比以前更难看,因此又出现不好的情绪,坚信被搞得更丑了,又哭又闹,纠缠着医生,要求恢复到原来的样子。

从小鹏的情况来看,导致这一状况的原因是多方面的,其中最重要的是与小鹏的心理素质有关。社会性体格焦虑者常常具有一些过于认真、较为理想化、缺少自信、固执等性格特点。学业、人际交往和工作中的挫折是诱发因素,这些可能在他们心里形成一些错误的观念,即"我不漂亮"、"我不会被别人喜欢"、"漂亮的人总会成功,我不成功是因为我丑"等。这些观念可能持续存在,并对个体产生潜在的影响。

资料来源:陈建国.体像障碍(其实你不丑)[OL]、[2009 - 8 - 3]. http://www. haodf. com/zhuanjiaguandian/drcjp-77175. htm.

三、改善身体意象的锻炼干预策略

我们已经了解锻炼对改善身体意象的作用,也了解了身体意象对锻炼参与的影响作用。那么我们该如何应用这些研究成果,通过锻炼来改善身体意象呢?

（一）做好个体体质测试结果的分析与反馈

身体质量指数(BMI)通过体重与身高的比例关系,反映人体的围度、宽度、厚度以及密度。身体质量指数是健康体质测试中一项重要的测试项目。教师应让学生学会利用BMI指数对自身肥胖情况进行监测,掌握自身的体重和肥胖变化情况。定期检测,制定合理的运动处方,科学地控制体重。

（二）锻炼干预应强调身体能力,而非只关注身体外貌的改变

锻炼干预应强调身体能力,如肌肉力量和耐力,心肺功能等,而非仅仅关注身体外表的改善或体重、体脂的下降。为锻炼参与者设置切实可行的锻炼目标,使锻炼参与者意识到学会如何监控已取得的锻炼干预措施比只设置空洞口号的锻炼干预措施更重要,而且更能改善锻炼者的身体意象。在选择锻炼干预措施的时候,我们应该关注那些能够真正改变锻炼者身体意象的干预措施,而不是关注那些抽象的、不切实际的锻炼干预措施。

（三）锻炼指导者应促进锻炼者形成积极的锻炼态度

锻炼指导者对锻炼者形成积极的锻炼态度也起着重要作用。有时人们会对锻炼持"全或无"的态度,即如果他们认为自己不能很好地完成锻炼任务,那么他们就没必要再继续参加锻炼。这时锻炼指导者应该给予正确地引导,促使锻炼者形成积极的锻炼态度,从而更加主动地参与锻炼。同时,锻炼指导者还应向锻炼者指出锻炼能够产生的生理、心理等方面的功效,这将有助于锻炼者长期坚持锻炼。

（四）锻炼干预的宣传手册应呈现出多样化内容

锻炼干预的宣传手册应呈现出多种体形、体重及身体能力等互不相同的人物。若宣传手册上只出现标准体形、体重和正常身体能力的人物，往往会使身体存在某些异常（如肥胖、身体能力差等）的人群产生误解，即这次锻炼活动招募的只是身体正常的人群，而他们不属于其中。若这样，对自己身体不满意的人群通常会因为"外表或身体不够好看"而不愿在公共场合参加锻炼。

本章小结

身体意象是人们所具有的一种主观心理现象，它受多种因素的影响，主要包括人口统计学因素、个体心理因素、社会文化因素等。常用的测量工具有问卷测量、图像测量以及计算机辅助测量等。锻炼能够通过提高体适能、增强对身体能力的积极感知及增强自我效能感等来达到改善身体意象的目的。身体意象与锻炼相互影响。积极的身体意象能够促进个体的锻炼行为，同时锻炼也能改善不同人群的身体意象。但应注意锻炼的科学性及有效性，必要时可向锻炼指导者寻求帮助。通过锻炼指导者的正确引导，使锻炼参与者能够更加积极主动地参与体育锻炼。

思考、理解、探究

1. 身体意象的概念及其结构维度？

2. 身体影响的测量工具有哪些？

3. 锻炼改善身体意象的机制有哪些？

4. 改善身体意象的锻炼干预策略有哪些？

讨论问题

1. 对于男生和女生来说，从初中过渡到高中都是一个挑战，而这个挑战可以说是全方位的，例如学业压力增加，父母、老师期望增多，青春期身体变化等。如何设计一项以改善这些青少年（13—15岁）身体意象或维持原先健康身体意象的干预计划呢？谈谈你的想法和理由。

推荐阅读文献

1. 张力为. 客观身体形象与主观身体感受对生活满意感的贡献[J]. 中国运动医学杂志, 2004, 24(5)：522 - 528.

2. 陈荔. 四种方法测量的身体意象与整体自尊、生活满意感的关系[D]. 北京：北京体育大学, 2005.

3. Lindwall，Lindgren. The effects of a 6-month exercise intervention program on physical self-perceptions and social physique anxiety in nonphysically active adolescent Swedish girls [J]. Psychology of Sport and Exercise，2005,6:339 - 351.

4. Prichard，Tiggemann. Relations among exercise type，self objectification，and body image in the fitness centre environment：The role of reasons for exercise [J]. Psychology of Sport and Exercise，2008,9：855 - 866.

5. 边菊平.影响女大学生负面身体意象形成的因素及对策研究[J].宝鸡文理学院学报(社会科学版),2012,2：111 - 114.

6. 武旭锦,杨斌,李姝,常淑芝,王芳婷,唐天龙,张伟,赫兰冰.身体意象与自我效能对女大学生锻炼行为的影响[J].天津体育学院学报,2006,4：363 - 365.

第十章 锻炼与人格

本章学习要点

◎ 掌握人格的定义及其理论

◎ 了解人格的评定方法

◎ 体育锻炼与人格社会化

◎ 体育锻炼与人格的培养

关键概念

人格　特质理论　A 型人格　坚韧性人格

　　世界上没有两片完全相同的叶子,也没有两个完全相同的人,即便是同卵双生子也会表现出不同的性格特点。在现实生活中,有的人活泼开朗,敢说敢做,遇事勇敢,而有的人多愁善感,谨小慎微;有的人勤劳诚实,有的人却懒惰狡猾;有的人谦虚好学,有的人则骄傲自满等。这些心理方面的差异是由不同类型的人格特性造成的。个体所表现出的人格特征千差万别,而这些人格差异与锻炼行为之间的关系也非常复杂。因此,探究锻炼与人格之间的关系有助于我们更好地理解个体在体育中的不同行为表现,同时也为个体选择科学的锻炼行为方式提供了一定的帮助。

第一节　人　格　概　述

一、人格定义

　　人格(personality)一词来源拉丁语"persona",最初指古希腊戏剧演员在舞台演出时所戴的面具,与我们京剧中的脸谱类似,其后指演员本人,一个具有特殊性质的人。在现代心理学和人格心理学中,人格是一个没有公认定义的心理学术语,研究者们对人格的定义有着不同的界定,人格特质流派创始人 Allport(1961)认为,人格是一个人内在的心理生理系统的动力组织,它决定着个人特有的思想、行为及对环境独特的适应方式。Feist(2002)认为人格是指那些在个体身上使人的行为比较稳定的、相对持久的特质、倾向或特性模式,即人格是由特质和倾向性构成的,它们决定了个体行为的差异性以及个体行为跨时间和跨情境的一致性。梁宁建(2006)把人格定义为:人格是构成人的思想、感情和意向特有整合的独特行为模式,其中包含一个人区别于他人稳定而统一的心理品质,是个体在社会化过程中形成的具有特色的心身组织,表现为个体在适应环境时,其需要、动机、兴趣、态度、价值观、气质、性格、能力等多方面的整合,具有动态的一致性和连续性,每一种定义都受到心理学家自己对人格不同理解的影响。但总的来说,人格是指个人在与环境的相互作用中形成的相对稳定的,独特的心理特质和行为倾向的综合体。

二、人格的特性

(一) 人格的独特性

人格的独特性是人格最显著的特征,指每个人的心理和行为都是存在差异的。由于人格是在遗传、成熟、环境、教育等先、后天环境交互作用下形成的,每个人的遗传素质和生活环境不同,所受的教育以及从事的活动也不同,因此形成了各自独特的心理特点,表现在能力、气质、爱好、认知方式以及价值观等方面。因此,人格是一个人与他人相区别的主要特征之一,在体育锻炼中他们的人格特质千差万别。

(二) 人格的稳定性

人格具有稳定性特征,即不随时间或情境的变化而显著变化。那些偶尔表现出来的特征不能称为人格特征。例如,一个处事稳重的人偶尔表现出轻率的举动,不能说他具有轻率的人格特征。俗话说"江山易改,秉性难移",就形象地说明人格的稳定性特征。人格稳定性表现为两个方面:人格跨时间的持续性和人格跨情境的一致性。随着生理的成熟、社会实践的丰富以及环境的变化,人格也有可能产生变化,这是人格可塑性的一面,正因为人格具有可塑性,才能培养和发展人格。

(三) 人格的整体性

人格是统一的整体结构。每个人的人格特征都不是孤立的,也不是各种特征的简单堆积,而是按照一定的内容有规则地结合起来构成的一个有机整体,具有内在一致性,并受到意识的调节和控制。例如,老年人参加经常性的体育锻炼可以使其人格在各方面和谐统一,延年益寿。

(四) 人格的社会性

人格的社会性是指社会化把人的自然特性转变为以社会性为主的个体。人格是社会人特有的,是个体在与他人交往中不断习得与掌握社会经验和行为规范而获得自我的过程。例如,当个体面对挫折和失败时,通过在体育锻炼过程中结识的朋友来帮助其缓解压力,可以使其得到心灵上的放松,找回自我。

知识窗 10-1

与人格有关的三个概念——个性、气质、性格

个性、气质、性格这三个心理学术语的概念与人格概念紧密相关,极易混淆。在

有些期刊文献和书籍中,出现了将个性与人格替代互用的情况。其实不然,这四个心理学术语有着各自的概念,各不相同。

首先,个性是相对于共性而言。我们有时会说某个人很有个性,这是从差异的角度来看这个人不同于他人的特点。世界上的万事万物都有个性,人自然也有个性,但人格只是相对人类而言的,对其他事物和动物显然不能用人格来描述(黄希庭,1996)。所以,个性与人格存在差别,两者不可混淆互用。

其次,气质主要受遗传因素的影响,是人与生俱来的特性。被西方社会尊为"医学之父"的希波克拉底(Hippocrates)将气质划分为四种类型:多血质、粘液质、胆汁质和抑郁质。与气质形成相比,人格的形成也要受到遗传因素的影响,但除此之外,后天性的社会环境影响对人格的形成也起着决定性的影响。

最后,性格反映的是个人的品行道德和行为风格。性格包含于人格结构之中,是人格结构的一个主要组成部分。它是我们每个人有关各种社会准则、规范、社会伦理道德方面的各种习性的总称。人的性格受后天性社会环境的影响比较大,是在后天生活中形成的。所以,与人格的不同点在于:人格是在先天遗传基础之上,受后天性社会环境影响而发展形成的,但性格却是后天形成的。

资料来源:黄希庭.人格心理学[M].杭州:浙江教育出版社,1996.

第二节　人　格　理　论

随着不同研究领域对人格关注度的加大,在发展过程中产生了多种人格特质理论,主要有卡特尔的人格特质理论、艾森克人格理论以及大五人格结构模型。

一、奥尔波特的人格特质理论

奥尔波特(Gordon W. Allport)是人格心理学特质流派的创始人。他最先提出了"特质"(trait)的概念,他认为特质是一种概括化的和聚焦的神经生理系统,它具有使许多刺激在机能上等值的功能,能够激发和引导适应性和表现性行为一致的形式(见图10-1)。为了更详细地说明特质概念,奥尔波特将特质分为共同特质(common trait)和个人特质(individual trait)。

共同特质是指所有人或大多数人所共有的特质,普遍地存在于每个人身上。个人特质则是指特定个体所独有的特质,表现为个人独具的人格和行为倾向。根据个人特质对行为的影响力大小,他又将个人特质分为首要特质、中心特质和次要特质。

(1) 首要特质(cardinal trait)代表个体最重要的人格特质,在人格特质结构中处于主动性地位。该特质最具普遍性,渗透并影响着人的整个行为倾向。

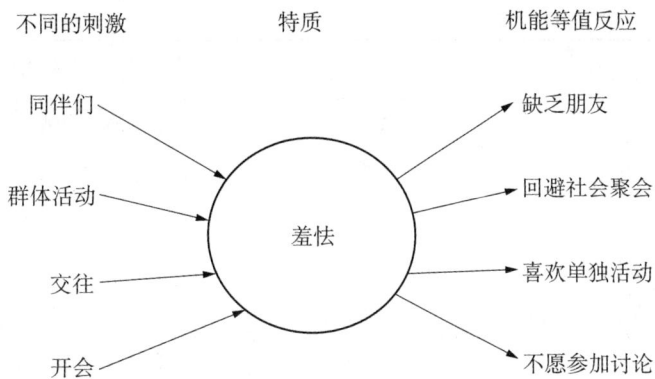

图 10-1 羞怯特质对不同情境刺激产生的机能等值反应

（2）中心特质（central trait）指能够代表个体主要人格特征的特质，是人格核心成分的体现。

（3）与首要特质和中心特质相比，次要特质（second trait）则是指那些明显性、一致性和概括性都相对较差的特质。由于没有鲜明的表现，次要特质一般不易被察觉。

二、卡特尔人格特质理论

英国著名人格心理学家卡特尔以特质概念为理论基础，对人格特质进行了分析，并提出了 16 种相互独立的根源特质（见表 10-1）。卡特尔认为环境因素会对人格产生重要影响并将人格特质分为表面特质和根源特质。表面特质主要是指从外部行为能直接观察到的具有彼此相关联的特质；根源特质主要是指决定个体行为最基本的内在特质，是具有动力性作用和稳定的潜藏特质；根源特质一般不能通过日常观察获得，需要经过严格的科学研究才可确定。卡特尔的人格理论一直以来都是锻炼心理学研究的重要理论。

表 10-1　16PF 测验得出的主要根源特质

低分者特征	特质名	高分者特征
保守、冷漠、疏远、刻板	乐群性（A）	热情、关心人、软心肠、慷慨
迟钝、学识浅薄、不善抽象思维	聪慧性（B）	聪明、有才学、善于抽象思维
易反应、易烦躁、性情易变化	情绪稳定性（C）	安静、稳定、成熟、沉着
恭顺、谦虚、顺从	支配性（E）	过分自信、恃强、好竞争
严肃、安静、谨慎、好沉思	活泼性（F）	无忧无虑、热情、自发的、精力充沛
权宜的、一致性差、低超我力量	有恒性（G）	尽责、小心谨慎、高超我力量
羞怯、社交胆怯、易尴尬	勇为性（H）	社交勇敢、冒险
坚强、现实、不易动感情	敏感性（I）	情绪敏感、有教养、易动感情
信任人、不怀疑、宽恕、接纳	怀疑性（L）	警惕、怀疑、不信任人、机警
现实、重实践、实际	幻想性（M）	抽象、善抽象、多思、好沉思

低分者特征	特质名	高分者特征
直率、自我暴露、坦率	世故性(N)	世故、谨慎、隐蔽
自信、镇定、自我满足	忧虑性(O)	忧虑、自我怀疑、有内疚感倾向
传统、保守、抗拒变革	保守性(Q1)	开放、敢于尝试、思想自由
团体定向、从属性的、依赖	独立性(Q2)	自立、孤独、个人主义
可容忍紊乱、不苛求、不严格	自律性(Q3)	完美主义、自律、目标定向
放松、平静、安静、耐心	紧张性(Q4)	紧张、有紧迫感、高能量、无耐心

资料来源：郭永玉. 人格心理学[M]. 北京：高等教育出版社，2011.

三、艾森克人格理论

英国心理学家艾森克（Hans Jurgen Eysenck）认为，人格的基本维度是内向与外向、神经质与稳定性，以及精神质与超我机能。其中前两个维度最为重要，这样由内外向和神经质与稳定性相互重叠的人格维度构成了稳定外向型、稳定内向型、不稳定外向型、不稳定内向型4种人格类型以及32种人格特质。它与古希腊的四种气质类型相对应（见图10-2）。艾森克通过大量研究认为，每个人在三个维度上都有不同程度的表现，极少有单纯类型的人。绝大多数人在人格维度上的平均值范围为16%—18%。

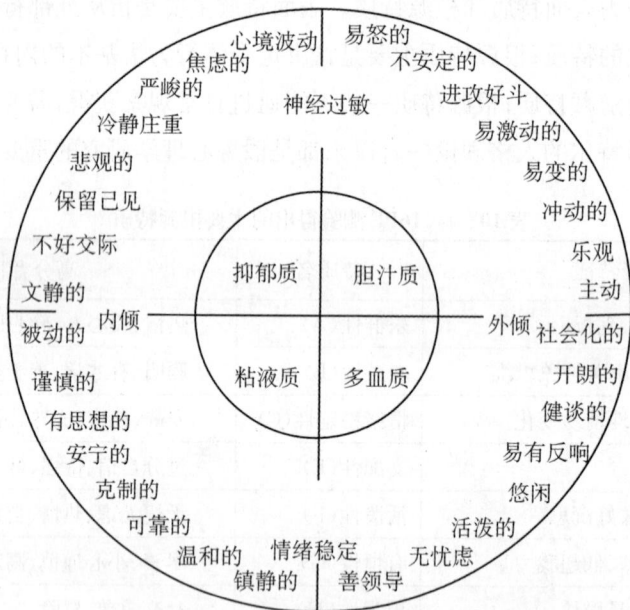

图10-2 艾森克人格二维结构示意图

在锻炼心理学领域，主要研究人格的内外倾、神经质两个维度特征与锻炼行为之间的相关关系。艾森克认为与内倾性人格的人群相比，外向性人格的人群更可能参加并坚持锻炼,尤其是在锻炼活动内容十分多样或有趣的情境下。此外,艾森克还指出外向性人格的人群更可能乐于参加高强度或持续时间长的锻炼活动,而对伤痛的高忍耐性往往使得他们更有毅力继续坚持锻炼。

神经质与人类自主神经系统存在着密切联系,通过调节自主神经系统功能的锻炼活动进而影响人格特质。长期锻炼通常能够引起心率、血压下降,积极改善自主神经系统的功能,因此,体育锻炼可以使人格向更稳定或低神经质的方向发展。李琳和季浏(2009)比较了健美操特色学校和普通中小学校学生在人格特征上的差异。结果发现,健美操特色学校的小学生在神经质、精神质和掩饰性程度上显著低于普通学校小学生,健美操特色学校的学生比一般学生情绪更稳定、更温和,而且善解人意,能较好地适应环境。研究还发现经常进行健美操运动的中学生也表现出比一般学生更低的神经质水平,而且精神质程度更低。

案例 10 - 1

健美操运动与中学生人格发展

研究目的:探讨健美操对初中生人格发展的影响,以及在年级和性别上的差异

研究对象:选取健美操特色学校的学生为研究对象

测量工具:中学生体育运动状况调查表,艾森克人格问卷

研究设计:采用 2 组(组别)×3(年级)×2(性别)的实验设计,通过实验组与对照组的比较,探讨健美操对初中生人格发展的影响,以及在年级和性别上的差异。

研究结果:对三个年级学生的人格分别进行 ANOVA,预备年级的实验组和对照组在人格各维度上差异不显著,初一年级的两个组别在人格各维度上的差异也不显著,只有两组初二年级被试在神经质和精神质维度上差异非常显著。采用 Bonferron 法进行组内多重比较,结果发现,对照组内神经质 6 年级<7 年级<8 年级,差异主要来源于 6 年级与 8 年级之间,精神质 6 年级<7 年级<8 年级,且 6 年级和 8 年级之间差异显著。

研究结论:三个年级学生在人格的内外向、神经质和精神质三个方面呈现出了非常明显的差异,研究者对两个组别的被试分别进行了分析,结果发现差异主要表现在对照组上,随着年级的升高,神经质和精神质分值也随之升高,即表现为情绪稳定性变差,精神质程度升高,而实验组学生则没有表现出负向的发展趋势。

四、大五人格结构模型

塔佩斯等 1961 年提出了更为稳定的五对因素,后来经过验证形成了著名的人格五因素模型(见表 10 - 2),即开放性(openness)、责任感(conscientiousness)、外倾性(extraversion)、宜人性(agreeableness)和神经质性(neuroticism)。这五个因素的英文首

字母组合起来可拼成单词"ocean"，当代心理学家们常用该词表示"人格的海洋"，用以反映人格研究的宏大。

表 10-2　大五人格因素

高得分者的人格特征	因素（维度）	低得分者的人格特征
好奇、兴趣广泛、有创造力、富于想象、非传统	开放性(O)	习俗化、讲实际、兴趣少、无艺术性、非分析性
有条理、可靠、勤奋、自律、准时、细心、抱负、有毅力	意识性(C)	无目标、不可靠、懒惰、粗心、松懈、不检点、意志弱、享乐
好社交、活跃、健谈、乐群、乐观、好玩乐、重感情	外向性(E)	谨慎、冷静、无精打采、冷淡、乐于做事、退让、寡言
心肠软、脾气好、信任人、助人、宽宏大量、直率	随和性(A)	愤世嫉俗、粗鲁、多疑、残忍、不合作、报复心重、易怒
烦恼、紧张、情绪化、不安全感、不确定性、忧郁	神经质(N)	平静、放松、少情绪化、安全、果敢、自我陶醉

资料来源：郭永玉．人格心理学［M］．北京：高等教育出版社，2011.

　　大五人格理论构建成功之后，锻炼心理学家在体育锻炼情境中对该理论进行了一系列的探索与验证研究。Courneya 和 Hellsten(1998)通过研究发现，外向性和意识性与中等强度和大强度的锻炼活动存在正相关，而神经质对锻炼坚持性具有显著的预测作用，神经质水平越高，锻炼坚持性往往越差，因此神经质水平与锻炼坚持性呈负相关。滕春燕等(2003)采用问卷调查的方法，随机抽取了两所高校的 152 名大学生进行了课外体育锻炼和人格的调查。调查发现，人格对大学生课外体育锻炼产生一定的影响，其中神经质和开放性的影响作用比较显著。因此，我们可以从不同学生的人格特点的需要出发，激发大学生的课外体育锻炼，提高大学生的身心素质。

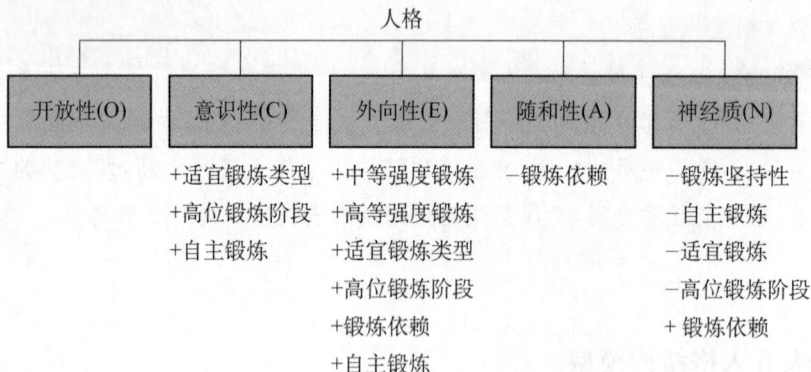

注：-代表负相关，+代表正相关

图 10-3　大五人格结构模型与锻炼行为

资料来源：Carron, Hausenblas, Estabrooks. The Psychology of Physical Activity ［M］. New York：McGraw Hill, 2003.

第三节 人格的测量

近些年来,心理学家对人格的研究不断深入,同时也取得了瞩目的成就。目前,有关人格测验的方法主要有自陈量表和投射技术两种。在自陈量表中用的最多的是明尼苏达多相人格调查表(MMPI)、卡特尔16种人格因素问卷(16PF)、艾森克人格问卷(EPQ)和NEO-PI五因素调查表。投射测验是为了克服自陈量表所不能克服的防御心理而发展出来的一种人格测验,比较典型的测验主要有罗夏墨迹测验、主题统觉测验和完成型投射测验。

一、明尼苏达多相人格调查表

明尼苏达多相人格调查表(Minnesota Multiphasic Personality Inventory,MMPI)是由美国明尼苏达临床心理学教授哈撒韦(S. R. Hathaway)和心理治疗家麦金利(J. C. McKinley)在20世纪40年代共同编制。1980年宋维真对MMPI进行了修订,并于1989年制定了中国常模,用于测量16岁以上具有初中文化程度的受试者的人格特质。MMPI被广泛应用于人格鉴定、心理疾病的诊断与治疗、心理咨询,以及人类学、心理学、医学和社会学等领域的研究工作。

MMPI共有566个项目,其中16个项目是重复的,用来检验受测者反应的一致性。前399个项目分别分配在13个分量表中,其中包括10个临床分量表和3个效度量表,其余的项目则与一些研究量表有关。通常在临床诊断中只使用前399个项目。这些项目的内容范围很广,包括神经系统状态、心血管系统状态、生殖系统状态、精神状态,以及对家庭、社会、婚姻、宗教、政治、法律的态度等26类问题。

二、艾森克人格问卷

艾森克人格问卷(EPQ)是由英国心理学家艾森克(Eysenck)于1975年编制的。该问卷的理论基础是艾森克提出的人格三维度理论,它强调人格的三个基本维度即内外倾、神经质和精神质。人格维度是个连续体,每个人都或多或少具有这三个维度上的特征,但是不同个体的表现程度又是各不相同的,艾森克人格问卷专门用于测查个体在这三个维度上的差异。艾森克人格问卷由四个分量表构成,即E、N、P、L,前三者分别测量受测者在外倾性(Extraversion)、神经质(Neuroticism)、精神质(Psychoticism)上的特征,L(Lie Scale)是说谎量表,用于识别受测者回答问题的真实程度。这个测验包括成人和少年问卷两种,分别适合调查16岁以上和7—15岁两个年龄人群。当前我国普遍使用的版本是龚耀先修订本,并制定了中国儿童和成人常模,修订后的问卷具有良好的信效度。艾森克人格问卷成人式包括85个题目,少年式包括74个题目。以下题目样例来自成人式：

1. 你是否有广泛的爱好？	是（　）否（　）
11. 你是否时常担心你会说出（或做出）不应该说（或做）的事情？	是（　）否（　）
22. 如果条件允许，你喜欢经常外出（旅行）吗？	是（　）否（　）
27. 有坏人想要害你吗？	是（　）否（　）
30. 你是个忧虑重重的人吗？	是（　）否（　）
57. 是否有那么几个人时常躲着你？	是（　）否（　）

在以上例题中，1和22两题是用来测内-外倾向的，11和30两题是用来测神经质的，27和57是用来测精神质的。

三、卡特尔16种人格因素问卷

16种人格因素问卷是美国伊利诺州立大学人格及能力测验研究所卡特尔教授编制的用于人格检测的一种问卷。卡特尔是人格特质理论的主要代表人物，对人格理论的发展作出了很大的贡献。16PF是伴随着卡特尔的人格特质理论发展而来的，与人格特质理论"相辅相成"。16PF适用于16岁以上的青年和成人，现有5种版本。我国现在通用的是美籍华人刘永和博士在卡特尔的赞助下，与伊利诺伊大学人格及能力研究所的研究员梅瑞狄斯博士合作，于1970年发表的中文修订本，其常模是由两千多名港台地区的中国学生得到的。大陆地区是戴忠恒和祝蓓里在辽宁省修订本的基础上修订的，取得了全国范围内的信度和效度资料并制定了中国成年人、中国大学生等一系列常模，修订后的问卷具有良好的信效度。卡特尔人格问卷中的16种人格因素是各自独立的，每种因素和其他因素的相关较小。

于拓和毛志雄（2013）采用Rosenberg自尊量表和卡特尔人格因素问卷，对北京市中、小学青少年的身体锻炼与自尊、人格的关系进行研究发现，不同年龄阶段青少年的锻炼组与非锻炼组之间，在人格维度上存在一致与差异，锻炼组青少年的人格特征更积极。结果表明身体锻炼可能对青少年的人格因素有积极效应，青少年自身的心理发展特点影响身体锻炼对自尊、人格效益的效果。

表10-3　16PF人格测定量表（样题）

1. 我很明了本测试的说明：
A. 是的　B. 不一定　C. 不是的

2. 我对本测试的每一个题，都能做到诚实地回答：
A. 是的　B. 不一定　C. 不同意

3. 如果我有机会的话，我愿意：
A. 到一个繁华的城市去旅行　B. 介于A、C之间　C. 游览清净的山区

4. 我有能力应付各种困难：
A. 是的　B. 不一定　C. 不是的

5. 即使是关在铁笼里的猛兽,我见了也会感到惴惴不安：
A. 是的　B. 不一定　C. 不是的

6. 我总是不敢大胆批评别人的言行：
A. 是的　B. 有时如此　C. 不是的

7. 我的思想似乎：
A. 比较先进　B. 一般　C. 比较保守

8. 我不擅长说笑话,讲有趣的事：
A. 是的　B. 介于 A、C 之间　C. 不是的

9. 当我见到邻居或新友争吵时,我总是：
A. 任其自己解决　B. 介于 A、C 之间　C. 予以解决

10. 在群众集会时,我：
A. 谈吐自如　B. 介于 A、C 之间　C. 保持沉默

四、五因素人格问卷

五因素人格问卷(The NEO Personality Inventory,简称 NEO PI)由五因素理论的主要代表人物考斯塔和麦克雷于 1985 年编制。NEO 即神经性、外向性和开放性(Neuroticism, Extraversion, Openness)三个单词的缩写,此问卷初版只包括这三个特质,修订后的五大因素人格问卷加上了另外两个特质(NEO PI－R),NEO PI－R 适用于16 岁以上的成人。包括自我报告和观察者报告两种形式,均由 240 个题目组成,每个题目包含一个描述人格的形容词,如严肃的、务实的、谨慎的等,问卷将被试对每个题目的反应从完全适合到完全不适合,分为五个等级来记分。

杨兆春等(2010)采用五因素人格问卷探讨大学生性格特征对体育运动偏好度的影响。研究结果表明：根据体育运动偏好度的一般特点,大学生较个人运动更偏爱集体运动;男女大学生对于个人运动与具挑战性运动的偏好度没有呈现出明显差异;男大学生相对偏爱分胜负运动,而女大学生更喜爱非分胜负运动;男女大学生对于需事前指导的体育项目的偏好度存在显著差异。

知识窗 10－2

投 射 试 验

一、罗夏墨迹测验

罗夏墨迹测验(Rorschach Inkblot Test)由瑞士精神医学家罗夏于 1921 年编

制,由 10 张墨迹不同的图片构成。测试按一定的顺序,每次主试出示一张,并问被试:"你看这张图像什么?""它使你想到了什么?"被试可以转动图片,从不同的角度去看同一图形。评分主要依据三个方面:第一,部位,即被试反应的是整个墨迹还是一部分墨迹;第二,关键点,即影响反应的墨迹特征,是形状、还是颜色,或是明暗、质地等;第三,内容,即被试将墨迹看成是什么事物。

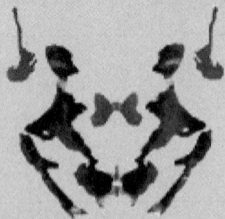

图 10-4　罗夏墨迹测验样图　　　　图 10-5　主题统觉测验样图

二、主题统觉测验

主题统觉测验(Thematic Apperception Test,TAT)是由美国心理学家莫瑞(H. A. Murray)和摩根(C. D. Morgan)于 1935 年编制的一种投射测验。主题统觉就是要求被试根据自己的统觉来解释含义不明的图画。TAT 由 30 张具有情境但主题不确定的图片构成,要求被试根据卡片上的情境编故事,故事内容应该包括:(1)图中显示的是什么样的情境,即发生了什么事?(2)什么原因导致此情境的发生?(3)可能会有什么样的结果?(4)当事人的思想感受如何?测试设计者认为,被试在编故事时,通过描述解释不确定的社会情境,就会不知不觉地将内在的人格表露出来。

资料来源:津巴多. 普通心理学[M]. 北京:中国人民大学出版社,2008.

第四节　锻炼与人格

人格一直是锻炼心理学领域的重要研究课题。20 世纪 70 年代之后,随着锻炼心理学的发展,体育锻炼与人格的关系也受到了广泛的青睐。毛泽东在《体育之研究》中论述道:"体者,载知识之车而寓道德之舍也。"这说明健康的体魄是健全人格的基础。从客观上来讲,体育运动是人类文明长期积淀的产物,不同项目、不同形式的运动包含不同的规则、方法和特征。体育运动提供给参与者一种特殊的客观环境,使人们从中体会到竞争、合作、成功、失败、自信、自尊、果断、坚韧、尊重等。那么体育锻炼与人格之间的关系到底有什么样的关系呢?

一、锻炼与人格类型

健康心理学和变态心理学中常会出现两种类型的人格划分方式:A型、B型人格和坚韧性人格,这两种人格类型反映了健康与人格之间的关系,在锻炼心理学领域,我们主要研究这两种人格类型与体育锻炼之间的关系。

表 10-4　A型—B型两种人格类型比较

A型人格	B型人格
患心血管疾病风险　+	患心血管疾病风险　-
锻炼坚持性　-	锻炼坚持性　+
锻炼时付出的努力　+	锻炼时付出的努力　-
锻炼强度　+	锻炼强度　-
生理反应	生理反应
能量消耗的主观感知　-	能量消耗的主观感知　+
应激反应　+	应激反应
消极情绪反应　+	消极情绪反应　-

注:+代表正向作用　-代表负向作用
资料来源:Hardy 等. 1989

(一) A型人格与锻炼行为

A型人格也被称为冠心病倾向性人格,主要表现为成就欲高、进取心强、勤奋努力、时间紧迫感强等。A型人格的人往往对自己的期望和要求很高,常常抱着只许成功不许失败的坚定信念,不惜牺牲自己的一切,包括身体健康,拼命于实现自己的既定目标。锻炼对A型人格人群心血管疾病等健康问题的预防和治疗功效,受到广泛的关注和研究。

Roskies(2004)通过实验操作探究了A型人格与锻炼的关系。他们将筛选出的107名A型人格特征的男性被试随机分配到有氧锻炼组、心理干预实验组和力量锻炼组,所有干预实验都持续10周。该实验研究结果表明,虽然3组被试A型人格特征都出现了显著的变化,但心理干预实验组和力量锻炼组被试比有氧锻炼组被试的A型人格特征发生了更为显著的积极变化。Blumenthal、Emery和Walsh(2005)的研究结果显示,与参加力量锻炼和柔韧性锻炼的A型人格被试相比,12周的有氧锻炼能成功减轻A型人格被试应激时的心血管反应程度。

陈善平(2005)以北京师范大学大二、大三本科学生为对象,使用A型人格自测量表,采用太极拳作为锻炼干预手段,对锻炼行为与A型人格的关系进行探究。研究表明,A型人格行为在大学生人群中相当普遍,男生比女生有更严重的A型行为倾向;在锻炼干预后实验组学生被诊断为 A 型人格的比例降低，A 型行为倾向发生了明显改变，通过与参照控制组的对比，实验组学生 A 型人格行为的改善是太极拳教学产生的效果；太极拳锻炼可以改善大学生的 A 型行为强项，太极拳学习和锻炼是一种治疗 A 型行为的有效方法。

（二）坚韧性人格与锻炼行为

A 型人格被认为可能是反映患冠心病等高风险心脏疾病的指标，而坚韧性（Hardiness）人格反映的是人们缓解应激反应、克服困难、战胜挑战的能力倾向。坚韧性是人格中用于缓解应激反应的一个维度或特质，人格坚韧性强的人群往往能够对应激性事件进行转化，从而降低应激性事件的消极影响（Kobasa，Maddi，Puccetti，1982；Kobasa，Maddi，Puccetti；Zola，1985）。有关坚韧性与锻炼行为关系的研究中常带有应激与疾病关系的研究。

Roth（2009）发现尽管锻炼和坚韧性与疾病发病率存在负相关关系，但锻炼和坚韧性并不能直接调节应激反应。坚韧性通常会间接地影响应激事件的发生或个体对应激事件的解释。此外，锻炼往往是通过增强个体的体能或体质来间接地影响患病率。Carson（2010）通过对 AIDS 病人长期的研究发现，坚韧性与参加锻炼的频率呈正相关，越倾向于坚韧性人格的 AIDS 病人，参与体育锻炼的情况越好。从目前研究结果中可以看出，坚韧性与健康的行为方式存在正相关。锻炼行为作为一种"良药"，大部分研究主要集中在坚韧性与锻炼相关关系的调查研究上，并没有太多的研究验证坚韧性与锻炼之间的因果关系。因此，目前还不清楚到底是坚韧性人格促进了锻炼的参与，还是长期的锻炼参与培养了坚韧性人格。

二、锻炼与个体社会化

体育锻炼对个体社会性的发展具有重要意义，体育锻炼可以满足个体发展技能和能力、追求乐趣、体现自身价值、扩大社会交往等方面的需要。一方面，通过参与体育锻炼，个体的身体、心理和社会技能方面得到发展，个体的身心健康水平明显得到提高。另一方面，通过参与体育锻炼，可以帮助个体建立正确积极的社会价值观和道德判断标准，促进个体的社会化程度和道德发展水平，有利于个体社会适应能力和道德能力的培养和提高。个体在各项目的学习过程中受到所属项目文化的影响，会将体育锻炼中的公平竞争、团结合作、沟通、关爱、尊重、礼仪等体育文化价值迁移到日常生活行为中，逐渐内化为个体人格特征的一部分，促进个体人格的全面发展与完善。

（一）体育锻炼与个体的性别角色社会化

社会角色是指与人们社会地位、身份相一致的一整套权利、义务的规范和行为模式。性别角色是个体在社会化过程中通过模仿、学习获得的一套与自己性别相适应的行为规范。性别角色是社会角色中的一种类型，是建立在生理因素基础上的先赋角色。因此，性别角色具有两种属性：一是自然属性，即生理基础的不同决定了人的观念和行为模式；二是社会属性,即在不同的社会环境和社会阶层有着对某一性别特征群体的要求、期望与对待,而且更强调社会文化特征。

大量研究表明,体育锻炼是一种积极的主动活动过程,可以有效塑造人的行为方式,可以促进个体的性别角色健康发展。熊明生(2006)采用贝姆性别角色问卷(BSRI)对专业运动员与普通大学生的性别角色类型进行调查。结果发现,女运动员双性化人数与女大学生相比有显著差异,男运动员恰当定型的人数要明显多于女运动员,而女运动员双性化人数则显著多于男运动员。性别角色类型在不同运动等级条件下无显著差异。说明体育运动可以改善人们的性别角色,有利于健康性别角色的形成,且更有利于女性形成健康的性别角色。

另一方面,个体的性别角色社会化程度也会对体育参与活动产生影响。Jennifer研究发现个体的性别角色社会化和体育参与程度也会影响到个体的体育参与类型,个体更倾向于参与那些与自己性别角色相符合的运动形式。钱铭怡等人研究了性别和性别角色与大学生体育锻炼的关系,结果发现男性化和双性化被试比女性化和未分化被试更喜欢体育运动;男性化被试和双性化被试中坚持锻炼人口比例显著高于未分化和女性化被试;坚持锻炼被试者的男性化量表得分显著高于不坚持运动被试。结果提示影响个体坚持体育锻炼的性别特质可能与个体的男性化特质有关。

Weiss(2004)等人研究认为,父母对于儿童在体育锻炼中的社会化效应具有重要影响。体育锻炼是在一个高度公开化的环境下进行,父母在儿童锻炼的过程中可以提供及时、具体的反馈信息。为了更好地促进儿童在体育锻炼中的社会化发展,父母需要根据儿童的身心发展特点、性别、锻炼态度、兴趣和基础运动能力来提供有针对性的积极反馈,积极促进儿童参与体育锻炼。同时,父母自身对体育锻炼的积极态度和锻炼行为也为子女树立了良好的榜样。此外,父母提供的良性锻炼投入对于子女在体育锻炼中的社会化发展也具有重要意义。Hellstedt(1987)认为父母提供的锻炼投入是一个从投入匮乏到过度投入的连续体。锻炼投入匮乏的父母在子女体育锻炼方面给予较少的情感、经济和锻炼装备上的支持。而锻炼投入过度的父母则过于看重子女锻炼行为的结果,如果子女在体育锻炼中没有取得良好成绩,父母可能会表现出失望或愤怒,甚至在子女锻炼过程中充当教练的角色来干涉子女的体育锻炼。父母锻炼投入过度更容易造成子女在锻炼过程中出现应激反应和心理疲劳现象,不利于个体心理健康发展。Hellstedt指出理想的锻炼投入是中等程度的锻炼投入,给予子女在锻炼中足够的自主决定权,不去过多干涉其锻炼行为。

如果父母有性别刻板印象,即男孩比女孩更有运动天赋,或者体育锻炼更适合男孩而不是女孩,那么这种刻板印象即使对于年幼儿童也会产生对体育锻炼态度和行为的不利影响。针对这种情况,Dorsch和Smith等人(2015)进行了一项干预研究,在该研究中研究者设计了一项青年运动方案,要求家长积极参与子女进行的体育锻炼活动,并在锻炼活动中尽量改善家庭成员关系、建立积极的家庭教养方式。结果发现青年运动方案可以为家庭成员之间提供更多的沟通和交流的机会；家长对青年运动方案表现出了积极的情感和行为上的改变，并开始尝试通过体育锻炼来传递父母对子女的价值期望。另一方面，通过在体育锻炼中的不断相互作用，父母也在体育锻炼过程中促进了自己作为父母的角色社会化。

案例 10－2

体育锻炼对儿童性别角色社会化的影响

研究目的：探讨个体参加体育运动对其性别角色发展产生的影响以及这种影响对促进儿童人格社会化有什么积极意义。

研究对象与方法：采用玩具选择任务研究范式，对 81 名来自小学和业余体校的儿童进行了实验研究。

实验设计：采用玩具选择任务，利用儿童选择不同性别玩具和玩耍玩具的行为，考察运动项目（跆拳道、体操），训练年限（3 年以上、不足 1 年）和性别对儿童性别角色社会化的影响。

研究结果：进行跆拳道项目训练的儿童较体操训练的儿童更倾向于选择男性玩具，训练年限在 3 年以上的儿童较训练年限 1 年以内的儿童更倾向于选择男性玩具。参加跆拳道训练的儿童较不参加训练的儿童和参加体操训练的儿童用更多的时间玩男性化玩具。

研究结论：研究结果表明，性别是决定儿童性别角色的关键因素，同时参加体育运动也会对儿童性别角色社会化产生影响。参加跆拳道和体操训练都会强化男孩的男性化性别角色，弱化女孩的女性化性别角色，而且参加跆拳道训练对儿童性别角色的影响比参加体操训练更明显。

资料来源：漆昌柱，邱泽瀚，赵丹妹，肖潇. 体育锻炼对儿童性别角色社会化的影响[J]. 武汉体育学院学报，2011，11：63－66.

（二）体育锻炼与个体道德发展

Vallerand 等人提出了体育道德的概念，并建立了体育道德的社会心理学模型。他认为，对体育道德行为的界定可以依据以下 5 个标准：（1）运动员在训练和比赛中能够全力以赴，不断提升自己的能力和水平；（2）尊重体育比赛中的社会规范，表现出良好的体育精神风貌；（3）尊重比赛规则，服从裁判判罚；（4）尊重对手和关注对手，公平竞赛；（5）体育道德行为的消极方式。祝大鹏在总结前人研究的基础上，认为体育道德的主要特征包括：关注和尊重规则和裁判、社会规范、对手，对比赛全力以赴，对所有体育参与者没有消极表现。Leo Hsu 对人们在体育运动中的道德的批判性思维和直觉思维进行了分析，认为虽然大多数体育锻炼对个体的道德发展具有积极促进作用,但也会在一些运动情境中存在道德冲突。当前关于体育锻炼与个体道德发展的研究主题主要集中在体育锻炼与青少年儿童亲社会行为和反社会行为的影响效应上。

Nathan(2013)等人对 142 名平均年龄 14.7 岁的澳大利亚青少年进行了一项足球锻炼干预计划。结果发现与对照组青少年相比,实验组被试报告了较低的同伴交往问题和较高的亲社会行为。Bruner 和 Boardley(2014)选取了 329 名平均年龄 15.9 岁的青少年为被试,探讨社会认同对青少年在体育活动中的亲社会行为和反社会行为的影响作用。结果发现,任务凝聚力表现出了群体内部关系和对队友的亲社会行为的显著正向中介作用,以及对队友和对手的反社会行为的显著负向中介作用。社交凝聚力表现出了群体内部关系和对队友和对手的反社会行为的显著正向中介作用,以及对队友和对手的反社会行为的显著负向中介作用。

也有研究者探讨了影响体育锻炼与个体道德发展的因素。这些影响因素主要包括个体因素和环境因素。Rutten 等人(2011)研究发现,体育运动中个体的道德推理能力、良好的道德气氛和支持性的教练员和运动员关系对青少年的亲社会行为的发展具有重要影响效应。Monacis(2013)等人研究发现自我决定动机对于个体的目标定向与体育道德行为关系表现出了显著中介作用。

但也有研究未发现体育锻炼对个体道德发展的显著促进效应。McKenney 等人(2001)对 5 个具有破坏性行为问题的儿童进行的单被试研究结果发现,在体育环境中的干预方案对儿童的亲社会行为的增加和反社会行为的降低并没有起到显著作用,这种积极效应仅表现在干预的初期阶段,而其后续保持效应较差。产生这一结果的原因一方面可能是该研究中的被试样本量偏小;其次,该研究中干预方案的实施是通过教学形式向儿童讲解篮球活动中什么是亲社会行为和反社会行为。在这一干预方案中仅仅局限于讲解,而没有对儿童在篮球活动中的行为提出具体要求,降低了方案的针对性和导向性;另外,研究在行为数据收集的过程中也仅仅是记录了教学中讲解的行为,而儿童在篮球活动中的亲社会行为和反社会行为的表现可能是多样化的,因此,这样的数据记录方式可能会遗漏部分信息。所以,体育锻炼对儿童亲社会行为发展的作用还需要进一步检验。

三、锻炼与人格的培养

(一)提高锻炼参与的意识和能力

大学生体育锻炼参与意识和能力的培养,是大学体育教育的一个重要方面,也是塑造大学生健全人格的重要途径。对学生锻炼参与意识和能力的培养,应该从思想和认识上对其进行引导,使学生在客观实践中能主动建立对锻炼的正确认识,以树立体育锻炼参与意识和实现终身体育的目标。同时,培养大学生体育锻炼参与意识,使大学生掌握体育锻炼的方法,养成锻炼参与的习惯,对自我体育锻炼能力的形成和人格的完善具有重要意义。

（二）培养良好的锻炼习惯

培养良好的锻炼习惯是体育锻炼中的一项重要内容，提高学生的自我锻炼能力，养成自我锻炼的习惯，对个体人格的完善具有深远的意义。培养良好锻炼习惯，首先要使学生树立终身受益的锻炼观，使其充分认识到锻炼的必要性。其次要充分利用学生自我意识的发展，激发锻炼兴趣，在培养学生锻炼习惯的过程中，要充分利用积极的心理因素，促使其从心里产生"我要锻炼"的愿望。此外，还应培养学生自我锻炼能力的信心，通过有效地组织各种体育活动，满足个人的成就需要，进而促进完美人格的实现。

（三）通过锻炼提高社会交往

人际交往是指在社会活动中人与人之间进行信息交流和情感沟通的联系过程，同时也是个体形成积极人格的重要途径。体育可以满足人类交往的需要，拓宽人们社会交往的渠道，促进人际关系的和谐发展，为人们创建一个健康、安宁的社会交往环境。通过参与体育活动，可以使人忘却烦恼和痛苦，消除孤独感，并逐渐形成积极的人格。例如在篮球、排球、拔河等集体项目中，体育锻炼能为参与者创造一个适宜的集体活动空间，在这些活动中，需要参与者之间进行沟通交流，从而促进主体对环境的适应和人际关系的融洽，进而促进个体形成积极的人格。由此可见，体育锻炼不仅能促进人的社会交往，而且体育活动的社会交往特性又会吸引人参与和坚持体育锻炼，这对人格的培养具有重要作用。

（四）通过锻炼培养顽强的意志品质

意志品质是指一个人的果断性、坚韧性、自制力以及勇敢顽强和主动独立等精神，它是通过克服困难，来实现预定目的的心理过程，是在克服困难的过程中表现出来的，也是在此过程中培养起来的。现在的学生大都是娇生惯养的独生子女，遇到困难、挫折就会退缩，缺乏坚强的意志品质。体育锻炼过程中也会充满危险和挑战，参与体育锻炼要不断克服生理、心理困难（如受伤、恐惧、疲劳等），参与者经过长期反复的刺激，参与者的意志力能得到很好的发展。而在体育锻炼过程中，充分发挥锻炼指导者的积极引导作用，引导锻炼者勇于战胜困难、挑战自我。在此过程中，使其真真切切地经历挫折，又能享受战胜困难、战胜对手、战胜自我的快乐。当遇难不进时，锻炼指导者需要适时地勉励其振作，督促其继续前进。在不断地磨练过程中，使锻炼者学会面对现实，以积极的态度对待困难和挫折，用健康的心态去迎接新的挑战，从而为完善人格、树立健康的人生观奠定基础。

本章小结

通过本章的学习，我们了解到人格是指个人在与环境的相互作用中形成的相对稳定独特的心理特质和行为倾向的综合体。人格具有独特性、稳定性、整体性、社会性特征。通过介绍卡特尔人格特质理论、艾森克人格理论、大五人格结构模型对人格进行了较为完整的诠释。目前有关人格的测量方法主要有自陈量表和投射技术，例如明尼苏达多项人格调查表、艾森克人格问卷、卡特尔 16 种人格因素问卷及罗夏墨迹测验等。锻炼对 A 型人格、坚韧型人格人群以及个体社会性的发展都具有重要意义。通过培养个体锻炼参与的意识和能力、养成良好的锻炼习惯以及提高社会交往和意志品质来促进积极人格的形成。

思考、理解、探究

1. 何谓人格？它有哪些特性？
2. 在锻炼心理学中，人格的特质理论有哪些？
3. 人格的测量工具有哪些？
4. 锻炼可能引起的人格变化有哪些，为什么？
5. 锻炼如何促进个体社会化？

讨论问题

1. 人格的形成受先天遗传和后天环境的共同影响，它具有跨时间、情境的一致性和跨空间的普遍性，一旦形成，则较为稳定。但也有人认为，稳定并不代表固定不变，人格也有动态可调整的一面。那么，你认为通过长期地参与锻炼，人格会发生变化吗？结合你自身的经历，谈谈你的观点或感受。

推荐阅读文献

1. 陈善平，张秋君，李淑娥. 太极拳教学对大学生 A 型行为的影响. 中国体育科技. 2005，41(2)：91－93.

2. Ekkekakism，Lind，Hall，Petrozzello. Can self-reported tolerance of exercise intensity play a role in exercise testing？[J] Medicine & Science in Sport & Exercise，2007，39：1193－1199.

3. Schneider，Graham. Personality，physical fitness，and affective response to exercise among adolescents [J]. Medicine & Science in Sports & Exercise，2009，41：947－955.

4. Leo Hsu. Moral thinking，sports rules and education [J]. Sport，Education and Society，2004，9(1)：143－154.

5. Dorsch，Smith，McDonough. Early socialization of parents through organized youth sport [J]. Sport，Exercise，and Performance Psychology. 2015，4(1)：3－18.

6. Rutten，Schuengel，Dirks. Predictors of antisocial and prosocial behavior in an adolescent sports contextsode [J]. Social Development，2011，20(2)：294－315.

7. Bruner，Boardley，Côté. Social identity and prosocial and anti social behavior in youth sport [J]. Psychology of Sport and Exercise，2014，15：56－64.

8. 祝大鹏.运动员体育道德：概念、影响因素、测量与展望[J].武汉体育学院学报，2013,47(7)：64－70.

9. 姜媛,张力为,毛志雄.人格、锻炼动机和锻炼取向对体育锻炼情绪效益的作用[J].天津体育学院学报,2015,30(2)：147－151.

10. 漆昌柱,邱泽瀚,赵丹妹,肖潇.体育锻炼对儿童性别角色社会化的影响[J].武汉体育学院学报,2011,11：63－66.

第十一章 体育锻炼与主观幸福感

本章学习要点

◎ 主观幸福感的概念、结构和特点

◎ 影响主观幸福感的因素

◎ 主观幸福感的测评

◎ 体育锻炼对主观幸福感影响的机制

◎ 体育锻炼与主观幸福感的关系

关键概念

主观幸福感　情感体验　生活满意度

　　幸福是什么？哲学家视幸福为实践的结果，理论学家认为幸福是最本源的理论，经济学家把它当作衡量社会发展程度的指标。在普通人的眼里，幸福就是想吃什么就吃什么，想买什么就买什么，是睡觉睡到自然醒，是全家人健康、开心的生活。随着现代化步伐的不断推进，给人类带来的一个重要成就无疑是物质生活条件的不断改善和生活质量的日益提高。然而，这种以物质条件提高为基础的客观幸福并不能满足人们对幸福的追求，人们真正追究的幸福是精神上的满足，即主观幸福感。那么，究竟什么是主观幸福感呢？体育锻炼与主观幸福感又有怎样的关系呢？

第一节　主观幸福感概述

一、主观幸福感

（一）主观幸福感概念

　　最初的心理学家们认为人们的主观幸福感状况取决于一定时期内积极情感和消极情感的平衡，如果人们较多地体验到愉快的情感而较少地体验到不愉快的情感，就可推定他们是幸福的，否则就不幸福。20 世纪 50 年代到 60 年代，生活质量和积极心理学的研究推动了主观幸福感的发展。研究者通常把生活质量上的主观幸福感定义为人们对自身生活满意程度的认知评价，这种评价可以通过整体生活满意感和特殊生活领域满意感来反映人们的幸福感状况。20 世纪 90 年代以来，一些心理学研究者从西方哲学中的完善论幸福观出发,对幸福的含义进行了新的阐释,发展了心理学意义上的主观幸福感,在他们看来,幸福不仅仅是获得快乐,而且还包含了通过充分发挥自身潜能而达到完美的体验。

综合各种观点可以认为幸福是个体认识到自己需要得到满足以及理想得到实现时产生的一种情绪状态,是由需要、认知、情感等心理因素与外部诱因的交互作用形成的一种复杂的、多层次的心理状态。主观幸福感则是指评价者根据自定的标准对其生活质量的整体性评估,它是衡量个人生活质量的重要综合性心理指标。主观幸福感以"快乐论"为导向,认为幸福是趋乐避苦的主观感受,所以称之为主观幸福感。

(二) 主观幸福感的结构、特点

Norman M. Bradbum(1969)首先提出主观幸福感由积极情感和消极情感构成,且认为主观幸福感是个体相对独立的积极情感和消极情感相比较之后获得的整体判断。后来,Morton Beiser(1974)和 Frank M. Andrew 等人(1976)通过因素分析发现了主观幸福感的第三个成分:生活满意认知评价。基于上述研究成果,国内学者们逐渐达成一种共识,认为主观幸福感主要包括两个方面:情感体验和生活满意度(见表 11-1),情感体验包括积极情感和消极情感,生活满意度包括整体生活满意度和特殊生活领域的满意度。

表 11-1　SWB 的结构内容

情 感 方 面		认 知 方 面	
积极情感	消极情感	整体生活满意感	特殊生活领域满意感
快乐	羞愧	改变生活的愿望	工作
高兴	悲哀	对目前生活满意	家庭
满意	担心焦虑	对未来生活满意	休闲
骄傲	愤怒	对过去生活满意	健康
喜爱	压力	他人意见对个体生活的重要性	经济
幸福	抑郁	满意度的观点	自我所属群体
心醉神迷	嫉妒		

资料来源: Diener E, Emkook M Suh, Richard E Lucas. Subjective well-being three decades of progress[J]. Psychological Bulletin, 1999,125(2):276-302.

情感体验就是用感性带动心理的体验活动,情感体验包含积极情感和消极情感两个相对独立的维度,如果想要获得幸福,就要较多体验愉快的积极情感,而较少体验不愉快的消极情感。生活满意度是个体根据自己选择的标准对其生活质量所做的总体性认知评估,它是个体对生活的综合判断,是独立于积极情感和消极情感的认知因素,是衡量主观幸福感的有效指标之一。主观幸福感的情绪和认知成分有机组合、紧密联系并相互作用。因此,主观幸福感就是人们对生活中高频度的愉快和低频度的不愉快的感知。

根据主观幸福感的定义与结构可以认为主观幸福感具有主观性、整体性、相对稳定性等特点。第一，主观性。主观性存在于个体的经验之中，即个体评价自己是否幸福依赖其内定的标准，而不是他人或者外界的准则。在主观幸福感的领域里，个体自己是否幸福的信念至关重要。第二，整体性。整体性是一种综合评价，包括对情感反应的评估和认知判断，是对生活的总体满意感。第三，相对稳定性。主观幸福感主要测量长期而非短期情感体验和生活满意度，是一个相对稳定的值，它不会随着时间的流逝或者环境的改变而发生重大变化。尽管个体遇到突发事件时会发生情绪波动，但是在一段时间内将自动恢复到最初的基准水平。因此，主观幸福感的波动是相对平稳的。

二、主观幸福感的影响因素

（一）外部因素

影响主观幸福感的外部因素主要包括：人口统计学变量、遗传、社会环境等。年龄、性别等人口统计学变量对主观幸福感的影响经过学者的进一步研究已经有了较为一致的成果。Okma 研究 18—90 岁的人群后提出：主观幸福感随年龄增长呈下降趋势，峰值可能出现在 20 岁左右。Dew 和 Huebner 的研究表明中学生的总体满意度与性别、年级无关，但是亚裔学生的满意度要低于白人学生，存在明显的种族差异。大多数研究主张整体主观幸福感上男女差异不明显，只是在主观幸福感的不同维度上存在两性差异。

遗传率的基因行为研究为遗传因素与主观幸福感的相关研究提供了有力证据，同时有研究者证实，人具有快乐或不快乐的基因素质，气质的差异导致个人体验到的主观幸福感也有所不同。社会对主观幸福感的影响因文化差异和环境变化而不同，主观幸福感的变化也不一。Ferrer. i. Carbinell（2005）认为，相对于其他客观变量来说，收入在主观幸福感的决定中具有非常重要的作用：相对收入越高，则主观幸福感越强，但这种效应在不同的收入组中是不一样的，对于收入低于对照组的人群来说，自身收入与对照组收入水平的差额使他们的主观幸福感程度产生了比较严重的负效应；而对于收入高于对照组的人群来说，相对收入对主观幸福感所产生的正效应则相对要低。

（二）内部因素

随着研究的不断深化，大量研究证实人口统计项目和外在环境对主观幸福感的影响相对较小。因此，关于主观幸福感的研究重点由外部因素转向了内部因素，并且构建和检验了主观幸福感的理论。影响主观幸福感的内部因素包括：人格因素、自我效能、自我意识、归因方式等。

纵观国内外对主观幸福感相关因素的研究，人格被认为是最重要的影响因素。不同人格特质的人会产生不同的积极情感、消极情感，以及生活满意度（Costa 和 McCrrae），比较一致的看法是外倾和神经质与主观幸福感之间呈显著性相关。一般自我效能感和应对方式是影响主观幸福感的重要变量，目标理论认为目标的确立与维持、靠近目标以及目标实现使人感到生活有意义，并能产生自我效能感，而且相关研究表明自我效能感与主观幸福感存在显著的相关关系。

具有幸福感的人应该是与有自尊、健康、教育良好、外向、乐观、有职业道德、热情适度等相关联的，虽然这仅仅是对幸福描述性的结论，但是由此也可以看出幸福的影响因素以及作用机制主要涉及生理、心理、社会三大方面。那么，锻炼作用身体，增进生理机能毋庸置疑，怎样提升心理健康，促进社会适应，进而提高主观幸福感呢？

第二节　主观幸福感的测量

主观幸福感的研究中常见的测量方法有单项自陈测量法、多项自陈测量法、经验样本方法、被调查者的报告、记忆与反应时测量、观察法以及内隐联结测验（Implicit Association Test，IAT）等。目前应用较为广泛的测量工具主要有总体幸福感量表、高中生主观幸福感量表、大学生主观幸福感量表、生活质量相关的幸福量表和症状自评量表等。

一、总体幸福感量表

总体幸福感量表（General Well-Being Schedule，GWB）是 Fazio（1977）为美国国立卫生统计中心制定的评价受试者对幸福陈述的定式型测查工具。总体幸福感量表通过评价个体对幸福的陈述以确定其总体幸福感，该量表共有 33 项，覆盖面比较广，使用对象也较为广泛，除了对幸福感的评价外，还包括 6 个方面的内容：对健康的担心、精力、对生活的满意和兴趣、抑郁或愉快的心情、对情感和行为的控制及松弛与紧张，得分越高，幸福度越高。段建华（1996）对此量表进行了修订，采用该量表的前 18 项对被试进行施测，修订后的量表被证明具有良好的信度、效度。

二、高中生主观幸福感量表

陈作松（2004）编制了高中生主观幸福感量表，该量表具有良好的测量学特性，内容简洁，施测费时较少，操作简便易行。同时，该量表既包含了目前已有研究所涉及的主观幸福感的重要方面，也体现了高中学生的特点，如学习满意感、身体满意感。高中生主观幸福感量表既可以作为身体锻炼与高中学生主观幸福感研究的测量工具，也可用于帮助高中学生在精神健康和心理发展方面的诊断、咨询与指导。该量表共有 35 个条目，分为 5 个维度，即正性情感、负性情感、生活满意感、学习满意感和身体满意感，该量表已被广泛使用，具有良好的信度与效度。

表 11 - 2　高中生主观幸福感量表

	完全不符	基本不符	不确定	基本符合	完全符合
1. 我感到焦虑、担心或不安	1	2	3	4	5
2. 我感到疲劳、过累、无力或精疲力竭	1	2	3	4	5

	完全 不符	基本 不符	不确定	基本 符合	完全 符合
3. 我感到忧愁	1	2	3	4	5
4. 我感觉自己无精打采	1	2	3	4	5
5. 我感到将要精神崩溃或接近于精神崩溃	1	2	3	4	5
6. 我感到全身紧张	1	2	3	4	5
7. 由于有许多麻烦,使我怀疑还有什么事情值得去做	1	2	3	4	5
8. 我感到坐立不安	1	2	3	4	5
9. 我为自己的多疑感到烦恼	1	2	3	4	5
10. 现在是我一生中最沉闷的时期	1	2	3	4	5
11. 由于某人的批评,我感到不安	1	2	3	4	5
12. 我的生活多半令人厌烦和单调乏味	1	2	3	4	5
13. 现在是我幸福的时光	1	2	3	4	5
14. 我对目前的生活感到满意	1	2	3	4	5
15. 我已经得到了生命中最重要的东西	1	2	3	4	5
16. 我生活状况在各个方面都很好	1	2	3	4	5
17. 我希望保持现在的生活不变	1	2	3	4	5
18. 我感到生活幸福、满足或愉快	1	2	3	4	5
19. 在很多方面,我生活都接近理想	1	2	3	4	5
20. 我的一切如我所愿	1	2	3	4	5
21. 我对自己在读的学校相当满意	1	2	3	4	5
22. 我对自己在读的班级相当满意	1	2	3	4	5
23. 我对学习环境感到满意	1	2	3	4	5
24. 我对自己的学习成绩感到满意	1	2	3	4	5
25. 我的学习与以前一样有趣	1	2	3	4	5
26. 我与老师的关系非常融洽	1	2	3	4	5
27. 我对一些事特别热衷或特别感兴趣	1	2	3	4	5
28. 我感到快乐	1	2	3	4	5
29. 我精神状态很好	1	2	3	4	5
30. 我感到放松	1	2	3	4	5
31. 我每天的生活中充满了感兴趣的事情	1	2	3	4	5
32. 因为别人的赞扬,我感到骄傲	1	2	3	4	5
33. 我对自己健康非常担忧	1	2	3	4	5

第十一章　体育锻炼与主观幸福感

	完全 不符	基本 不符	不确定	基本 符合	完全 符合
34. 因为疾病、身体的不适、疼痛,我感到恐惧而烦恼	1	2	3	4	5
35. 我对自己的体形、仪表、身材感到满意	1	2	3	4	5

资料来源:陈作松.身体锻炼对高中学生主观幸福感的影响及其心理机制的研究[D].华东师范大学,2004.

三、大学生主观幸福感量表

大学生主观幸福感量表(见表11-3)是由吉楠(2006)针对大学生编制的主观幸福感量表,该量表具有较好的信度、效度。本量表由41个条目组成,共分为8个维度,分别为自我满意、消极情绪、生活满意、社会性行为、精力、积极情绪、人际关系、家庭满意。大学生主观幸福感量表采用5级制评分标准(1—5分),测得的结果无正常值范围,各维度的总分越高,表明被试受到的相关心理体验越多。

表11-3　大学生主观幸福感量表

	完全 不符	基本 不符	不确定	基本 符合	完全 符合
1. 我渴望获得新的经验和知识	1	2	3	4	5
2. 现在是生活中最好的时光	1	2	3	4	5
3. 我能够在别人需要的时候帮助他们	1	2	3	4	5
4. 我常常感觉自己的精力很旺盛	1	2	3	4	5
5. 别人好像不太喜欢我	1	2	3	4	5
6. 我家的经济情况很不错	1	2	3	4	5
7. 我觉得自己是个有价值的人	1	2	3	4	5
8. 我拥有健康与活力	1	2	3	4	5
9. 在人们需要的时候,我可以不计报酬地提供帮助	1	2	3	4	5
10. 我浑身上下充满着力量	1	2	3	4	5
11. 我有时会感到我所认识的人都不怎么友善	1	2	3	4	5
12. 我觉得家里的住房条件很好	1	2	3	4	5
13. 我对自己持肯定态度	1	2	3	4	5
14. 我感到孤独寂寞	1	2	3	4	5
15. 我对我的生活满意	1	2	3	4	5
16. 我愿意帮助人们改善他们的生活状况	1	2	3	4	5
17. 我精神饱满,精力充沛	1	2	3	4	5

18. 人际交往中我显得孤立，并时常受挫	1	2	3	4	5
19. 我的生活状况良好	1	2	3	4	5
20. 我了解自己的长处与不足，并可以接受它们	1	2	3	4	5
21. 我感到沮丧	1	2	3	4	5
22. 我一直保持着健康的生活方式	1	2	3	4	5
23. 我愿为社会美好而努力奋斗	1	2	3	4	5
24. 我充满活力与激情	1	2	3	4	5
25. 我有几个亲密并且可以信赖的朋友	1	2	3	4	5
26. 我觉得前途暗淡	1	2	3	4	5
27. 我感到悲伤	1	2	3	4	5
28. 世界上毕竟是快乐的人多	1	2	3	4	5
29. 生活中总有让我感兴趣的事儿	1	2	3	4	5
30. 我能够不断超越自我，取得更多的成绩	1	2	3	4	5
31. 总的来说，我对自己是满意的	1	2	3	4	5
32. 到目前为止，我对生活相当满意	1	2	3	4	5
33. 我有非常明确的生活方向	1	2	3	4	5
34. 我对未来充满希望	1	2	3	4	5
35. 我觉得生活很惬意	1	2	3	4	5
36. 我所做的事大多是单调而乏味的	1	2	3	4	5
37. 我能够自由地表达我的思想与感情	1	2	3	4	5
38. 我感到做什么事情都没意思	1	2	3	4	5
39. 总的来说，我对自己比较满意	1	2	3	4	5
40. 对我来说，每天都是一个全新的开始	1	2	3	4	5
41. 我常感到自己在这个世界上是多余的	1	2	3	4	5

资料来源：吉楠. 大学生主观幸福感量表的编制及应用研究[D]. 天津：天津师范大学，2006.

生活质量相关的幸福量表。幸福与生活质量之间关系密切，因此，很多学者也选用生活质量有关的测评工具测量幸福感，如简明幸福与生活质量满意度问卷（Quality of Life Enjoyment and Satisfaction Questionnaire，Short Form），主要由 Endicott 等人研制，初期主要用于测评与研究药物相关的满意程度及整体生活质量，后被我国学者引入中国，主要用于非健康人群幸福感测量。此外，世界卫生组织生活质量量表（World Health Organization Quality of Life-100，WHOQOL－100）和健康相关的生活质量量表（Health Related Quality of Life，HRQOL）在一般人群的测量中应用广泛。

第三节　体育锻炼对主观幸福感的影响机制

目前,关于主观幸福感的研究越来越多,但是对体育锻炼与主观幸福感机制的解释却没有达成一致的见解,近几十年对主观幸福感的研究过程中,由于研究者的角度不同,形成了不同的机制理论。

一、生理机制

有研究者提出幸福与其他情感一样都属于大脑活动的一部分,不论是主观幸福还是客观幸福,都要通过人的大脑才能被感知。通过神经生理基础研究,以及生物医学研究成果的广泛应用,如抗抑郁药物"百忧解"和"多巴胺"等,可消除抑郁等精神痛苦症状,帮助人们重新获得愉快、喜悦、积极向上的心理感受,提高幸福感指数。

短期身体锻炼能够带来积极情绪体验,长期的身体锻炼则可能产生更强的幸福感(Argyle,2001;Sarafino,2002)。情绪是个体是否幸福的基础和关键所在,而与情绪密切相关的生理生化物质有儿茶酚胺、内啡肽等。儿茶酚胺假说认为,神经递质在神经之间以及神经与肌肉之间起传递信号的作用,而体育锻炼可以使神经递质类化学物质分泌量增加,因而对情绪起调节作用,进而影响个体主观幸福感。内啡肽假说认为,身体锻炼促进大脑分泌内啡肽,内啡肽能够引起个体产生一种欢快感。有研究指出锻炼的短期效果主要是锻炼导致大脑产生并释放的内啡肽,从而使锻炼产生一种欣快的感觉,而长期锻炼持续产生的幸福感的提高,主要源自有规律的锻炼促进了心血管的健康,提高了工作的准确性和效率,减少了焦虑和抑郁,从而增强自我概念。随着研究的深入,从生理角度更加充分地论证锻炼与幸福之间的复杂关系。

二、心理机制

(一) 自我决定理论

心理学界 Ryan、Sheldon、Kasser 和 Deci 提出了幸福感的自我决定理论(Self-decision theory,SDT)。Ryan(1975)认为人类的三种基本心理需要是满足幸福感的关键因素:自主需要、能力需要、关系需要。Kasser 和 Ryan(1993,1996)研究发现,自我接纳、自我实现、社交情感及生命活力与幸福感呈正相关,而财富、生理吸引和社会认可则与之呈负相关。根据自我决定理论,美好的生活就是个体为实现个人成长、与他人深厚的友谊和社会服务的努力过程。自我决定理论作为锻炼对幸福感影响的理论模型之一得到了研究者的论证,并将其运用到后续的研究当中,指导理论和实践的发展。自我决定理论的促进作用得到了研究者的证实,锻炼影响主观幸福感的自我决定理论在体育教育教学中得到充分应用,Martyn Standage(2012)通过研究学生参与锻炼的情况,预测学生身体活动与健康相关的幸福,并建立了相应的预测模型,为教师和研究者关注学生建立了相对清晰的影响路径,进一步关注学生的自主能力和生活质量。

(二) 目标理论

目标是个体行为的目的状态(Anstin & Vancouver,1996),目标是幸福感模型的调控装置(Oishi 等,1999),是资源与幸福感之间的调节器。目标调节模型的基本假设为目标和价值取向决定着人的主观幸福感,主观幸福感产生于需要的满足及目标的实现,如果人们趋近或者达到目标就会产生快乐,而目标偏离或失败则导致痛苦。因此,目标是人们获得与维持幸福感的主要来源,目标与价值的差异导致了人们主观上对幸福的感受不同。

在目标理论中,个人行为的动力类型、行为的原因和趋向目标的过程对个人的主观幸福感影响极其深远。目标使人感到生活有意义,通过自我效能这一中介变量影响着幸福感,成功的体验会使人们更加相信自己的能力,建立起强大的自我效能从而提高主观幸福感。Aristole 认为当人们全心全意地投身于自己喜欢的活动中,活动的目标、难度与其能力相匹配的时候,会经历一种难以言喻的喜悦,这便对主观幸福感与活动的关系进行了较为充分的阐述。既然与能力相匹配的任务难度和目标是最能体会到喜悦或者幸福的,因此跳一跳够得着的目标便很有可能实现,那么一旦既定目标实现,就会形成新的目标,但这种体验是持久的幸福感还是短暂的情绪体验,还需要进一步研究来解释。

(三) 应对方式理论

应对方式是个体对环境或内在需求及其冲击所作出的恒定的认知性和行动性努力,是应对过程中继认知评价之后所表现出来的具体的应对方法或策略。Rim(1993)在研究主观幸福与应对方式时提出积极应对方式与主观幸福感呈正相关,消极应对方式与主观幸福感呈负相关。我国学者杨海荣等人(2004)的研究进一步证实了这一结论。由此可见,应对方式对主观幸福感有较好的预测作用,培养积极的应对方式有助于提高主观幸福感。基于上述研究,陈作松就身体锻炼对高中学生主观幸福感影响的假设模型进行再次设定(见图 11-1),发现身体锻炼本身就是一种积极的应对方式,不仅可以直接作用于主观幸福感,还可以通过人际关系、人格特质和身体自尊间接影响主观幸福感。

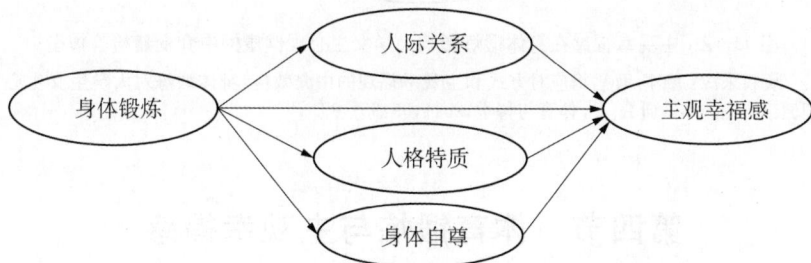

图 11-1　身体锻炼对高中学生主观幸福感影响的心理机制理论假设修正模型

资料来源:陈作松. 身体锻炼对高中学生主观幸福感的影响及其心理机制的研究[D]. 福州:福建师范大学,2004.

三、社会机制——社会支持理论

20世纪70年代,Raschke提出社会支持是指人们感受到的来自他人的关心和支持。一般认为社会支持是个体在经历被爱、有价值感和被需要的社会环境中促进人类发展的因素。心理学家认为,具有良好社会支持的个体会有比较高的主观幸福感。随着研究的深入,锻炼心理学家更加关注锻炼与主观幸福之间的关系,社会支持便是重要的中介变量。

颜军等人(2011)通过对大学生进行健美操运动干预实验,检验主观幸福感在身体锻炼影响心理健康如焦虑、社会支持、性心理障碍等的中介效应,并建立了主观幸福感在身体锻炼影响大学生心理健康的中介变量检验模型(见图11-2)。该模型认为身体锻炼可以预测心理健康,锻炼持续时间可以直接预测心理健康的焦虑、性心理障碍,也可以通过主观幸福感这一中介变量间接影响心理健康的焦虑、性心理障碍;锻炼的强度则可以直接预测心理健康的社会攻击、性心理障碍,也可以通过主观幸福感这一中介变量间接影响心理健康的社会攻击、性心理障碍。

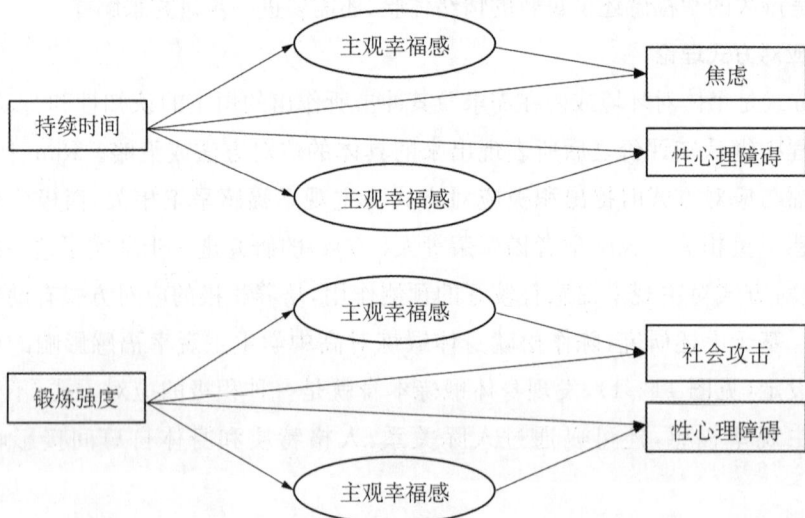

图11-2　主观幸福感在身体锻炼影响大学女生心理健康的中介变量检验模型

资料来源:颜军、孙雪梅应对方式和主观幸福观的中介效应:身体锻炼对大学生女生心理健康影响的实验研究[J].体育与科学,2011,05:95-99.

第四节　体育锻炼与主观幸福感

一、体育锻炼与主观幸福感的情感体验

健全和健康的身体是幸福的基石。在众多能够保持身体健康的方法中,体育锻炼是最健康、最经济并且最有效的一种,那么体育锻炼究竟怎样影响我们的主观幸福呢?

(一)调节消极情绪

目前,大量研究表明体育锻炼之所以能够有效的提高个体的主观幸福感,是因为体育锻炼具有调节消极情绪的作用。从研究对象看,身体锻炼对消极情绪作用的研究大体可以分为两类:一是身体锻炼与健康人的情绪效应;二是身体锻炼与心理患者的情绪效应。

在身体锻炼与健康人的情绪效应方面,有研究表明体育锻炼能够减轻焦虑、抑郁、愤怒等不良情绪状态,同时,Berger(1996)等研究发现经过锻炼之后会比锻炼之前感觉更好。甚至还有研究认为,仅一次功率自行车练习就使健康的大学生焦虑程度下降,5分钟的步行也有助于提高心境状态。另外有研究发现,长期的身体锻炼可以使焦虑、抑郁不良情绪状态显著改善;身体锻炼能缓释抑郁—沮丧情绪,有助于提高精力感。在身体锻炼与非心理健康人群的情绪效应方面,Greist(1979)运用运动疗法对抑郁症患者进行研究,结果显示运动对抑郁的降低作用与有时限的心理治疗的作用相同,并且优于非时限的心理治疗。除此之外,Heys(1997,1999)研究了身体锻炼对精神科群体成员的影响,报告显示他们的抑郁和焦虑程度均有降低,情绪变化更持久或者呈现出慢性的变化的趋势。Jessica Holley(2011)等人系统回顾了身体活动对精神分裂症患者的心理幸福感的影响,结果表明,身体活动对精神分裂症个体的许多心理幸福感特征具有积极影响。

案例 11 – 1

我们也可以很幸福

加拿大截瘫协会的脊髓损伤患者长期被疾病所困,感觉到僵硬的肢体和缺少活力的外观使自己羞于见人,疼痛的程度日趋强烈,悲惨的命运和有限的医疗条件使他们不断抱怨。针对此情况加拿大启动了个人健康护理计划,他们中一批人应邀参加了每周两次健身锻炼课程,每次课一般包含5分钟的热身伸展,15—30分钟的手臂有氧锻炼和45—60分钟的抵抗运动,阻力训练是靠墙自由重量的滑轮运动,旨在锻炼腹肌、背部、胸部、肩膀、肱二头肌、肱三头肌、手腕和腿。

随着运动量和时间的持续增加,结果发现第8次锻炼以后,脊髓损伤者的心率下降,耐力增强,虽然疼痛依然存在,但报告的疼痛程度有所缓解,而且现在没有以前自卑了,对自己身体的外形和机能更加信心,他们认为这段时间是遭遇疾病以来最美好的一段时光,觉得生活不能只有抱怨,还有希望。

资料来源: Kathleen A. Martin Ginis, Amy, E, 2003

(二)增强积极情绪

随着积极心理学影响的日益扩大,锻炼带给人们的积极体验,如最优表现、巅峰体验、流畅感体验、跑步者高潮等也越来越受到学者们的关注。Raedeke 和 Thomas(2007)通过对锻炼与情感影响的关系研究发现锻炼后对人的负面影响明显减少,积极影响增加,并且与愉快享受呈正相关。我国学者季浏(2000)等人对参加适度体育锻炼的中小学生进行研究,结果表明锻炼能够使被试获得较多的运动愉快感。

体育锻炼通过增强积极情绪提高主观幸福感的一个重要方面体现在最优表现上。Privette 和 Landsman(1983)把最优表现定义为个人超出一般水平的行为,是一种接近或达到个人最高水平的表现。从 Privette 和 Bundrick(1987,1989,1997)的研究可知,在创造性的表达中或者在掌握知识的过程中,甚至是在工作中都会出现最优表现,在锻炼过程中,最优表现包括网球的完美发球,以及对于通常能完成 5 千米的奔跑者这次轻而易举地完成了 1 万米的慢跑。而且最优表现有时是不由自主的,是外界的一种生物反馈或催眠状态。最优表现能够促进个体的感知能力,这些知觉能力可以促进我们的满意度和幸福感,对于我们的生活质量也显得尤为关键。

二、体育锻炼与生活满意度

情绪情感的变化势必引起人们对生活满意度的相应改变,而生活满意感是主观幸福感的一个重要预测变量。随着研究理论和技术的进一步发展,关于锻炼对生活满意度影响的研究范围和深度都在相应的扩展,研究对象也更加广泛,深入到了具体幸福感的研究阶段。

Yilmaz 和 Akandere(2003)将 30 名成人女性分成锻炼实验组和不锻炼对照组,锻炼组采用每周 3 次,每次 90 分钟的有氧体操练习方案,经过 3 个月的实验,结果表明,锻炼组的生活满意感明显优于对照组。Lannem(2009)等人对不完全脊髓损伤者进行实验研究,结果表明有规律参与锻炼的患者有着较高的生活满意度和运动健康的认知。汪宏(2010)经过研究指出身体锻炼并不能改变个体的生活现状,因而它对生活满意度的影响也是有限的,但是身体锻炼为个体现状的改善创造了条件,因此,锻炼对生活满意度的影响是潜在、长期的。Stubbe 等人(2012)研究一对孪生兄弟的锻炼参与和幸福之间的关系发现,锻炼者比非锻炼者在各个年龄段都要更满意他们的生活和幸福。

锻炼不仅可以直接提高主观幸福感,而且可以作为一种压力管理手段间接提高我们的幸福指数。有研究发现不同的锻炼类型使得锻炼者需要根据自身情况减轻压力或者增加压力,从而使压力达到适宜的水平,尤其是一些没有竞争的,可重复性的以及可预测的锻炼类型可以很好地减轻人们正在增加的压力水平,一些竞争性或是高强度类型的锻炼活动,则可能会引起个体的压力水平的增加。此外,高风险的身体活动,可以使人获得积极的压力,即一种使人愉快的压力。因为锻炼控制压力的同时,消极情绪得以缓解,积极情绪得以提高,还可以使锻炼者身体健康,从而提高锻炼者的生活满意度。

知识窗 11-1

运动，是女人最好的化妆品

一提到运动，你首先想到什么？强壮的身躯、优美的曲线、灵动的肢体……这些是不够的。事实上，运动能够全面提升你的 EQ、IQ、健康、魅力、气质等多项指数。没想到吧，运动就是这么神奇的东西，它能够给你想要的所有幸福！

运动是提高"情商"的最有效的方法：

（1）运动帮你稳定情绪。例如，棋类、太极拳、慢跑、长距离步行、游泳、骑自行车、射击等缓慢持久的项目，都能帮助你调节神经活动，增强自我控制能力，稳定情绪，使容易急躁、冲动的弱点得到克服。

（2）运动帮你改善交往能力。足球、篮球、排球，以及接力跑、拔河等集体活动，是运动心理学家最推崇的项目，因为它们能够帮助你慢慢地改变有些孤僻的习性，逐步适应与同伴的交往，扩展自己的社交群体，改善人际关系。

（3）运动帮你分泌快乐素。据科学家研究，经常运动的人，大脑中会分泌出一种叫"内啡肽"的物质，其作用类似于吗啡，能使人产生愉悦感，科学家称之为"快乐素"。但这种物质一般只能存在 2—3 天，要使大脑常分泌，就要常锻炼，达到身心俱健的效果。

运动激活你的魅力指数：

（1）运动能改善着装效果。当身体在运动时，头脑会因为专注力而更加清晰，这时整个人会散发出一股美丽的自信，挥汗间都透露若隐若现的优雅。痛快地出一身汗，什么烦恼，什么压力都忘记了。运动已经成为我维持生活品质的重要元素。

（2）运动是最好的化妆品。网球、乒乓球、保龄球、羽毛球……都是我喜欢的运动。我喜欢运动后的感觉，大汗淋漓，全身的毛孔都张开了，大口大口地呼吸着氧气。清新的空气流入我的身体，轻松惬意。我发现脸上的皮肤变得紧致有弹性，很"好摸"，化妆也比原来"上妆"。这种奇效，是美容保养达不到的。

（3）运动能提高女性气质。通过健身，我发现运动对身体的好处不只是窈窕的身材或强壮的肌肉，还可以藉由从运动的过程中，沉淀自我、认识自我、展现自我。

（4）运动储蓄你的健康资本。你有很多借口让自己逃避运动，总是觉得职场上的成功似乎更需要努力，一味地透支自己的健康。殊不知，如果失去健康，你的基金、股票、房产、汽车都将付之东流。

本章小结

主观幸福感是指评价者根据自定的标准对其生活质量的整体性评估，它是衡量个人生活质量的重要综合性心理指标，主观幸福感主要包括情感体验和生活满意度，情感体验又包括积极情感和消极情感，生活满意度包括整体生活满意度和特殊生活领域的满意度。

根据主观幸福感的定义与结构可以认为主观幸福感具有主观性、整体性、相对稳定性等特点。性别、年龄、遗传、经济状况龄等外部因素与人格、自我效能、自我意识等内部因素均会从不同程度影响个体主观幸福感。目前应用对主观幸福感的测量主要采用有总体幸福感量表、高中生主观幸福感量表、大学生主观幸福感量表、生活质量相关的幸福量表和症状自评量表等。本章主要从生理、心理和社会三方面介绍了锻炼影响主观幸福感的机制，了解到体育锻炼可以从调节情绪体验，提高生活满意度等方面对主观幸福感起到促进作用，反过来，主观幸福感更强的个体也更加积极地参与体育锻炼。

思考、理解、探究

1. 主观幸福感是如何界定的，其结构和特点有哪些？

2. 锻炼对主观幸福感的影响表现在哪些方面，你对此有何看法？

3. 体育锻炼影响幸福感的机制有哪些，其优缺点是什么？你倾向于哪种观点，并说明理由。

讨论问题

1. 阐述锻炼与幸福的关系如何？查阅更多资料予以证明，并结合自身或者身边人的经历举例说明。

推荐阅读文献

1. Snyder, Speitze. Involvement in Sports and Psychological Well-being [J]. International Journal Sports Psychology, 1974(5)：28 - 39.

2. Standage, Gillison, et al. Predicting students' physical activity and health-related well-being: a prospective cross-domain investigation of motivation across school physical education and exercise settings [J]. Journal of Sport & Exercise Psychology, 2012, 34: 37 - 60.

3. Berger, Tobar. Physical activity and quality of life: Key considerations [M]// Tennenbaum, Eklund. Handbook of sport psychology. Hoboken, New Jersey: John Wiley & Sons, 2007: 598 - 620.

4. Rejeski, Shelton, Miller, King, Sallis. Mediators of increased physical activity and change in subjective well-being: Result from the Activity Counseling Trial [J]. Journal of Health Psychology, 2001, 6: 159 - 168.

5. 陈作松. 身体锻炼对高中学生主观幸福感的影响及其心理机制的研究[D]. 上海: 华东师范大学, 2004.

6. 曾芊, 兰继军, 徐嘉玉. 体育锻炼对中学生生活满意感的影响分析[J]. 广州体育学院学报.2010,30(6)：38－55.

7. 魏高峡.老年人的生活满意度与体育锻炼的相关研究[J].中国体育科技,2007,43(2)：55－60.

8. 颜军,孙雪梅,陈爱国,朱凤书.应对方式和主观幸福感的中介效应：身体锻炼对大学女生心理健康影响的实验研究[J].体育与科学,2011,5：95－99.

第十二章　促进心理健康的锻炼处方

本章学习要点

◎ 掌握锻炼处方的定义

◎ 掌握锻炼处方的制定原则

◎ 熟悉锻炼处方的制定步骤

◎ 掌握执行锻炼处方的注意事项

◎ 了解体育锻炼与健康心理效应的关系

关键概念

运动处方　身心效益

随着社会的发展和人们物质需求的不断提高,激烈的社会竞争和复杂的人际关系令个体面对的心理应激越来越多,由此,人们经常感到焦虑,烦躁和疲惫不安。久坐少动(Physical Inactivity, PI)已成为人们的主流生活模式,且这种生活模式严重地影响了人们的健康。当前我们面临的健康问题与过去有很大的差别,以往的健康仅是指身体有无不适,或有无疾病,但随着社会的发展,人们逐渐意识到健康不再单纯的强调生理健康,更加突出心理健康。在此背景下,国内外大量的学者将科学的体育锻炼誉为防治疾病、改善不良心理症状的特效药物,像"运动药丸"、"运动是良药"等相关表述不断涌向人们的生活。作为未来的体育锻炼指导者,如何帮助个体认识到科学锻炼带来的身心效益,如何引导他们积极投入到体育锻炼中并养成终身锻炼的习惯,将成为锻炼指导者今后的发展方向。为了解决这些问题,我们必须掌握何为科学的锻炼处方,即什么样的体育锻炼才是促进人们积极投身于大众健身远离死亡的"良药"。

> **知识窗 12-1**
>
> ### "运动是良医"的 9 个理由
>
> 1. 心肺耐力对各种疾病的发生和早期死亡有着非常显著的影响,而运动可以提高心肺耐力,改善心血管和呼吸功能。
>
> 2. 运动可以降低冠状动脉疾病危险因素,延缓动脉粥样硬化的发展。

锻炼心理学

3. 运动降低安静时的收缩压和舒张压,减少运动中血压升高的幅度,减少运动中的血压波动。一次 10 分钟以上、中等强度有氧运动后可使收缩压降低 10 至 25 mmHg,舒张压下降 10 至 15 mmHg。运动的降压效果,最长可以持续 22 个小时。

4. 运动有明显的降血脂作用,可以改善脂代谢。

5. 长期锻炼,可以使血浆比例增加,降低血液粘稠度。

6. 运动可以延缓或阻止糖尿病的发生。

7. 配合饮食达到减肥健身的目的。

8. 适当运动可以降低多种疾病发病率和死亡率,对代偿功能的建立有重要的促进作用。

9. 运动可以增加工作、娱乐和生活能力,以及心理上的满足感,还可以增强老年人的体质和独立生活能力。

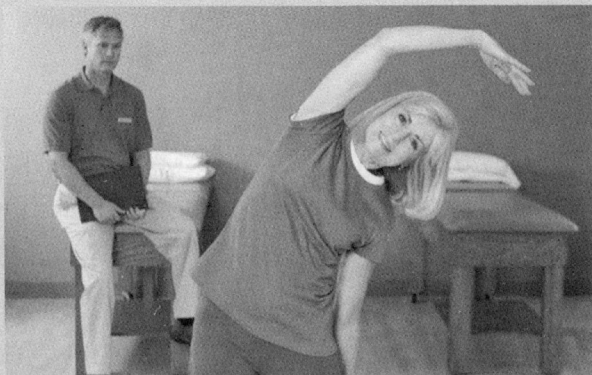

资料来源:"运动是良医"的 9 个理由[L]. [2015 - 11 - 6]. http://Jianfei. 39. net/thread-3654448-1. html.

第一节　锻炼处方概述

一、锻炼处方的定义

体育锻炼对增强体质、预防疾病和促进健康具有积极作用。然而,对于同一种锻炼负荷量而言,经常锻炼者和久坐少动者产生的锻炼效果是有差异的。此外,同一个体在不同时期、不同机能状态下,对同一锻炼负荷量的反应也是不一样的。因此,锻炼指导者为不同的锻炼者选择适合的锻炼类型、锻炼时间段、锻炼强度、锻炼持续时间、锻炼频率,对他们获得良好的心理效益至关重要。

锻炼处方是针对不同锻炼者的身体状况而制定的一种科学的、定量化的周期性体育锻炼方案。即锻炼指导者根据锻炼者的体格检查结果,按其健康水平、机能状况及锻炼目的,用处方的形式制定适合个体的锻炼目标、锻炼时间段、锻炼类型、锻炼负荷量、锻炼中的注意事项,使锻炼者能够进行有计划的周期性锻炼指导方案。

二、锻炼处方的制定原则

锻炼指导者在制定锻炼处方时,需要遵循一定的原则,即根据锻炼者的实际情况安排锻炼方案,引导个体积极参与并坚持体育锻炼,确保锻炼方案的顺利完成。一般而言,制定锻炼处方时应遵循因人而异、循序渐进、可持续执行、安全有效等基本原则。个人锻炼处方或团体锻炼处方虽有许多共同之处,但由于锻炼参与者数量不同,在制定过程中还应有所侧重,不能一概而论。下面就个人运锻炼处方和团体锻炼处方的制定原则进行介绍。

(一) 个人锻炼处方的制定原则

1. 个体化原则

受生物遗传性和个体后天成长环境的制约,人类生活中不可能存在两个相同的个体,即使是孪生兄弟或姐妹,也表现出不同的性格特点。此外,不同锻炼者的健康水平也存在差异,因此,锻炼指导者必须从锻炼者的实际出发,制定个体化的锻炼方案,才是个体获得积极心理效应的基础。

2. 尊重和保护锻炼者的隐私

在锻炼处方制定过程中,锻炼指导者有更多的机会接触个体的隐私,因此,在与个体交流时,谈话内容应倾向于专业领域,不主动提及个体的隐私。如果锻炼者主动谈及个人隐私,要注意合理回避和保密,并且保证不在锻炼时及其他场合谈论锻炼者的隐私,更不能强迫锻炼者讲述个人隐私。

3. 及时调整锻炼处方

随着锻炼处方的执行,个体的身体素质、心肺功能、情绪、生活满意感等方面将发生不断的变化,前期制定的锻炼处方并不能满足后期锻炼的需要。因此,锻炼指导者应根据个体在一段时间内的身心状态进行调整,使其不断适应个体的锻炼需要。此外,一段大负荷量锻炼后,适当降低锻炼目标也是预防运动疲劳的措施。

4. 建立恰当的人际关系

对于锻炼者而言,锻炼指导者是亦师亦友,但绝非是"恋人般"的存在。锻炼指导者要本着诚信、耐心、相互尊重、实事求是的原则与锻炼者建立恰当的人际关系,绝对不能与锻炼者有过于亲密的接触,这将是影响锻炼处方执行的阻碍因素,更是导致个体退出锻炼的重要原因。

5. 确保安全界限和有效界限

为了提高个体的健康水平,锻炼处方的执行必须达到改善心血管和呼吸功能的有效锻炼负荷量。如果锻炼负荷量超过个体身体机能的上限,可能会发生运动疲劳或运动损伤,这个锻炼负荷量界限,称为安全界限。这个锻炼负荷量的最低效果为有效界限。安全界限和有效界限之间,就是锻炼处方安全而有效的范围。锻炼指导者在为体质虚弱或患有严重心理疾病的个体制定锻炼处方时,应该严格规定锻炼负荷量的各个方面,否则将严重影响锻炼者的情绪,导致"无功而返"。

(二) 团体锻炼处方的制定原则

由于团体是由多个个体组成的锻炼群体,所以,在制定锻炼处方时,锻炼指导者不但要考虑到个体的特殊需要,而且更要满足大多数成员的基本需求。因此,在制定团体锻炼处方时,应从团体成员的实际出发,充分考虑到有效性原则、练习性原则、鼓励性原则、榜样性原则和不抛弃原则。

1. 有效性原则

与个体锻炼相比,团体锻炼的特点主要为参与锻炼的人数较多,个体间的健康水平参差不齐。如果仍按照个人锻炼处方的模式进行设定,则大多数成员将不会获得良好的锻炼效果。因此,锻炼指导者应根据体格检查结果对各成员进行分级指导,保证健康水平和体能水平在同一级别内的锻炼者能够获得良好的心理效益。

2. 练习性原则

在团体锻炼项目的教授过程中,由于人数较多,过多的动作讲解和示范势必会降低整体的锻炼效果。因此,锻炼指导者在动作教授环节中应以练习性原则为主,个别指导为辅。尤其是在动作技能教授的初期阶段,选择动作编排简单的,便于锻炼者进行练习的动作,并在不断的练习中,强化其对动作技能的认知程度。

3. 鼓励性原则

在团体锻炼处方的执行中,对于想通过体育锻炼提高自身心理健康水平的成员而言,自信水平是影响他们能够完成某一次锻炼和长期坚持锻炼的关键因素。因此,锻炼指导者在锻炼处方执行过程中,应多采用鼓励性方法,增强成员的锻炼信心。相反,如果某一成员由于被批评而中断锻炼,非但对其积极心理效应的获得产生负面影响,而且还将影响其他成员的心境状态,并可能导致更多的成员退出锻炼。

4. 榜样性原则

在一个团体中,各成员间对锻炼处方的执行情况千差万别,有的成员可能在较短时间内就能达到锻炼目标,有的成员可能经过长时间的锻炼后,仍未取得积极的心理效益。此时,锻炼指导者应该在各级锻炼指导时,树立1—2名锻炼标兵,并在日后的锻炼中充分发挥锻炼标兵的榜样作用,让他们在日常生活和锻炼过程中尽可能多地帮助锻炼效果较差的成员。在此期间,锻炼指导者要让锻炼效果较差的成员逐渐认识到,同属一个锻炼级别的成员,别人能做到的,自己一定也能做到。

5. 不抛弃原则

在团体锻炼处方执行过程中,锻炼指导者随时都会遇到个别锻炼者因种种状况而中途退出锻炼的现象,例如出差、旅游、备考、探亲等。此时,锻炼指导者应对他们的退出原因进行全面了解,如果团队成员是暂时退出锻炼,应结合实际情况为其制定个体化的锻炼处方。这将有助于锻炼者顺利回归团队锻炼,并对其长期参与体育锻炼,形成终身体育锻炼习惯是十分重要的。

此外，凝聚力的培养更是团体锻炼处方成功落实的基础。李京诚（2009）分别从建立锻炼指导者威信、明确团体锻炼目标、建立良好的团体锻炼规范、加强锻炼成员交流等方面对团队凝聚力的培养进行阐述。锻炼指导者应取得团队成员的信任、善于从团体成员的实际出发设置不同的锻炼目标、制定团体锻炼的行为准则、善于协调成员关系并增进彼此间的友谊，使锻炼者在团队中拥有归属感。

知识窗 12 - 2

一二三四五，锻炼要自主

锻炼需要一颗热忱的心和长时间坚持的毅力。当然春季锻炼的同时不要忘记自我保护。

一、根据自身状况选择适合运动

首先，没有任何一种运动是人人皆宜的，要根据自己的身体状况选择适合自己的运动项目。如果只是盲目地选择运动项目，不仅不会达到健身的目的，相反还会对身体不利，比如身患高血压或糖尿病的老人参加快跑，就会对身体不利。

二、肢体不要过于裸露

另外，春季虽然天气已经开始转暖，但气温还是很低，所以锻炼时要注意，肢体不要过于裸露，以免造成关节方面的损伤。并且在运动过后，如果衣服潮湿的话，要及时更换衣服，以防着凉感冒。

三、强度不宜太大

春季锻炼时强度不宜太大。春练的目的是通过运动来强健体魄，不需要进行高强度的剧烈运动，以避免由于过度活动和损耗而对人生长产生不利影响。

四、在雾霾面前不要逞英雄

在雾霾严重的市中心锻炼，无疑是增加肺部负担，尘埃中的病原微生物更是有可能随着呼吸进入体内，引发各种呼吸道疾病，得不偿失。遇到极端天气，应待在室内进行"无障运动"。

五、注意时段

锻炼最好的时间是在黄昏和晚间,因为太早到户外运动有很多弊端,并且有研究证明,晚练比晨练更好。因为上午人体多数节律都处于上升阶段或者已达高峰,运动会加快节律的运行,造成"高上加高",导致节律的不稳定。下午人体节律处于下降阶段,适当运动可以加速运转,并且下午和晚间花木绿荫处都聚积了大量的氧气,此时的空气比较干净,所以选择在下午或晚间锻炼会更好。

三、锻炼处方的制定

锻炼处方的制定步骤主要为:体格检查、锻炼目标设定、锻炼时间带确定、锻炼项目选择、锻炼负荷量制定、锻炼中注意事项提出。这些因素是影响个体获得积极心理效益的重要因素,因此,锻炼指导者只有从锻炼者的实际出发,综合考虑各因素与取得心理效益的关系,才能制定出科学的锻炼处方。

(一)体格检查

在制定锻炼处方前,锻炼指导者应对个体的身体情况进行一个全面综合的评定,了解锻炼者的基本情况,制定科学的锻炼处方。对锻炼者而言,促进心理健康锻炼处方中的体格检查主要包括病史询问、健康状况调查、身体成分测定、身体素质测试、其他生活情况调查等。

1. 病史询问

在制定锻炼处方前,锻炼指导者应对个体的病史和健康情况进行调查。病史调查:主要询问那些影响内脏器官功能和运动能力的疾病,如心脏病、高血压、结核、哮喘、肝炎、关节炎、肢体和关节因伤至残至畸等。了解发病的原因、时间、治疗过程、目前情况和对生活的影响等。

2. 健康情况调查

健康情况调查项目包括心率、血压、血常规、尿常规、胸透、动脉血管弹性等检查,目的是全面了解个体的健康水平,判断其是否存在心血管疾病、肺部或代谢性疾病的风险,例如高血压、冠心病、糖尿病、肺气肿等。

3. 身体成分测定

身体成分的检测主要包括身高、体重、脂肪重量、肌肉重量、是否肥胖、肥胖等级、内脏脂肪堆积情况、全身肌肉平衡情况、生理年龄等指标。通过对上述指标的检测,对锻炼者的身体成分进行全面了解,为制定合理的锻炼目标奠定基础。

4. 身体素质测试

身体素质测试的指标主要有肺活量、立定跳远、坐位体前屈、12分钟跑等指标。肺活量反映个体的呼吸功能,立定跳远反映个体的爆发力,坐位体前屈反映个体的柔韧性,12

分钟跑主要反映个体的心肺耐力水平(表 12 - 1)。

表 12 - 1　12 分钟跑评定标准(公里)

级别	男　子				女　子			
	<30 岁	30—39 岁	40—49 岁	>50 岁	<30 岁	30—39 岁	40—49 岁	>50 岁
极差	<1.6	<1.5	<1.4	<1.3	<1.5	<1.4	<1.2	<1.0
差	1.6—2.0	1.5—1.8	1.4—1.7	1.3—1.6	1.5—1.8	1.4—1.7	1.2—1.5	1.0—1.4
稍差	2.0—2.4	1.8—2.2	1.7—2.1	1.6—2.0	1.8—2.2	1.7—2.0	1.5—1.8	1.4—1.7
好	2.4—2.8	2.2—2.6	2.1—2.5	2.0—2.4	2.2—2.6	2.0—2.4	1.8—2.3	1.7—2.2
极好	>2.8	>2.6	>2.5	>2.4	>2.6	>2.4	>2.3	>2.2

5. 其他生活情况调查

为了全面了解影响个体参与锻炼的因素,在体格调查中还应对其运动经历、饮食习惯、作息时间、工作内容、居住环境等信息进行了解,有助于个性化锻炼处方的制定。

(二) 锻炼目标

根据个体不同的身体情况确定合适的锻炼目标。锻炼目标具有主观和客观的双重性。主观性表现为对锻炼的意向、愿望和兴趣,是以情绪为核心的主观意愿需要。客观性更多的是由于健康状况、疾病程度等情况产生的需要,把体育锻炼作为满足个体健康的一种手段。总之,对于普通锻炼者,其锻炼目标主要有以下几个方面:

1. 促进生长发育。

2. 增强体质,提高工作效率。

3. 丰富文化生活,提高生活质量。

4. 调节不良情绪状态,预防焦虑和抑郁症的产生。

5. 治疗某些疾病,保持健康,延缓衰老。

6. 掌握运动技能,培养终身锻炼习惯。

(三) 锻炼时间带

锻炼时间带是指一天中进行锻炼的时机。根据人体生物节律周期,为锻炼者安排最佳的锻炼时间带。例如,高血压患者最好选择白天进行锻炼,这是因为脑溢血的发病具有早晚多而白天少的特点,尤其是在冬天,由于低气温,血压容易升高,个体在早晚进行锻炼极易导致心脑血管疾病的发生。

结合人体血液流变学的生理节奏变化和运动中的适应变化等特点对人体的影响,心血管患者或中老年人的锻炼时间带应避免在上午 8 点以前。然而,对于那些受生活模式的限制,只能在清晨进行锻炼的个体而言,应选择一些轻松的锻炼方式,例如散步、练气功、打太极拳、做柔韧体操等。此外,空腹时进行锻炼会影响个体的健康水平,特别是胰岛素依赖型糖尿病患者,有可能导致低血糖的危险。所以锻炼指导者应向个体强调空腹锻炼的危害,且锻炼时间带尽量安排在餐后 1 小时后进行。

（四）锻炼项目

1. 锻炼项目分类

根据不同个体的身心健康需要，锻炼项目可以是有氧耐力运动、伸展运动以及健身操或力量性运动，几种常见的、方便可行的锻炼项目如表 12-2 所示。

表 12-2　几种常见的锻炼项目

类　型	具　体　运　动
有氧耐力运动	步行、慢跑、速度游戏、游泳、骑自行车、滑冰、越野滑雪、划船、跳绳、上楼梯及功量车、跑台运动等
伸展运动及健身操	太极拳、五禽戏、八段锦、秧歌、腰鼓、广播体操、气功、武术、舞蹈及各类医疗体操和矫正体操等
力量性运动	挺举杠铃、负重半蹲、负重提踵、提铃耸肩、俯立飞鸟、仰卧起坐、俯卧撑、平板支撑、仰卧起身等

2. 锻炼项目及适用人群

（1）简单的周期性运动，如步行、慢跑、骑自行车等，这类运动技术容易控制运动强度，适用于锻炼的初始阶段，特别适用于心肺耐力水平较差的个体。

（2）技术动作复杂的周期性运动，如网球、足球、游泳、滑雪、滑冰等，这类运动的能量消耗与技术掌握程度相关，适用于身体素质较好且已掌握一定技术水平的锻炼者。

（3）康复锻炼，即通过自身的各种运动促进损伤愈合和功能恢复的一种治疗方法。康复的目的是恢复神经肌肉和本体感觉功能，维持心肺功能水平，缓解疼痛，保持或提高柔韧性，增加肌力。康复锻炼的原则是不以加重损伤，不影响损伤的愈合和正常的治疗为前提，尽可能不停止全身或局部的活动。针对不常运动的人群，应以周期性运动为主，兼顾个人的运动习惯，灵活选择运动类型。在确定运动类型时，还应考虑到运动损伤的问题：对身体超重或刚开始参与锻炼的个体，可采用不同的运动方式相结合的锻炼，减少局部骨骼和肌肉的压力，避免可能引起损伤的活动，减少运动并发症，同时增加锻炼者对运动依从性。

（五）锻炼负荷量

锻炼负荷量，亦指体育锻炼中的运动量，它是由三种因素构成，即锻炼强度、锻炼持续时间、锻炼频率。为了更加直观地体现锻炼负荷的各要素，下面分别从锻炼强度、锻炼持续时间、锻炼频率进行介绍。但对于锻炼指导者而言，在为不同心理症状的锻炼者制定锻炼负荷量时，一定要将这三种因素进行综合考虑。

1. 锻炼强度

在单次体育锻炼中，锻炼强度是指单位时间内的锻炼负荷量，即锻炼强度＝锻炼负荷量/锻炼时间。锻炼强度是设计锻炼处方中最困难的部分，它是锻炼处方四要素中最重要的一个因素，也是锻炼处方定量化与科学性的核心问题。对于不良心理状态的锻炼者而言，锻炼处方中的运动类型应以有氧运动为主。在有氧运动中，锻炼强度主要是根据摄氧量进行设定的,但对于普通锻炼者而言,摄氧量的测定极为复杂且不易实施。因此可以根据最大心率百分比和主观感觉等级(Rating of Perceived Exertion,RPE),间接地设定锻炼强度。

(1) 最大心率百分比

鉴于心率和摄氧量之间存在明显的线性关系,我们可以根据最大心率百分比的方法来估测运动强度。加拿大和美国最常采用的最大心率计算法为:最大心率=220-年龄。我国目前尚无根据国民体质制定的推算表,但有学者提出为210-年龄。在锻炼处方的执行中,锻炼者应达到和保持的心率称为靶心率,通常使用50%—75%的最大心率作为锻炼者的靶心率。

靶心率=(最大心率-休息心率)×运动强度+休息心率。

(2) 主观感觉等级

主观感觉等级是对运动中个体的适应水平、外界环境影响及身体疲劳情况等的自我感觉。通常用"稍累",大约相当于60%的最大摄氧量,到"累",大约相当于80%的最大摄氧量进行分级。

在表12-3的"主观运动感觉"栏内的15个主观感觉等级(6—20)中,每一单数等级各有不同强度感觉描述,这8个(单数等级)强度感觉描述都具有相应的分值,如果用各等级的数值×10,其结果常与达到该等级的心率大体一致。由于这些因素具有较好的相关性,因此,近年来得到广泛的应用。对于不同健康水平的锻炼者而言,其相应的主观感觉等级不同。例如,对于经常参加体育锻炼的个体而言,其主观感觉等级应保持在12—15之间;对于中老年人和体质虚弱者而言,其主观感觉等级应保持在11—13之间。此外,在力量和柔韧练习中,运动强度取决于阻力的负荷重量和阻力的大小。

表12-3 主观运动感觉(RPE)参照表

RPE	主观运动感觉	相对强度(%)	相应心率
6	安静	0.0	
7	非常轻松	7.1	70
8		14.3	
9	很轻松	21.4	90
10		28.6	
11	轻松	35.7	110
12		42.9	
13	稍费力	50.0	130
14		57.2	
15	费力	64.3	150
16		71.5	

RPE	主观运动感觉	相对强度(%)	相应心率
17	很费力	78.6	170
18		85.8	
19	非常费力	95	195
20		100	最大心率

资料来源：王瑞元.运动心理学[M].北京:人民体育出版社,2002.

2. 锻炼持续时间

有氧运动中是以重复训练法为主,即规定有氧运动的持续时间。而在力量和柔韧性运动中,则应规定每个动作完成的重复次数,每组的练习时间,组数和组间歇的时间等。有氧运动中的运动强度和运动持续时间决定运动中的能量消耗。即选择低强度—长时间或大强度—短时间的锻炼方式,均可提高个体的心肺耐力。但大强度—短时间的锻炼方式会增加肌肉、骨、关节的损伤概率。

对于大多数人来说,不包括准备活动及整理活动,以70%—85%最大心率、持续进行20—30分钟的有氧运动,即可达到健身和体重管理的目的。体力及身体机能较差者从低强度锻炼开始,循序渐进逐渐增加锻炼强度和锻炼时间。体力较好、有运动经历者,在选择较大的锻炼强度时,也应循序渐进。

3. 锻炼频率

锻炼频率是指每周锻炼的次数。根据锻炼的目标制定锻炼频率。每周进行3—4次有氧运动,可达到维持心肺功能、改善部分不良心理症状的目标。锻炼强度、时间和频率的相互作用决定运动中的总能量消耗,但减轻体重和降低慢性疾病以及缓解不良心理症状的能量消耗阈值是不同的,锻炼者应根据锻炼目标和身体对锻炼负荷量的反应,将每天的总能量消耗作为衡量人体身心健康效益获得的指标。以减肥为目的的锻炼者应以较低的强度、较长的时间进行锻炼,但如果锻炼者由于种种原因,导致锻炼的持续时间较短,则必须相应的增加锻炼频率。

知识窗 12-3

有多少可穿戴设备在"监视"你的健康?

可穿戴设备算得上健康领域这几年的新宠,从最初的手环、计步器到如今的手表、袜子、戒指等,可穿戴设备的形式几乎已经涵盖了各种可能,另一方面,可穿戴设备的监测功能也从最初的计步、监测血压拓展到心率、睡眠监测等,更值得关注的是,不少国际知名品牌也陆续推出可穿戴设备或具有相似功能的产品。在业内人士看来,目前的可穿戴设备功能仍处于健康监测范畴,也有部分可穿戴设备具有部分治疗功能。另一方面,要真正发挥可穿戴设备的功效,还面临数据准确、可植入性设备的开发等门槛。

1. 智能腕表

智能腕表的推出让可穿戴手表的未来看上去更美。不少产品的监测功能也涵盖了心率、血压、睡眠情况等。但值得注意的是,因担心监测功能不靠谱,首次推出的 iwatch 去掉了据传原本具有的健康监测功能。根据报道,一致性问题以及技术上可能存在的疏漏最终使苹果放弃了 iwatch 的健康监测功能,这一举动也引起业界重视。除此之外,可穿戴手表的价位和防水性也是不少消费者关注的焦点。

2. 戒指

一直跟时尚关系颇为密切的戒指现在也有了健康监测功能,珠宝行业也盛行健康风。根据相关介绍,戒指成为可穿戴设备形式也颇有讲究,有厂家称人手指根处有主动脉经过,运动时可避免传统设备不稳定的弊端,会比传统健康设备监测更准确。

3. 袜子

就在今年,一家科技公司推出了一款针对健身爱好者的智能袜子,每双袜子配备了传感器,可以在用户跑步、竞走时收集相关数据。袜子底部配备的传感器也可以测量压力、脚步的着力点等。

4. 手环

手环几乎是诸多可穿戴设备的共同载体,包括小米、Jawbone、华为在内的诸多商家都有相应的健康手环。相对亲民的价格也让手环有了更广阔的市场。计步、心率及睡眠质量监测是诸多手环的共同功能。另一方面,相比其他可穿戴设备相对单一的外形设计,多种色彩可供选择也让健康手环受到不少时尚人士的青睐。

5. 文胸

看似与可穿戴设备无关的物件,其实已经实现了某种程度上的治疗作用。比如,用于治疗乳腺癌的某款药物在口服之后副作用明显,伦敦中央圣马丁艺术设计学院一位硕士研究生发明的文胸,特殊的材质可以向佩戴者缓慢释放药物,患者通过皮肤来吸收药物,在除去口服副作用的同时,还能获得更好的治疗效果。

资料来源:有多少可穿戴设备在"监视"你的健康[OL].[2015 - 12 - 15].http://news.xinhuanet.com/health/2015-12/15/c-128530878.htm

(六) 锻炼中的注意事项

在锻炼处方实施前,锻炼指导者必须根据锻炼者的实际情况提出相应的注意事项。以治疗和康复为目的的锻炼处方中应指出禁忌参加的锻炼项目、锻炼期间的自我观察指征和停止锻炼的指征,重视做好准备活动和整理活动等内容。同时让锻炼者掌握和了解一些必要的体育卫生知识,如运动后不要立即坐下或躺下,以免引起"重力性休克"或其他不适感觉,不能立即吃生冷食物,不能马上游泳或进行冷水浴等。

此外,科学的锻炼处方还应包括对运动疲劳及运动损伤的防治措施。因为,一旦锻炼者存在运动疲劳的运动损伤的症状,极易导致中途退出锻炼,还可能在锻炼者心理形成"锻炼阴影"。

"没有疲劳就没有训练",这是竞技体育领域中关于运动训练对运动员身体机能产生适应反应的经典表述。在大众健身领域,个体在进行长期有规律的体育锻炼期间,随着单次锻炼负荷量及其累积对身体机能的影响,运动疲劳时常发生。当锻炼者出现运动疲劳后,常常伴有对继续锻炼产生倦怠的心理。如果此时的运动疲劳没有引起锻炼者高度重视,久而久之,将导致心理疲劳,甚至心理耗竭症状的出现。这非但不会为锻炼者带来积极的心理效益,反而导致不良情绪的出现,迫使个体退出锻炼,使前期锻炼获得的健康效益"付之东流"。因此,在制定促进心理健康的锻炼处方时,锻炼指导者应高度重视对运动疲劳的调控。

知识窗 12－4

几种简便易行的运动疲劳监控指标

1. 心率和血压

首先记录个体执行锻炼处方前的心率和血压作为对照值,然后与锻炼者每天的基础心率和血压进行对比。若排除个体无体育锻炼外的其他生活应激事件干扰,连续2天以上的基础心率和血压突然上升或减慢10个单位以上,提示可能存在运动疲劳。相反经过一段时间的锻炼后,个体的基础心率和血压下降或保持在对照值的3个单位范围内,说明个体对锻炼处方适应良好,身体机能增强。

基础心率和血压是指个体早晨起床前空腹状态卧位的心率和血压。一般情况下正常健康成人的心率为 60—80 次/分,收缩压为 80—120 mmHg,舒张压为 60—90 mmHg。中老年人的正常收缩压值可能达到 140 mmHg。

2. 闭眼单足站立测试

同心率和血压的测定相似,首先记录个体执行锻炼处方前的基础闭眼单足站立值,并作为对照。然后与锻炼者每天的基础闭眼单足站立值进行对比。若排除个体无体育锻炼外的其他生活应激事件干扰,连续2天以上的基础闭眼单足站立值明显增加3秒以上,提示个体可能存在运动疲劳。

基础闭眼单足站立值是指个体早晨起床后空腹状态下的闭眼单足站立测试结果,单位为秒,一般使用锻炼者的惯用脚进行测试。

老年人或心脑血管患者在进行该项测试时应在家人的监督下进行,防止意外摔倒。

一般而言,如果个体某天的基础心率、血压、闭眼单足站立值突然大幅度升高,表明极有可能存在运动疲劳。此时,锻炼指导者应对锻炼处方的负荷量进行调整,以减缓疲劳症状的加重。

建议个体在日常的饮食中补充维生素 E、C、B 族和优质蛋白、矿物质也是十分必要的。一方面因为维生素 E、C、B 族和优质蛋白有助于增加机体对大负荷锻炼刺激的适应;另一方面,体育锻炼中的大量排汗使个体对钠、钾、钙、镁、磷、铁等矿物质的需求量增加,且这些矿物质必须从食物中摄取。此外,在每次锻炼结束后,建议个体的整理活动时间延长、睡前进行肌肉拉伸和泡脚也是减缓运动疲劳的有效措施。

在体育锻炼中,由于个体对锻炼处方执行不当,极易形成运动损伤,运动损伤的发生将会增加个体退出锻炼的概率。如果个体在锻炼中出现运动损伤后不能得到有效的康复训练,极易形成"锻炼阴影",降低个体进行锻炼的自我效能。因此,锻炼指导者,应对常见运动损伤进行有效的预防和治疗,确保锻炼者能够持续执行锻炼处方。

第二节　锻炼处方的心理效应研究

在生存压力倍增的今天,各种生活应激不断影响人们的心理健康。例如,繁重的学习压力导致青少年产生中、高考"恐惧症";肥胖降低个体身体意象和自尊;日益增加的晋升压力使个体患上抑郁症。目前,治疗心理疾病的主要措施为药物治疗和心理干预,但对于个体而言,"不到病入膏肓",又有几人主动接受这些耗时、费钱的治疗呢? 近些年,体育锻炼为个体带来积极心理效应的研究成为锻炼心理学的热点。殷恒婵等人(2004)对国内外有关体育锻炼与心理健康方面的成果进行研究时发现,体育锻炼具有改善个体情绪、人格、自我概念、认知过程和缓解焦虑、抑郁症、精神分裂症的作用。Rethorst 等人(2009)对抑郁、焦虑患者进行运动干预后发现,运动能够有效降低抑郁、焦虑症水平,提高生活满意度,缓解认知功能衰退。杨剑等人(2014)运用变化阶段量表、自我效能量表、自尊量表对4—6 年级的肥胖小学生实施基于体育锻炼的阶段变化理论模型(TTM)干预后发现,肥胖儿童的自我效能及自尊水平得到了提高,其锻炼动机也得到了强化。这些研究成果为想通过体育锻炼提高健康水平的个体提供了理论支持,但对于不同健康水平的个体而言,如何从自身的实际出发,制定方便可行的锻炼处方,将成为个体能否积极参与锻炼和养成终身锻炼习惯的核心问题。由此,充分了解锻炼处方的各因素与心理健康效益间的关系是非常重要的。

一、锻炼时间带选择的心理效应研究

随着科学技术的发展,人们正在不断揭示生物节律在体育锻炼中的重要作用,虽然其理论还有待于进一步深化和系统化,但目前已被人们广泛应用到社会实践中并取得了良好的效果。例如,在医学领域,运用生物节律安排病人治疗和服药时间;在交通、航空事业中,根据生物节律安排驾驶员工作和休息时间,避免事故发生;在农业上,应用生物节律增加某些农作物的产量等。在体育锻炼中,人们也注意到生物节律的重要性,但还缺乏深刻的认识和系统的指导。临床康复学的研究强调,锻炼处方中锻炼时间的设定将关系到个体获得良好运动疗效的关键因素(陈晓,2004)。那么,对于想通过体育锻炼来调节自身不良心理症状的个体而言,科学地选择锻炼时间带,与其锻炼后良好心理效应的获得紧密相关。

锻炼时间带的选择,应根据运动生理学相关的理论进行设定,即考虑到影响运动能力和心理健康方面的生物节律。人体生物节律特性是人适应环境时间条件的一种表现,是生物遗传性与其所生存环境长期相互作用的结果。众所周知,心肺功能是影响个体运动能力的基础,然而,在锻炼心理学领域,尚未发现相关研究。所以将运动生理学(王瑞元,2002)有关中国运动员心肺功能的近似昼夜节律特征作为参考(表 12 - 4)。

表 12 - 4　运动员心肺功能近似昼夜节律特征

指标名称	高峰时刻	波动时间范围
心脏射血速度(m/s)	18:26	—
心脏射血加速度(m/s²)	18:42	—
心脏射血距离(cm)	18:20	—
心指数(l/min/m²)	16:18	—
心输出量(l/min)	17:05	—
心脏做功(kg/m)	17:10	—
收缩压(kPa)	18:24	—
肺活量	18:00	16:00—22:00
肺阻力	06:00	05:00—07:00
吸氧量	18:00	17:00—21:00
呼吸频率	18:00	16:00—20:00

表 12 - 4 呈现了运动员心肺功能近似昼夜节律特征,由此可见,在锻炼心理学的锻炼处方中,也许"一日之计在于晨"并不适合锻炼者,因为早晨这段时间人体的肺阻力是最大的。但对于已经习惯于早晨锻炼的个体而言,建议其运动负荷量的安排不宜过大,做到微微出汗而止。这是因为早晨人体的神经系统多半处于半抑制状态,注意力难以集中,且协调性也较差。总之,从运动中的供养方面来看,建议个体(脑血管病变个体除外)的"黄金"锻炼时间带应放在 16:00—20:00 之间,因为这期间有关心肺功能的大部分指标均处于活跃状态,但其具体的生理心理学机制有待于研究。

二、锻炼类型与心理效应的研究

在大众健身中,个体对锻炼类型的选择往往取决于其个人的运动兴趣,然而,在锻炼处方中,锻炼类型的选择应与个体具体的健康水平紧密相关。例如,对于一名重度肥胖、伴有自卑心理的中学生而言,他想通过足球运动来缓解自己不良的身心状态,结果却发现,大多数的同学都不愿意与他一起玩耍。这非但没有改善他自卑的心理症状,反而令其自卑心理加重,甚至产生抑郁症状。由此可见,运动类型的选择要因人而异。根据个体在锻炼中表现出的不同特点,可以将锻炼类型分为四种,即根据锻炼锻炼的人际合作程度分为个人或团体的锻炼;根据锻炼中是否存在竞争因素分为竞争性或非竞争性锻炼;根据锻炼的代谢特征分为有氧或无氧锻炼;根据锻炼项目的反馈分为闭锁技能或开放技能锻炼。

(一) 个人性锻炼和团体性锻炼

在锻炼处方的制定中,我们应根据参与锻炼的人数选择相应的锻炼类型。刘永峰(2002)在其综述中认为,对于孤僻、优柔寡断的个体而言,应选择篮球、足球、排球、羽毛球等团体性的锻炼类型,这有助于前者通过社会交往增加积极心理体验,有助于后者重新树立自信心、变得沉着果断。季浏(2005)认为,体育锻炼对情绪调节的基本前提是:体育锻炼中与朋友、同事等进行的社会交往是令人愉快的,具有调节情绪的作用。由此可见,团体性体育锻炼似乎比个人体育锻炼更能获得积极的心理效应,但对于少数存在自卑心理的个体而言,个人性的、避免在锻炼中受他人排斥的锻炼类型也许更适合。于志涛(2003)认为,拥有自卑心理的个体总是觉得别人在背后嘲笑自己,往往以一种消极或错误的防御机制来保护自己,独来独往,不敢与别人正常相处,且严重影响个体的自尊心。Sonstroem和Morgan(1989)构建的体育锻炼与自尊模型中认为,自我效能在体育锻炼和整体自尊之间起中介作用,即体育锻炼影响自我效能,提高自我感知,进而改变个体的整体自尊水平。因此,在为患有自卑心理的个体制定促进心理健康的锻炼处方中,应先为其安排个性化的锻炼类型,待其自我效能逐渐提高后,可为其安排团体性的锻炼类型。

知识窗 12 - 5

如何才能动起来

第一,迈出家门

迈出的第一步很重要,也是最难的一步。但是开始是成功的一半,放下手机,省出时间,换上跑步鞋,去大自然感受她的拥抱吧。

第二,坚持不懈

你可以试试,坚持下去,当挺过最痛苦的时候,就会越来越轻松。不信你就试试。据说最少跑半个小时,跑一个小时是最舒服的(中小强度,具有锻炼基础的个体而言)。

锻炼心理学

第三,不是比赛

这是锻炼身体,不是比赛快慢,大可不必拼命跑步,或者和他人互争,如果一时心脏和大脑受不了,那遭罪的可是自己了。

第四,享受运动

真正跑下去之后,你会发现,刚开始的距离已经不能满足你了。时间长了之后,你就会越来越厉害,也许一万米"一口气"都没有问题。

第五,永无止境

跑步就好比人生,永无止境,没有终点。让自己的身体发挥自己最大的潜力就好,快乐开心运动,为生活增添光彩。

五个节奏带来的十个好处

第一,心情愉快

进行运动,会分泌更多的多巴胺,不需药物,身体更加舒适,当然心情愉快。

第二,睡的更香

跑步到适宜距离,身体微感到疲劳,洗澡睡觉,落枕必着,一觉天亮,睡醒身体务必舒适。

第三,吃得更多

适宜的跑步之后,一定会觉得饿,因为饿得毫无压力,毕竟跑完步,吃起来也不会胖。

第四,体重更低

长期有规律地跑步,体内多余的脂肪会得到动员。也许四十的你突然发现大学的牛仔裤依旧合身,到时候请不要笑得太大声。

第五,减少烦恼

跑起来,释放压力,发泄生活中奇葩的遭遇。挥汗如雨,一扫心中的不快。

第六,增强感受

现在中国的高铁已经发展到欧洲了,出行实在太方便,坐飞机已经是家常便饭了。但是高中曾经上学放学走过的路,毕业之后还曾走过吗,不如再跑一跑,感受一下曾经的经历,也许会有新的启发以及无法用语言表达的极限。

第七,自我充电

不要总是把笔记本、ipad和手机插着无限充电了。该轮到你了,不断增加的体力,也许以后组织什么活动,你就用上了,大放异彩。

第八,学会放下

带上耳机,清空大脑,放下心中的一切,来个五公里。一身轻松的感觉真好。也许在放松的时候会突然迸发更多新的灵感。

第九,来场偶遇

跑步不是光偶遇面容姣好的女子,还可以遇到很多未曾接触的社会。黑莓枝、鲜艳的玫瑰、绿色的狗尾巴草、长毛的猫猫。

第十,自我独处

一个人没人说话,跑跑步,放下手机放空自己,独处,认识一个真实的自己。

(二) 竞争性锻炼和非竞争性锻炼

根据体育锻炼过程中是否有竞争因素存在,可以将锻炼类型分为竞争性锻炼和非竞争性锻炼。杨忠伟等人(2011)认为,竞争意指双方或多方在规则限定下追求卓越、永争第一的努力拼争,它决定了体育的规则性和娱乐性,并赋予体育经济赢利的外在功能。对于想获得心理健康效益的个体而言,是选择竞争性的锻炼类型,还是选择非竞争性的锻炼类型众说纷纭。无论是竞争性的锻炼,还是非竞争性的锻炼,对个体心理的影响都具有双向作用(黄志剑、姒刚彦,1997)。在竞争性的运动中,由于个体对运动的胜或负的结果给予了过度地关注,使得胜利的个体获得愉悦的心理体验,相反,导致失败的个体存在愤怒、苦闷的心理体验。相对而言,非竞争性的锻炼类型对维持消极心境和积极心境之间的动态平衡具有显著的调节作用。伯格(2001)认为,非竞争性锻炼类型通过降低运动过程中的心理应激水平和增强成就感,使个体获得令人满意的心理效益,相反,蔡赓、季浏等人(2003)指出,竞争性体育活动对于提高小学、初中和高中学生的运动动机有非常积极的作用,在小学生中效果更为显著。非竞争性的教学方法在小学和初中阶段对于提高学生运动动机没有积极意义。此外,岑延远(2009)认为,个体的竞争性是人格特质的一个方面,它从三个方面影响着青少年的社会适应。一是积极的竞争态度可以提高社会适应的主动性;二是良好的竞争意识是社会适应的认知前提;三是正确的竞争策略决定社会适应的效果。因此,正确竞争性人格的培养,是个体适应社会的重要因素之一。

总之,在为个体制定锻炼处方时,是否选择竞争性的锻炼类型应根据锻炼者的实际出发。对于普通青少年而言,竞争性的锻炼形式更有利于提高其心理健康水平,但应对竞争程度进行把控,避免过度竞争出现。相反,对老年锻炼者或患有不良心理症状的锻炼者而言,选择非竞争性的锻炼形式似乎更有利于确保他们长期地参与体育锻炼。

(三) 有氧锻炼和无氧锻炼

一直以来,有氧运动都被视为维持和改善个体不良心理症状的主要锻炼类型。曹京华等人(2002)运用主观锻炼体验量表(Subjective Exercise Experience Scale, SEES)对男大学生实施运动干预发现,有氧运动能够有效地改善男大学生的消极情绪状态,且这一积极心理效应可以持续到锻炼后的一个小时。朱虹(2008)运用心理健康测查量表(Phychological Health Inventory, PHI)对 256 名职业女性进行运动干预发现,有氧运动能有效地改善个体的躯体化、抑郁、焦虑等不良心理症状。付小红(2013)运用中国中学生心理健康量表对 240 名幼师女学生进行运动干预发现,有氧运动能够有效对改善个体的强迫症,提升交往能力,缓解学习压力,增加学习积极性,提高对外交往能力。

由此可见,有氧运动能够为个体带来积极情绪效应的事实已得到广泛认同。相比,无氧运动能够为个体带来积极的情绪效应还存在争议。培图赛路等人(1991)认为,无氧运动能够有效地降低个体的抑郁症状,但却无法改善个体的焦虑水平。相反,大量研究认为,无氧运动均可有效改善个体的焦虑和抑郁症状(Dyer & Guouck,1998;马丁森,1993)。考虑到无氧运动会给个体带来极大的肌肉刺激,易导致运动疲劳和运动损伤,因此,建议制定锻炼处方时,应以有氧运动为主。

(四) 封闭式锻炼和开放性锻炼

在运动领域中,根据个体在执行动作技能过程中周围环境的稳定和可预见程度,将锻炼类型分为开放式运动和封闭式运动。张英波(2003)在指出,诸如武术、太极拳、慢跑等运动属于封闭式运动技能类型,诸如多人参与的篮球、足球、排球、乒乓球等运动属于开放式运动技能类型。

伯格等人(1993)认为,封闭式的技能练习具有的重复性和有节奏性特征不需要个体在锻炼中投入过度的注意力,因此,这种锻炼类型能够促进个体的脑力得到恢复,促进锻炼者获得积极的情绪效应。伯斯彻(1993)对抑郁症患者进行慢跑与放松相结合的锻炼干预时发现,这种封闭式的锻炼形式能有效地降低个体的抑郁程度。陈庆和等人(2006)对高校教师和学生实施太极拳干预后发现,学生的睡眠状况得到明显的改善,且这一封闭式的锻炼形式具有缓解压力、改善思维能力、促进人际交往等方面的积极心理效应。李芃松(2013)对大学生实施篮球干预时发现,这一开放式的锻炼形式在调节大学生偏执和强迫方面具有明显的作用,同时太极拳对大学生的躯体化和抑郁具有明显的调节作用。祖晶(2015)通过运用少年儿童身体自尊量表对 450 名 9—14 岁的少年儿童进行不同锻炼类型干预后发现,各项目对身体自尊的积极效应主要表现为武术＞篮球＞乒乓球。

由此可见,无论是封闭式的锻炼类型,还是开放式的锻炼类型,都为个体带来积极的心理效应。但鉴于封闭式锻炼形式比开放式锻炼形式具有更好的锻炼效果,所以,锻炼指导者或锻炼者在制定促进心理健康的锻炼处方时,应优先考虑封闭式锻炼类型。

三、锻炼时间和锻炼强度与心理效应的研究

运动负荷是指加载于机体上的各种外部物理"功"的总称,也被称为运动量,它是由运动强度、运动时间和运动频率组成(王瑞元,2002)。在临床康复学(张雯等,2006;周爱民等,2009),锻炼处方的制定必须将锻炼持续时间和锻炼强度进行有机结合。在锻炼心理学,虽然多数学者(季浏,2005;李京诚,2009)将运动强度和运动时间分开进行描述,但也都考虑到了二者应该结合进行讨论的重要性。

近些年的研究发现，不同的锻炼强度和锻炼持续时间对个体的心理症状具有不同的影响，只有正确的把握锻炼处方的运动量，才能为个体带来积极的心理效应。朱凤书（2005）运用大学生身体知觉自我剖析量表、心境状态量表及症状自评量表对大学生进行10周的运动干预后发现，中等强度比小强度更有利于改善男大学生身体自尊、心境及其心理健康水平；小强度比中等强度更有利于改善女大学生心境及其心理健康水平。耿小燕（2009）运用症状自评量表对上海市1602名中学生进行运动干预后发现，中等锻炼强度产生心理效应最为显著；短时间（30分钟）的锻炼持续时间更能产生较为显著的心理效应；锻炼频率越多的学生，其心理状态越好。陈作松（2015）认为，中等强度、每次锻炼在30分钟左右、每周3—4次，持续进行3个月的有氧运动能够改善个体的抑郁水平；小强度、每次锻炼60—90分钟或中等强度、每次锻炼20—30分钟，每周3—5次，持续3个月的慢跑或太极拳运动能够降低个体的焦虑症程度。

由此可见，不同运动量对不同心理症状的个体具有不同的影响。虽然已有的研究成果显示中、小强度的体育锻炼在改善个体不良心理症状方面具有良好的效果，但仍然应该从个体的实际情况，在保证安全的情况下进行科学的锻炼。此外，针对不同人群而言，科学的运动量仍是未来锻炼心理学的研究重点。

第三节　促进不同人群心理健康的锻炼处方

健康是人类生命延续的基础，在不同的历史阶段和不同文化背景下，人们对健康的认识有所不同。随着社会的发展、人们对客观世界及自身认识的不断深化，健康已不在是有无疾病，而更多的强调心理疾病。然而，在生存压力倍增的今天，各种生活应激不断影响人们的心理健康。例如，繁重的学习压力导致青少年产生中、高考"恐惧症"；肥胖降低个体身体意象和自尊；日益增加的晋升压力使个体患上抑郁症。由此，体育锻炼以其独特的疗效成为了人们青睐的获得积极心理效益和改善不良心理症状的有段。然而，对于锻炼处方而言，不同的人群应有适合其身心特征的锻炼处方，因此，本节重点从调节不良心理症状和特殊心理症状两方面，分别应对健康人群和心理疾病患者角度出发，归纳相应的锻炼处方。

一、促进学生心理健康的锻炼处方

"每天锻炼一小时，幸福生活一辈子"、"阳光体育"运动等的提出，学生的身心健康问题逐渐出现在大众视野。边玉芳（2010）指出该政策要求保证学生每天锻炼1小时，以减轻课业负担，来不断提高学生体质健康水平。但目前我国大中小学生行为问题、心理危机与疾患问题、网络成瘾问题、攻击性行为问题、校园暴力事件以及他们体质健康下降问题等仍不能得到有效解决。殷恒婵等（2012）调查发现中国青少年研究中心调查了全国17岁以下的儿童青少年，发现至少有3000万儿童青少年出现了各种情绪障碍和行为问题，并出现增多趋势。齐芳(2010)研究表明某些青少年时期的心理疾患与成年期心理疾病存在相关性,他们的心理卫生问题均会影响到成年期的身心健康。近年来,我国大中小学生肥胖率与近视率都出现增加趋势,他们的耐力、力量和柔韧性有下降趋势。我国大中小学生体质健康水平真正与国家要求相差甚远。

(一) 促进小学生心理健康的锻炼处方

小学生是比较特殊、备受关注的一个群体,随着学习压力的增加,大多小学生在心理上表现出焦虑、压抑、低自尊和自卑的不良心理症状,身体上异常表现为肥胖。早在1997年,世界卫生组织(WHO)就将肥胖宣布为一种疾病。当下它仍然是危害人类健康的全球性问题,是威胁人类健康的主要危险因素之一。同时,笨重肥胖的体型会严重影响其美观,也会给其带来自卑、焦虑或者是抑郁等心理症状。由此,关注小学生的身心健康就必须解决肥胖的问题,如何制定更适合小学生的锻炼处方对促进他们取得良好学习成绩和获得较高健康水平至关重要。

能从体育活动中获得乐趣并享受快乐,是产生心理健康效益的前提。李敬勇等(2009)对35名小学生实施为期8周,每周4—5次,每次50分钟的有氧健身操干预。结果表明经过2个月的锻炼,学生的身体素质明显提高,表现出更多的积极情绪。Kamijo等(2011)对43名7—9岁健康儿童进行了9个月、每周5次、每次120分钟的运动干预,结果发现个体的执行能力显著升高。Davis等(2007)对超重小学生进行为期15周、每周5次、每次20分钟或40分钟的球类、跑跳和跳绳等中等强度锻炼干预,采用认知评价系统评定个体的执行功能,结果发现这一锻炼处方能改善超重儿童的执行功能中的计划维度。

(二) 促进中学生心理健康的锻炼处方

处于人生特殊时期的青少年,叛逆、渴望独立、希望被认同是典型特征,然而,心理和生理上的发育不平衡,使他们处于一种不稳定的成长时期。此外,网络成瘾正像一种电子海洛因,损害着中学生的身心健康,导致其社会交往关系障碍、学业成绩下降,并影响正常的学习和生活。对处于身体发育关键期的中学生而言,长时间沉迷于网络可导致视力下降、植物神经紊乱、食欲不振、免疫功能下降,进而诱发各种疾病,如紧张性头痛、胃肠神经官能症等,严重者可导致猝死。最新的医学研究还发现长期沉迷于电脑游戏,不仅会遏制少年左前脑的正常发育,而且还会影响个体的早、中期智力开发。日本科学家曾对1 000名玩"任天堂"游戏的学生的脑部扫描图进行分析,结果发现,电脑游戏只刺激了视觉和运动有关的那部分脑活动,而阻碍了少年的大脑正常发育。

赵祖强(2008)等研究发现,每周锻炼2—3次,每次锻炼时间在30—60分钟之内,对于减缓初中生的心理应激反应具有明显的积极作用。吕晓昌等(2013)对上海市、广州市数千人中学生进行每周3—4次,每次锻炼时间为40—60分钟,锻炼时间安排在每天下午课外活动时间进行,持续时间为12周的篮球、足球和健身操训练。结果发现,他们在参与锻炼处方后,身体的乏力症状、疼痛症状等大部分消失,睡眠状况得到改善。此外还培养了健康的意识,养成了课余时间参与体育锻炼的好习惯。更值得强调的是,他们的学习焦虑、无助感、抑郁等有明显好转,表现出情绪稳定性提高,自我认同感增强,这对促进敏捷思维能力,保持较好的自律与自制具有重要意义。郭德华等(2007)采用慢跑和羽毛球,采用最高心率的 65%—75%,每周锻炼 2 次(周二和周五下午课余时间),每次锻炼 60 分钟的锻炼负荷量,对网络成瘾的青少年进行干预。虽然结果发现这一锻炼负荷量在改善个体网络成瘾方面的功效小于心理干预与综合干预,但证实这一锻炼处方以其方便、费用低廉、无副作用等特点,在降低个体网络成瘾方面具有良好的趋势。

知识窗 12-6

七种异常心理的锻炼疗法

1. 心理缺陷类型:胆怯

此类人天性胆小,学习起来怕承担失败的风险,动辄害羞脸红,性格腼腆。对于这类人群,建议参加游泳、溜冰、拳击、滑雪、单双杠、跳马、平衡木等运动项目。理由:这些活动要求人们必须不断地克服害怕摔倒、跌痛等种种心理畏惧,以勇敢、无畏的精神去战胜困难,方能越过障碍。经过一段时期的锻炼,相信你的勇气会逐渐增加。

2. 心理缺陷类型:紧张

此类人一遇重要场合或考试就惊慌失措,严重时大脑一片空白,从而导致正常水平无法发挥。这些人要克服性格心理缺陷,应多参加竞争激烈的运动项目,特别是足球、篮球、排球等比赛活动。理由:赛场上风云变幻,紧张而激烈,只有拥有沉着冷静的心态,才能从容应对。若能时常经受这种激烈对抗的考验,人在遇事时就不至于过分紧张,学习就会更加从容。

3. 心理缺陷类型:孤僻

这种人天生不大合群,不善于与人交往,容易被社会孤立起来,一不小心就使学习和生活陷入四面楚歌的境地。对于这类人群,建议少从事单人的运动项目,多选择足球、篮球、排球或是接力跑、拔河等团队性体育项目。理由:坚持参加这些集体项目的锻炼,能增强自身活力和与人合作精神,使运动者更加热爱集体,逐步适应与同学、朋友的交往,从而逐渐改变孤僻性格。

4. 心理缺陷类型:犹疑

犹疑者不论大事小情都时常犹豫不决,办事缺乏果断,瞻前顾后,结果往往会错失良机,甚至做出错误抉择。对于这类人群,建议选择乒乓球、网球、羽毛球、跳高、摩托、跳远、击剑、跨栏、角力等项目。理由:以上项目要求运动者头脑冷静、思维敏捷、判断准确、当机立断,任何多疑、犹豫、动摇都可能导致失败,因而久练能帮助人培养果决的性格品质。

5. 心理缺陷类型：急躁

此类人缺乏耐性、急于求成，往往因一时冲动犯下错误。对于这类人群，要克服急躁情绪，可选择下象棋、打太极拳、慢跑、长距离散步、游泳及骑自行车、射击等运动项目。理由：上述运动强度不高，强调持久性和耐力，坚持从事这样的活动，能帮助人调节神经系统的活动，增强自我控制能力，从而达到稳定情绪、克服焦躁的目的。

6. 心理缺陷类型：自卑

此类人缺乏应有的自信心，习惯于未上战场就先打退堂鼓，经常担心自己完不成学习任务，挨老师、父母的骂。对于这类人群，可以选择一些简单易做的体育项目，譬如跳绳、俯卧撑、广播操、跑步等。理由：以上项目简单易行，有助于舒缓绷得过紧的"弦"，不断提醒自己"我还行"。坚持锻炼，自信心一定会逐步增强。

7. 心理缺陷类型：自大

此类人凡事喜欢逞强，过于高估自己，轻视别人，易引起同伴反感。对于这类人群，不妨有意选择难度较大、动作较为复杂的运动，如跳水、体操、马拉松等项目，或者找一些实力水平远超过自己的高手进行象棋、乒乓球、羽毛球等项目的对垒。理由：人外有人，天外有天，多体验运动的艰难，有助于克服自负、骄傲的毛病。

资料来源：治疗七种异常心理的运动疗法［OL］．［2010－4－17］．http//blog. sina. com. cn/s/blog_6714092b0100hzta. html

（三）促进大学生心理健康的锻炼处方

学习任务是影响大学生进行在校期间体育锻炼的关键因素，由此，在就业压力倍增的情形下，繁重的学习压力已严重影响了他们的身心健康。许多研究指出，我国大学生心血管功能总体较差。近年来，有关大学生身体健康和心理健康问题已成为有关方面关注的焦点，大量调查研究结果表明，当代大学生的体质状况和心理、精神卫生方面的问题比较突出。例如不良身体意象、低自尊、焦虑、自卑等。加强对大学生体育锻炼处方的研究，了解当前大学生掌握参加体育锻炼知识的现状，帮助学生"为自己开锻炼处方"，使学生从众多运动中选择符合自己兴趣爱好、身体条件、健康水平和运动能力的项目。这既是培养能适应社会高速发展的新世纪的大学生的需要，也是使大学生坚持终身体育锻炼，推进社会健康发展的需要。

张勇（2006）的研究表明体育锻炼运用大量的形体语言进行自我表现，当大学生在学业上或生活上遭遇挫折与失败时，通过有意识地运用体育锻炼中的表情、动作、肢体等形体语言，可将紧张、忧虑、骄躁、抑郁等不良情绪及时宣泄出来，得以积极展现自我，从而实现移情效应，减轻心理压力。余文斌（2006）对大学生进行中等强度的体育锻炼研究，让其进行每周3次，每次60分钟的篮球组和长跑组运动，在连续进行12周的锻炼行为干预后，通过测试实验对象的抑郁水平，并与不参加任何体育锻炼的控制组进行差异比较。实验结果表明,中等强度锻炼能够降低焦虑和抑郁水平。邓雷、马兆富(2009)通过实验研究探讨不同中、小强度的健美操、乒乓球和排球身体锻炼对 270 名大学新生人格特质和心理应激的干预效果。研究结果表明:12 周锻炼对大学生人格的积极影响优于 6 周,中强度锻炼优于小强度。具体而言,在持续 12 周的身体锻炼后,中等强度乒乓球实验组大学新生人格的爽直人格出现了明显积极的变化,中等强度健美操组大学生的重情人格出现了明显积极的变化。Korkmaz(2014)采用 Rosenberg 量表和 Beck Hopelessness 量表对 80 名女大学生进行测量,结果表明,被试参加持续 12 周,每周 3 天,每天 60 分钟的运动,实验后被试的自尊水平发生了显著的变化。

二、促进中老年人心理健康的锻炼处方

随着生活水平的提高和科学技术的进步,老龄化已成为全球性的社会问题。如何应对这一社会现象,国内外许多专家学者公认最紧迫和重要的一项是逐步实现健康老龄,使更多的中老年人拥有健康的身体,减轻社会压力。锻炼处方是指导中老年健身者学会适度的、科学的运动,以取得最佳的健身效果,达到真正的健身目的,同时它也是全民健身计划科学实施的一项不可缺少的内容。

(一)促进中年人心理健康的锻炼处方

联合国卫生组织指出中年人是指年龄阶段大致在 40—65 岁的人群。40 岁以后,人体的身体机能随着年龄的增长呈下降趋势。中年时期正是事业的黄金时期,意气风发,硕果累累,在工作岗位上是有经验、有思想的中流砥柱,在家庭中担负着上有老下有小的多重责任与义务。因此,身心俱疲、心力交瘁是这一年龄层次的人普遍的生活状态,身体的超负荷运转,心理上的持续紧张,使中年人极易形成焦虑、抑郁、烦燥、沮丧,甚至敌意的心理状态。因此,中年时期可谓多事之秋,生理、心理问题往往处于蛰伏状态,如遇突发事件或不良刺激,极易引发疾病。正确认识和妥善处理好这一时期各类矛盾,保持健康的身心状态可以有助于顺利度过中年,为老年期奠定良好的生命基础。

Yilmaz 和 Akandere(2003)将 30 名成人女性分成锻炼实验组和不锻炼对照组,锻炼组采用每周 3 次,每次 90 分钟的有氧体操练习方案,经过 3 个月的实验,结果表明,锻炼组的生活满意感明显优于对照组。王玮(2013)研究得出中年人每周锻炼次数以 3—4 次为宜,每次不超过 60 分钟。运动时心率不超 110—125 次/分钟。坚持 2 个月即可使体质明显增强,同时带来显著锻炼心理效益。王世哲(2004)有研究表明:运动不仅能增强体质,而且可调节工作、生活的节奏,有利于人与人之间的交融,帮助驱除不良情绪。按照科学健身的要求,以有氧运动为主(广播操、健身舞蹈、太极拳(剑)、小球类等)运动强度要达到最大心率的 70%—85%或最大吸氧量的 50%—70%为目标。每周锻炼可以安排 3—5 次,每次锻炼的时间为 20—50 分钟。开始体育锻炼应该采取渐进的方式,每周运动强度、运动时间和距离的增加幅度不要超过上周的 10%;每次锻炼的运动强度、时间和距离也不要比上一次增加 10%。

（二）促进老年人心理健康的锻炼处方

如果说中年人主要是由于压力过大而造成抑郁、焦虑等心理问题。那么，对老年人而言，则更多的是衰老感、自身的健康状况、环境适应能力降低等一系列问题导致他们出现心理健康问题。几乎每个老年人都会不同程度地想到"死"的问题，年龄越大越担心，整天忧心重重。此外，由于老年人视力、听力减退以及脑机能的衰退，引起语言障碍，与外界沟通出现困难，易产生孤独感。并且由于子女成家、丧偶等原因导致空巢老人增多，加之离开工作岗位后感到空虚，无所事事，以及自我调节能力较低等主客观原因都会造成老年人出现不同程度的抑郁、焦虑、强迫等心理亚健康，甚至是病理症状等。

吕仙利（2012）研究表明参加集体型的体育锻炼项目比起单独进行的体育锻炼项目在对老年人心理健康的促进方面效果更加明显。其中集体项目对于强迫症状、人际关系敏感、抑郁、焦虑、敌对这五个因素影响显著。Li 等人（2002）运用随机对照试验研究 6 个月的太极锻炼是否影响老年人整体自尊和身体自我价值，结果表明参与太极锻炼的老年人在整体自尊和身体自我价值方面有所提高。Singh 等人（1997）使用 DSM-Ⅳ 诊断筛选出 36 名老年抑郁症患者，并将所有被试随机分配到力量锻炼干预组和控制组中，实验持续 10 周。在该研究中，锻炼干预组被试每周进行 3 次有指导的抗阻力量锻炼。为了避免控制组被试形成社会期待效应，研究者对控制组被试进行了注意力干预，每周进行 2 次健康教育讲座或观看视频。实验结果表明，通过贝克抑郁问卷和汉密尔顿抑郁自评量表的测量，与控制组被试相比，力量锻炼组病人的抑郁水平出现了显著的下降。Colcombe 等（2003）使用随机区组设计的实验研究，考察 6 个月的体育锻炼干预对老年人认知功能的影响及其脑机制，结果发现 6 个月的体育锻炼方案能提高老年人的认知功能，其作用机制表现为 6 个月的体育锻炼优化了老年人认知功能相关脑区（前扣带回、中前脑回和顶上小叶等）的活动状态。Larson 等（2006）追踪 1740 名 65 岁以上认知正常的老年人，研究体育锻炼与患痴呆风险之间的关系，结果发现：缺少体育锻炼的老年人最需要防范痴呆的发生，每周 4 次以上体育锻炼的老年人痴呆发病率显著低于那些每周少于 3 次运动的老年人。

知识窗 12 - 7

抗衰老的运动处方

日本东京医科大学的老年人专科，曾组织一次老年人体能的对比考核，参加考核的有近百位 70—80 岁的老年人，分两大组进行，A 组为 40 人，B 组为 40 多人。考核的项目包括敏捷性测试（按反复倾向跳跃法进行）、瞬间反应力测试（用垂直跳跃高度衡量）、机体柔软性测试（以立位身前屈程度为指标）、平衡性测试（闭目单足站立法）。此外还有持久力测验，对光、声音反应的测验等。其结果是：A 组这些七八十岁的老人，他们机体的敏感性、运动的反应性、躯干的柔软性以及单纯的光感性和音感性等生理功能都和 60 岁的人相仿。也就是说，A 组老人的生理功能要比他们的实际年龄年轻 10—20 岁。

　　这是为什么呢？是 A 组的老年人吃了什么"灵丹妙药"吗？假如说有"灵丹妙药"的话，那就是他们坚持不懈地实行了东京医大制定的"抗衰老运动处方"。

　　现在不仅在日本，很多欧美国家的老年人都在实施这个运动处方，获得良好的效果。抗衰老运动处方的要点是：

　　1. 广播体操。在音乐声中锻炼躯体的柔软性，每天 15—20 分钟。

　　2. 排球运动。排球运动可以锻炼瞬间反应力，每天锻炼 15—20 分钟。

　　3. 1 200 米的步行。可以培养持久力和增强肌力。每周进行 1 次，要求 10 分钟之内走完 1 200 米，但是对于关节炎患者、脑血管意外后遗症者，以及血压高于 200 毫米汞柱者不必限制时间，随意走完 1 200 米即可，但脉搏不要超过每分钟 100 次。

　　4. 肌肉、关节的曲伸运动。通过肌肉、关节的曲伸、扭转，可以防止肌肉萎缩、关节僵硬、挛缩，锻炼敏捷性和适应性。每周进行 1 次，每次 1 小时。任何方式都可以，如扩胸、伸展、转体运动等。

　　5. 传球运动。需 3 人以上，由慢渐快地传球，可以锻炼对外界事物的反应能力，要求每日 10—15 分钟。

　　这个处方是根据老年人的生理特点而精心设计的，它不仅对老年人的生理，而且对心理，如记忆力、社会适应力以及神经系统的功能都有益处。

资料来源：东京医科大学，抗衰老运动处方[OL]. [2013 - 12 - 26]. http://www.360doc.com/content/13/1226/06/3466746-340159048.shtml

三、促进特殊人群的锻炼处方

　　近些年因心理疾病致人伤亡的案件不断见诸报端，引起人们对心理疾病的高度重视。以往临床治疗心理疾病的措施只要以药物为主，然而，高昂的费用和药物带来的副作用，使得探寻一种非药物疗法成为热点。无论是在运动领域，还是在临床康复领域，体育锻炼已成为一种降低焦虑、抑郁疾病水平的药物辅助方法。此外，大量研究表明，体育锻炼在治疗焦虑或抑郁症方面，具有不同的效果，因此，如何为不同的心理患者，选择科学的锻炼处方显得尤为重要。

（一）降低抑郁症的锻炼处方

抑郁症是一种普遍存在的情感障碍性疾病，也称为心理障碍。世界卫生组织预测，到2020年抑郁症将成为非衰老性死亡和残疾的第二大原因，也将成为中国继心脏血管病后的第二大疾病。抑郁症的临床表现主要有三个方面：一是情绪低落，起初可能在短时间内表现为各种情感体验能力的减退，无精打采，对一切事物都不感兴趣。常呈现出特殊的哭丧面容，愁眉苦脸、暗自流泪；典型患者则有抑郁情绪，并伴有昼重夜轻的特点，情绪极度低落时可自杀或自我惩罚。二是思维迟缓。典型表现是思维联想过程受抑制，反应迟钝，表现为主动性言语减少，反应慢，患者自我评价低、自卑。有的患者有悲观厌世和自杀打算。三是行动减少。表现为行动迟缓，走路缓慢，缺乏兴趣和活力，总感到心有余而力不足，整天无精打采，严重者呈抑郁性木僵状态，严重的可能不吃不动，生活不能自理等。由此可见，抑郁症患者常有痛苦的内心体验，是"世界上最消极悲伤的人"，自杀率高达12％—14％，所以被称为"第一号心理杀手"。

药物、心理及两者相结合的方法是传统的治疗方式，但这些方法费用高、费时，且临床收效缓慢，许多药物还会产生心血管并发症和药物依赖等副作用。由此，体育锻炼被认为是对传统治疗抑郁的补充措施。温俊（2006）认为，以60％—75％最大心率，每周进行3次，单次锻炼采取间歇方式，且持续20—60分钟的有氧运动能够有效的降低抑郁症的程度。李春林（2007）以254名临床抑郁症患者为研究对象，通过运用汉密尔顿量表对患者实施药傍晚进行的药物联合体育锻炼干预后发现，每周5次，每次锻炼15—20分钟、间歇5分钟，总锻炼时间为45分钟，且连续3个月的广场健身活动能够显著增强药物治疗抑郁症的效果。谢勇（2011）认为，在傍晚进行的每周3次，速度为120步/分，每次持续15分钟的跑步也是一种降低抑郁症的补充疗法。任天平（2014）通过运用汉密尔顿抑郁量表对老年抑郁症患者实施药物联合体育锻炼干预后发现，每周6次，每次持续60分钟，共计6周的花式团体操能够有效地改善老年抑郁患者的症状。

因此，在抑郁的康复治疗中，傍晚进行的60分钟左右的间歇性有氧锻炼是一种行之有效的改善患者抑郁症程度的药物补充疗法。然而，在锻炼处方的执行中，应经常性对患者的身心状态进行监控，及时调整锻炼负荷量，避免运动疲劳的发生是患者获得积极心理效益的基础。

（二）改善焦虑症的锻炼处方

焦虑症是一种常见的心理疾病，病理学家认为，焦虑症是一种以焦虑情绪为主的神经症，临床上以广泛和持续性焦虑或反复发作的惊恐不安为主要特征，常常伴有自主神经紊乱、肌肉紧张与运动性不安等症状。焦虑症多发生于中青年群体中，诱发的因素主要与人的个性和环境有关,前者多见于那些内向、羞怯、过于神经质的人,后者常与激烈竞争、超负荷工作、长期脑力劳动、人际关系紧张等密切相关,亦有部分患者诱因不典型,临床上医师常把焦虑症分成急性焦虑和慢性焦虑两类。在日常生活中,人们应该对一般人的焦虑情绪和焦虑症患者进行区别。一般人的焦虑可以找到明显的引起焦虑的原因,原因去除后,焦虑随之消失。相比,焦虑症找不到明显引起焦虑的原因,且常反复发作。此外,一般人的焦虑通常不会伴有明显的植物性神经系统症状,比如心跳、出汗、肌肉紧张,也不会严重到影响正常生活和工作的地步。然而,焦虑症患者常常伴有植物性神经系统症状,且必须接受药物等相关治疗。

临床上,治疗抑郁症的药物不良反应较大,患者常因难以耐受而导致中断治疗。因此,焦虑症的非药物治疗越来越引起广大学者的重视。何勒(2002)指出,焦虑症作为一种公认的心因性疾病,对其的指标如果单从生物学角度进行,不能从根本上解除疾病困扰,而应积极探寻一种操作性强的干预措施来改善药物疗效。李桂华(2005)认为,对于老年或体质较弱的抑郁症患者而言,应选择诸如步行、太极拳、交谊舞动锻炼类型;对于用脑频繁的患者而言,应选择能够有效提升心脑血管和呼吸功能的有氧运动,例如爬山、慢跑、游泳等。同时,她还强调,中、小强度的,每周锻炼 3—5 次,每次持续 20—60 分钟的锻炼负荷量较为适宜。苏德炎(2007)运用汉密尔顿焦虑量表对 64 例接受药物治疗的广泛性焦虑症患者进行了 12 周不同锻炼负荷量干预后发现:(1)在改善患者躯体症状方面的效益为:大负荷量(长跑或快速跳绳,80%最大心率,持续 50 分钟,每周 3 次)>中等负荷量(有氧操或跳绳,65%—75%最大心率,持续 50 分钟,每周 3 次)>小负荷量(快走或慢跑,60%最大心率,30 分钟,每周 3 次)。(2)在改善患者精神病症方面的效益为:小负荷量>大负荷量>中等负荷量。

总之,体育锻炼已成为药物治疗焦虑症的辅助疗法,利用不同类型,不同锻炼负荷量的体育活动,能干扰、破坏焦虑症患者的消极心理导向,消耗患者因患病所积聚的大量消极心理能量,最终达到身心平稳,消除已形成的病态心理秩序。

本章小结

通过本章的学习,已对锻炼处方的相关内容有了初步的认识。在为个体制定锻炼处方时,锻炼指导者应遵循制定原则,并严格按照制定步骤进行。在制定锻炼处方前,锻炼指导者应熟知锻炼者的体格检查结果,并从实际出发设置合理的锻炼目标→确定锻炼时间带→选择锻炼类型→制定锻炼负荷量→指出锻炼中的注意事项。此外,锻炼指导者还应根据个体或团体的锻炼进展程度,随时调整锻炼内容,确保个体能够长期参与体育锻炼,并获得积极的心理效益。

体育锻炼与心理效应方面的研究主要集中在锻炼时间带的确定、锻炼类型的选择、锻炼负荷量的制定等方面。科学的锻炼处方主要体现在根据个体的健康水平,选择科学的锻炼时间锻炼,安排适宜的锻炼类型和负荷量。在锻炼负荷量的制定中,运动强度的制定及监控对锻炼者获得积极心理效应尤为重要,应引起锻炼指导者的高度重视。此外,运动疲劳和运动损伤是个体能够长期执行锻炼处方的核心问题,锻炼指导者在制定锻炼处方时,应重视运动疲劳和运动损伤问题。

目前,无论是在锻炼心理学领域还是在临床康复学领域,科学的锻炼处方在改善不良心理状态的普通人群和一些心理疾病人群中,扮演重要的角色。这些相关的研究成果可以作为锻炼指导者制定不同心理症状人群的锻炼处方时的理论参考。总之,有关体育锻炼促进个体心理健康的锻炼处方方面的理论研究仍有待于进行,这也是锻炼心理学的未来发展方向。

思考、理解、探究

1. 锻炼处方的锻炼目标有哪些?
2. 锻炼处方的体格检查内容有哪些?
3. 执行锻炼处方中的注意事项有哪些?
4. 如何有效预防运动疲劳的发生?
5. 如何对运动疲劳进行监测?

讨论问题

1. 如何为想通过体育锻炼提高自尊水平的大学生制定一份科学的锻炼处方?

推荐阅读文献

1. 季浏.体育锻炼与心理健康[M].上海:华东师范大学出版社,2006.
2. 杨剑,季浏,陈福亮.身体锻炼与心理健康[M].上海:华东师范大学出版社,2014.
3. Kazuyuki Kanosue. Physical Activity, Exercise, Sedentary Behavior and Health[M]. New York: Springer, 2015.
4. 王瑞元.运动生理学[M].北京:人民体育出版社,2012.
5. 孙延林,王志庆,姚家新.体育锻炼与心理健康:认知、焦虑、抑郁和自我概念的研究进展[J].生理科学进展,2014,45(5):337－342.

主要参考文献

1. 边菊平.影响女大学生负面身体意象形成的因素及对策研究[J].宝鸡文理学院学报(社会科学版),2012,2：111-114.

2. 蔡理,季浏.锻炼心理学学科思想的沿革[J].上海体育学院学报,2004,28(3)：67-73.

3. 蔡理,季浏.锻炼心理学研究：理论、模型与设计[J].天津体育学院学报,2004,19(4).38-41.

4. 陈爱国,许克云,颜军,朱风书.体育锻炼与老年人认知功能：研究与思考[J].中国运动医学杂志,2014,33(11)：96-102.

5. 陈爱国,颜军,赵峰.体育与国民素质提升：来自脑科学的新证据[J].华东师范大学学报(教育科学版),2013,31(2)：63-68.

6. 陈爱国,殷恒婵,王君,李鑫楠,宋争.短时中等强度有氧运动改善儿童执行功能的磁共振成像研究[J].体育科学,2011,31(10)：35-40.

7. 陈爱国,殷恒婵,颜军.让孩子赢在体育课：脑科学研究对体育的启示[J].全球教育展望,2013,42(2)：93-99.

8. 陈爱国,殷恒婵,颜军,杨钰.不同强度有氧运动对执行功能的影响[J].心理学报,2011,43(9)：155-1062.

9. 陈爱国,朱丽娜,王鑫,颜军.短时中等强度有氧运动对儿童脑的可塑性影响：来自脑功能局部一致性的证据[J].体育科学,2015,35(8)：24-29.

10. 陈荔.四种方法测量的身体意象与整体自尊、生活满意感的关系[D].北京：北京体育大学,2005.

11. 陈善平.基于运动承诺视角的大学生锻炼坚持机制研究[J].体育科学.2006,12(26).48-55.

12. 陈善平,张秋君,李淑娥.太极拳教学对大学生A型行为的影响[J].中国体育科技.2005,41(2)：91-93.

13. 陈作松.身体锻炼对高中学生主观幸福感的影响及其心理机制的研究[D].上海：华东师范大学,2004

14. 陈作松,徐霞.锻炼心理学[M].北京：高等教育出版社,2015.

15. 戴晓阳.常用心理评估量表手册[M].北京：人民军医出版社,2012.

16. 方敏.基于计划行为理论拓展模型的青少年锻炼行为研究[J].武汉体育学院学报.2011,45(4)：52-56.

17. 符明秋,周喜华.大学生抑郁与体育锻炼、父母教养方式的相关研究[J].体育科学.2004,24(6)：49-51.

18. 何玲,张力为.抽象及其具体身体自尊评价方式与生活满意感的关系[J].北京体育大学学报.2002(3)：320-323.

19. 何颖,季浏.体育锻炼影响大学生抑郁水平的中介变量研究[J].天津体育学院学报.2005,20(1)：6-8.

20. 黄希庭,尹天子.从自尊的文化差异说起.心理科学[J].2012,35(1)：2-8.

21. 黄希庭,张力为,毛志雄.运动心理学[M].上海：华东师范大学出版社,2003.

22. 季浏,罗伯特·J·科克比.身体锻炼心理学的研究现状和未来发展[J].天津体育学院学报,1997,12(3)：7-11,1997(1)：115-117.

23. 季浏.体育心理学[M].北京：高等教育出版社,2010.

24. 姜媛,张力为,毛志雄.人格、锻炼动机和锻炼取向对体育锻炼情绪效益的作用[J].天津体育学院学报,2015,30(2)：147－151.

25. 李昂,徐爱民,周立兵,等.运动干预神经精神病的整合生物学研究与中国"脑计划"[J].中国科学,2016,2(46)：216－217.

26. 李昌俊,贾贺男,左俊楠.锻炼促进心理健康的效果、机制与展望[J].中国体育科技.2015,1(51)：132－139.

27. 李桂花.焦虑症的运动处方研究[J].武汉体育学院学报.2005,3(39)：68－70.

28. 李京诚.锻炼心理学[M].北京：.高等教育出版社,2009.

29. 李樑.不同身体锻炼情境对大学生焦虑、抑郁情绪影响的实验研究[J].西南师范大学学报(自然科学版),2013,10：107－111.

30. 李琳.学校体育与学生人格发展[M].长春：长春出版社,2013.

31. 李芃松,王磊,曹玲.不同类型体育项目对大学生心理健康的影响[J].沈阳体育学院学报,2013,32(3)：143－144.

32. 李幸,周乐山.老年人心理健康与运动处方干预[J].中国老年学杂志.2015,23(35)：6957－6959.

33. 梁宁建,吴明证,杨轶冰,奚珣.大学生网络成瘾与幸福感关系研究[J].心理科学,2006,29(2)：294－296.

34. 刘淑慧,任未多,张力为,王惠民,李京诚.体育运动中动机的目标定向结构理论研究[J].哈尔滨体育学院学报,1995,44(13).

35. 刘彦.乌鲁木齐市高校硕士研究生体育锻炼与心理压力的关系研究[D].乌鲁木齐：新疆师范大学,2011.

36. 刘永峰.运动处方与心理健康[J].体育学刊,2002,4(9)：57－58.

37. 吕慧.大众健身人群"运动成瘾"现象的成因及对策分析[J].搏击(体育论坛),2015,2：13－15.

38. 毛荣建.青少年学生锻炼态度——行为九因素模型的建立及检验[D].北京：北京体育大学,2003.

39. 毛志雄,董文博,于拓.运动心理测量研究进展(2008—2011)[J].天津体育学院学报,2012,3：192－196.

40. 毛志雄,伦藻妮.有氧健康舞改善锻炼者心境状态效能的研究[J].山西大学学报(哲学社会科学版),2009,6：112－117.

41. 毛志雄,王则珊.北京城区中老年人身体锻炼与心理健康的关系：情绪维度的研究[J].北京体育大学学报(增刊),1996,19：5－10.

42. 毛志雄,张力为.锻炼动机研究综述[J].北京体育大学学报.1997,20(2).

43. 牟小小.体育运动对缓解护士心理压力的调查研究[J].卫生职业教育,2008,17：123－124.

44. 宁业梅,李昌颂,唐祖燕.体育锻炼的消极心理效应及其应对措施[J].体育科技,2010,3：89－91.

45. 彭传玉.青少年体育锻炼的心里效益与最佳时程研究[D].上海：上海体育学院.2010.

46. 漆昌柱,邱泽瀚,赵丹妹,肖潇.体育锻炼对儿童性别角色社会化的影响[J].武汉体育学院学报,2011,11：63－66.

47. 乔纳森·布朗.自我[M].北京：人民邮电出版社,2004.

48. 曲雪梅,陈开梅,杨剑.青少年心理应激的运动干预效应研究[J].南京体育学院学报.2011,25(6).125－128.

49. 任俊.积极心理学[M].北京：开明出版社,2012.

50. 尚宁宁.给予三位健康理念的普通大学生运动处方开发的理论研究[D].济南：山东大学,2008.

51. 司琦.锻炼心理学[M].杭州：浙江大学出版社,2008.

52. 姒刚彦.当代锻炼心理学研究[J].体育科学,2000,20(1)：62－66.

53. 姒刚彦,黄志剑.BFS两次检验的介绍与结果对比分析[J].西安体育学院学报,1997,14(1)：76－79.

54. 孙国晓,张力为.基本心理需要与运动员心理疲劳：自我决定理论的视角[J].天津体育学院学报.

2012,27(2)：126－132.

55. 孙开宏,季浏.体育课上自主支持感、行为调节与课外锻炼意向之间的关系[J].体育学刊.2010,17
(2)：64－68.

56. 孙延林,王志庆,姚家新.体育锻炼与心理健康：认知、焦虑、抑郁和自我概念的研究进展[J].生理科
学进展,2014,45(5)：337－342.

57. 王斌,马红宇,侯斌.对张健成功横渡渤海海峡顶峰体验的研究[J].体育科学,2002,1：15－17.

58. 王斌.体育心理学[M].武汉：华中师范大学出版社,2011.

59. 王佳.城市居民体育锻炼坚持性影响因素的调查研究[D].武汉：武汉体育学院,2007.

60. 王瑞元.运动生理学[M].北京：人民体育出版社,2002.

61. 魏高峡.老年人的生活满意度与体育锻炼的相关研究[J].中国体育科技,2007,43(2)：55－60.

62. 魏运华.自尊的概念与结构[J].社会心理科学,1997,1：35－39.

63. 武旭锦,杨斌,等.身体意象与自我效能对女大学生锻炼行为的影响[J].天津体育学院学报,2006,4：
363－365.

64. 颜军,孙雪梅,陈爱国,朱凤书.应对方式和主观幸福感的中介效应：身体锻炼对大学女生心理健康
影响的实验研究[J].体育与科学,2011,5：95－99.

65. 杨剑,季浏,陈福亮.身体锻炼与心理健康[M].上海：华东师范大学出版社,2014.

66. 殷恒婵,傅雪林.对体育锻炼心理健康效益研究的分析与展望[J].体育科学,2004,24(6)：37－40.

67. 殷晓旺,邱达明,黄斌.体育锻炼对中老年人一般自尊、生活满意感的影响[J].体育学刊,2008,3：
27－30.

68. 尹红霞,陈旭.自尊结构研究的回顾与展望[J].中国临床康复,2006,34：126－128.

69. 尹剑春,季浏,王坤,孙开宏.体育锻炼对大学生心理应激的调节作用：来自纵向研究的证据[J].天
津体育学院学报,2014,01：38－41,46.

70. 曾芊,兰继军,徐嘉玉.体育锻炼对中学生生活满意感的影响分析[J].广州体育学院学报,2010,30
(6)：38－55.

71. 张力.客观身体形象与主观身体感受对生活满意感的贡献.中国运动医学杂志,2004,24(5)：
522－528.

72. 张力为,毛志雄.体育科学常用心理量表评价手册[M].北京：北京体育大学出版社,2004.

73. 张力为.体育科学研究方法[M].北京：高等教育出版社.2002：513－519.

74. 张忍法,李军,杨敏丽.不同运动项目对大学生抑郁症状干预效果的研究[J].昆明医科大学学报,
2012(8)：27－29.

75. 张文新.初中学生自尊特点的初步研究[J].心理科学.1997,20(6)：504－508.

76. 张雯,金先桥,陈文华,等.慢性阻塞性肺病传统康复运动处方的制定[J].中华物理医学与康复杂志.
2006,12(28)：834－837.

77. 张向葵,张林,赵义泉.关于自尊结构模型的理论建构[J].心理科学,2004,4：791－795.

78. 章罗庚,李颂.对运动依赖影响因素的分析[J].武汉体育学院学报,2010,5：43－46.

79. 周成林,赵洪朋.改革开放30年我国体育锻炼促进心理效益取得的突破与问题[J].首都体育学院学
报.2009,21(3)：257－261.

80. 祝大鹏.运动员体育道德：概念、影响因素、测量与展望[J].武汉体育学院学报,2013,47(7)：
64－70.

81. Acevedo E O, Ekkekakis P. Psychobiology of Physical Acitvity [M]. Champaign, Illinois：Human
Kinetics,2006.

82. Acevedo E O. The Oxford Handbook of Exercise Psychology [M]. Oxford：Oxford University
Press,2012.

83. Adele D, Kathleen L. Interventions Shown to Aid Executive Function Development in Children 4 to
12 Years Old [J]. Science, 2011(333)：959－964.

84. Andersen N B, Hanrahan S J. Doing Exercise Psychology [M]. Champaign, Illinois: Human Kinetics, 2015.

85. Barker J, McCarthy P, Jones M, Moran A. Single-Case Research Methods in Sport and Exercise Psychology [M]. London: Routledge, 2011.

86. Barrett K C, Campos J J. A diacritical function approach to emotions and coping. [M]// E M Cummings A L Greene, K H Karraker. Life-span development psychology: Perspective on stress and coping. Hillsdale, New Jersey: Lawrence Eribaum, 2001: 21 - 41.

87. Berger B G, Pargman D, Wernberg R S. Foundations of Exercise Psychology [J]. Fitness Information Technology, 2002.

88. Berger B G, Pargman D. Wernberg R S. Foundations of Exercise Psychology [J]. Fitness Information Technology, 2002.

89. Berger B G, Tobar D A. Physical activity and quality of life: Key considerations [M]// G Tennenbaum R C Eklund. Handbook of sportpsychology. Hoboken, New Jersey: John Wiley & Sons, 2007: 598 - 620.

90. Biddle S, Fox K, Boutcher S. Physical activity and psychological well-being [M]. London: Routledge, 2000.

91. Biddle S J H, Mutrie N. Psychology of Physical Activity: Determinants, Well-being and Intervention [M]. New York: Routledge, 2001.

92. Biddle S J H, Mutrre N, Gorely T. Psychology of Physical Acitivity [M]. London: Routledge, 2015.

93. Buckworth J, Dishman R K. Exercise Psychology [M]. Champaign, Illinois: Human Kinetics, 2002.

94. Buckworth J, Dishman R K, O'connor P J, Tomporowski P D. Exercise Psychology [M]. Champaign, Illinois: Human Kinetics, 2013.

95. Buckworth J, Dishman R K, O'connor P J, Tomporowski P D. Exercise Psychology [M]. Champaign, Illinois: Human Kinetics, 2012.

96. Burton D, Raedeke T D. Sport Psychology for Coaches [M]. Champaign, Illinois: Human Kinetics, 2008.

97. Carron A V, Hausenalas H A, Estabrooks P A. The Psychology of Physical Activity [M]. New York: McGraw- Hill, 2003.

98. Catherine, Nanette, Marian. Physical activity intervention: Transtheoretical Model-based intervention designed to help sedentary young adults become active[J]. Health Education Research, 2002, 17(4): 451 - 460.

99. Chen A G, Yan J, Yin H C, et al. Effects of acute aerobic exercise on multiple aspects of executive function in preadolescent children [J]. Psychology of Sport and Exercise, 2014, 15(6): 627 - 636.

100. Chiang L A. Motivation of Exercise and Physical Activity [M]. New York: Nova Science Publishers, 2007.

101. Clow A, Edmunds S Physical Activity and Mental Health [M]. Champaign, Illinois: Human Kinetics, 2014.

102. Colcombe S J, Kramer A F, Erickson K I, et al. Cardiovascular fitness, cortical plasticity, and aging [J]. PNAS, 2004, 101(9): 3316 - 3321.

103. Dorsch T E. Smith A L, McDonough M H. Early socialization of parents through organized youth sport [J]. Sport, Exercise, and Performance Psychology. 2015, 4(1): 3 - 18.

104. E A Rutten, C Schuengel, E Dirks et al. Predictors of Antisocial and Prosocial Behavior in an Adolescent Sports Contextsode [J]. Social Development, 2011.

105. Ekkekakism P, Lind E, Hall E E, Petrozzello S J. Can self-reported tolerance of exercise intensity play a role in exercise testing? [J]. Medicine Science in Sport Exercise, 2007,39: 1193 - 1199.

106. Eklund R C, Tenenbaum G. Encyclopedia of Sport and Exercise Psychology [M]. Thousand Oaks, California: Sage Reference, 2014.

107. Grisel J E, Bartels J L, Allen S A, et al. Influence of beta-Endor phinon anxious behavior in mice: interaction on with EtOH. [J]. Psychop harmacology. 2008,200(1): 105 - 115.

108. Hagger M, Chatzisarantis N. The Social Psychology of Exercise and Sport [M]. Milton Keynes: Open University Press,2005.

109. Hillman C H, Pontifex M B, Castelli D M, et al. Effects of the FITKids randomized controlled trial on executive control and brain function[J]. Pediatrics, 2014, 134(4): e1063 - e1071.

110. Hillman C H, Pontifex M B, Raine L B, Castelli D M, Hall E E, Kramer A F. The effect of acute treadmill walking on cognitive control and academic achievement in preadolescent children [J]. Neuroscience, 2009, 159(3): 1044 - 1054.

111. Jackson S A, Csikszentmihalyi M F. Flow in sports [M]. Champaign Illinois: Human Kinetics, 1999.

112. Kazuyuki Kanosue. Physical Activity, Exercise, Sedentary Behavior and Health[M]. New York: Springer, 2015.

113. Lane A. Sport and Exercise Psychology [M]. London: Hodder Education,2008.

114. Lemmon C R, Ludwig D A, Howe C A, Ferguson S A, Barbeau P. Correlates of adherence to a physical activity program in young African-American girls [J]. Obesity, 2007,15: 695 - 703.

115. L Hsu. Moral Thinking, Sports Rules and Education [J]. Sport, Education and Society, 2004, 9 (1): 143 - 154.

116. Lindwall M, Lindgren E C. The effects of a 6-month exercise intervention program on physical self-perceptions and social physique anxiety in nonphysically active adolescent Swedish girls [J]. Psychology of Sport and Exercise, 2005, 6: 339 - 351.

117. Mellalieu S, Hanton S. Contemporary advances in Sport Psychology [M]. London: Routledge,2015.

118. M Standage,F B Gillison,et al. Predicting students' physical activity and health-related well-being: A prospective cross-domain investigation of motivation across school physical education and exercise settings [J]. Journal of Sport & Exercise Psychology, 2012,34,37 - 60.

119. Murphy S. The Sport Psych Handbook [M]. Champaign, Illinois: Human Kinetics,2005.

120. M W Bruner, I D Boardley, J Côté. Social identity and prosocial and anti social behavior in youth sport [J]. Psychology of Sport and Exercise, 2014, 15: 56 - 64.

121. Pinquart M. Duberstein P R., Lyness J M. Effects of psychotherapy and other behavioral interventions on clinically depressed older adults: Ameta-analysis[J]. Aging & Mental Health, 2007,11: 645 - 657.

122. Prichard I, Tiggemann M. Relations among exercise type, self objectification, and body image in the fitness centre environment: The role of reasons for exercise [J]. Psychology of Sport and Exercise,2008,9: 855 - 866.

123. Reed J, Ones D S. The effect of acute aerobic exercise on positive activated affect: A meta-analysis [J]. Psychology of Sport & Exercise, 2006,7,477 - 514.

124. Rejeski, Amy Thompson. Historical and conceptual roots of exercise psychology [M]. //Exercise psychology: The Influence of Physical Exercise on Psychological Process. Hoboken, New Jersey: John Wiley& Sons, 1993.

125. Rejeski W J, Shelton B, Miller M, Dunn A L, King A C, Sallis J F. Mediators of increased

physical activity and change in subjective well-being: Result from the activity counseling trial [J].
Journal of Health Psychology, 2001, 6: 159 – 168.

126. Rethorst C D. , Wipfli B M, Landers D M. The antidepressive effects of exercise: Ameta-analysis of randomized trials [J]. Sports Medicine, 2009,39: 491 – 511.

127. Schneider M L, Graham D J. Personality, physical fitness, and affective response to exercise among adolescents [J]. Medicine Science in Sports Exercise, 2009,41: 947 – 955.

128. Seraganian P. Exercise Psychology: The Influence of Physical Exercise on Psychological Processes [M]. Hoboken, New Jersey: Wiley, 1992.

129. Snyder E, Speitze E A. Involvement in Sports and Psychological Well-being [J]. International Journal of Sports Psychology, 1974, (5): 28 – 39.

130. Spalding T W, Lyon L A, Steel D H, Hatfield B D. Aerobic exercise training and cardiovascular reactivity to psychological stress in sedentary young normotensive men and women [J]. Psychophy siology, 2004: 41,552 – 562.

131. Spence J C, McGannon K R, Poon P. The effect of exercise on global self-esteem: A quantitative review [J]. Journal of Sport & exercise Psychology, 2005,27: 311 – 334.

132. Tenenbaum G, Eklund R C, Kamata A. Measurement in Sport and Exercise Psychology [M]. Champaign, Illinois: Human Kinetics,2012.

133. Wankel L M, J M Sefton. A season-long investigation of fun in youth sports [J]. Journal of Sports and Exercise Psychology, 2009, 11(4): 355 – 366.

主要参考文献